New TOPIK Ⅱ 읽기
중고급

초판 1쇄 발행   2015년 5월 26일
초판 3쇄 발행   2020년 7월 6일

지 은 이   고경민, 김주희, 박은송, 송영숙, 신은경, 이소영
펴 낸 이   박찬익
편 집 장   한병순

펴 낸 곳   ㈜박이정
주　　소   경기도 하남시 조정대로45 미사센텀비즈 7층 F749호
전　　화   (02)922-1192~3 / (031)792-1193, 1195
팩　　스   (02)928-4683
홈 페 이 지   www.pjbook.com
이 메 일   pijbook@naver.com
등　　록   2014년 8월 22일 제2020-00029호

ISBN 979-11-86402-63-4 13710

* 책값은 뒤표지에 있습니다.

고경민 · 김주희 · 박은송 · 송영숙 · 신은경 · 이소영

(주)박이정

국제한국어교육자협회 소개

　　이 책의 출간에 도움을 준 국제한국어교육자협회는 2011년 4월에 창립한 한국어 교사를 위한 단체입니다. 현재 서울시 비영리단체에 소속되어 있으며, 한국어 교육으로 봉사를 신청해 봉사를 할 수 있는 봉사 수급 단체로 등록되어 있습니다. 2011년 창설 이래 현직의 한국어 교사는 물론 한국어 교사를 희망하는 이들을 대상으로 특강 및 워크숍, 교재 편찬, 연구 모임이 이루어졌으며, 현재는 한국뿐만 아니라 일본이나 중국, 태국, 미국 등 다양한 국가의 한국어교사들과 함께 한국어 교육의 미래와 새로운 도약을 위해 힘써 준비하고 있습니다. 또한 한국어교사의 정보 교류와 친목을 위해 만들어진 '국제한국어교육자협회' 네이버 카페는 네이버 상위 1%의 대표 카페로 자리매김 했으며, 한국어교사와 한국어교육을 사랑하는 이들의 보금자리가 되고 있습니다. 앞으로도 우리 협회는 한국어를 사랑하고 한국어교육을 위해 큰 뜻을 펼치는 모든 이들을 위해 앞장서서 준비하고, 계획할 것입니다.

국제한국어교육자협회 로고 소개

　　'ㄱ'과 'ㄴ'의 조화를 바탕으로 한국어를 아끼고 사용하는 교육자들의 열정과 마음을 새싹이 피어나는 모습으로 만들어 보았습니다. 올바른 한국어 교육의 미래와 희망을 키워가는 협회의 취지와 목표를 담고 있습니다.

협회의 주요 목표와 방향

　협회는 질적으로 우수한 한국어 교사의 재교육을 위한 '연구' 모임을 주목적으로, 국내외 한국어 교사를 위한 '지원' 활동, 한국어 교사의 자발적인 참여를 통한 '봉사', 끊임없는 자기 계발과 미래의 가치 창조를 위한 정보의 '나눔'을 목표로 쉼 없이 달려가고 있습니다. 국제한국어교육자협회에서 편찬된 교재는 협회 소속 교사들이 주축이 돼서 편찬하고 있으며, 출간된 교재의 인세 일부는 협회의 나눔 활동 및 장학 활동을 위해 저자들이 발전 기금으로 기부하고 있습니다.

주요 활동 소개

교재 출판 모임 지원	한국어 교사들의 현장에서의 경험과 지혜를 살릴 수 있는 교재 출판 지원
정기 특강	자칫 정체될 수 있는 한국어 교사의 질적인 성장을 위해 매년 두 차례 이상 각 분야의 전문가를 초청한 특강 실시
연구 모임 지원	자발적으로 문형과 교안을 연구하거나 논문을 준비하는 교사들을 대상으로 구성원 모집 지원 및 장소 지원
한글날 관련 행사	한국어 퀴즈 대회, 부교재 공모전, 사진 콘테스트 등 한글날과 관련한 온·오프라인 행사
한국어교사 지원	한국어교사에게 필요한 온라인 강좌나 서적 구매, 자원 봉사 활동 등을 할 수 있도록 관련 단체 및 기관과의 협약
온라인 커뮤니티 활성화	네이버 대표 카페 '국제한국어교육자협회'를 통해 채용 정보, 교육 정보 등의 다양한 정보 지원 및 교사 간의 소통의 장 마련

- 국제한국어교육자협회 대표 이메일 : iakll@iakll.or.kr
- 전화 : 0505-3055-114　팩스 : 02-6280-1018
- 국제한국어교육자협회 누리집 : www.iakll.or.kr
- 국제한국어교육자협회 커뮤니티 : http://cafe.naver.com/forkorean
- 주소 :　(강동사무실) 서울시 강동구 올림픽로 698 민호빌딩 4층
　　　　　(구로사무실) 서울시 구로구 구로중앙로 217-1 미성빌딩 5층

TOPIK 시험을 준비하는 외국인 학습자들이 읽기 시험에서 고득점을 할 수 있는 방법을 물을 때 선생님들은 어떤 대답을 해주고 계신가요? 혹은 혼자 시험을 준비하는 학습자의 경우 읽기 시험에서 점수를 잘 받기 위해 어떤 방법으로 공부하고 있습니까?

다양한 읽기 자료를 많이 읽는 것이 가장 좋은 방법인 것은 잘 알지만 질문에 대한 대답으로 선뜻 선택하기에는 어려움이 있습니다. '읽기를 잘 한다.'는 것은 생각보다 아주 어려운 일입니다. 이 책은 시험에 대비하기 위한 수험서로서 편찬되었지만 단순히 시험 점수를 높이기 위한 수단이나 도구가 되고자 간행한 것은 아닙니다. 토픽 시험의 중요성이 커진 만큼 열심히 공부하는 학습자가 많아졌지만 정작 '읽기' 능력을 향상시키기 위한 공부는 더 소홀해진 것 같습니다. 한 권의 책에서 두 가지를 모두 공부하는 것은 어려운 일이지만, 최소한의 읽기 능력 향상에 도움이 되는 것을 목표로 이 교재를 출간하였습니다.

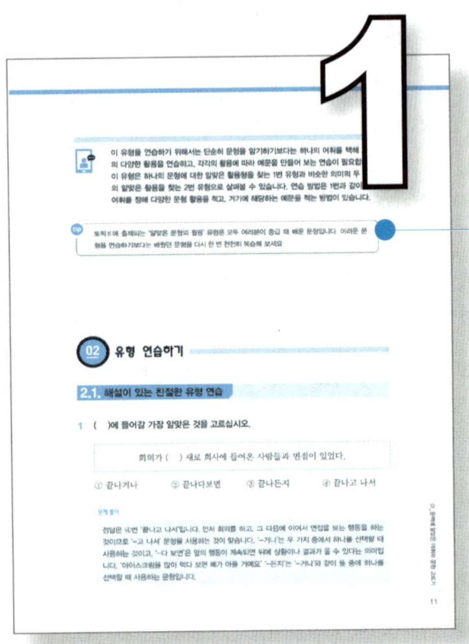

이 교재에서는 기출 문제 분석과 연습 문제, 출제 유형 분석 등 수험서로서의 역할을 중심으로 일반적인 읽기 시간에 활용할 수 있는 여러 활동들도 함께 제시하였습니다.

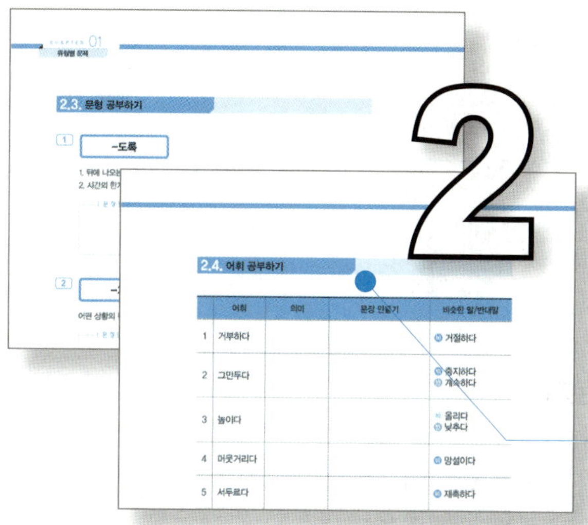

또 <u>읽기를 위해 필요한 필수 어휘와 필수 문형을 단원별로 연습할 수 있게 구성</u>하였습니다.

읽기 시험의 유형에 따라 전체를 12단원으로 구성하였으며, 각 단원은 유형을 이해하는 단계, 유형을 연습하는 단계, 유형을 활용하는 단계로 나누어 제시하였습니다.

또 혼자 공부하는 학습자를 위해 '유형 연습하기' 단계에서 <u>해설을 먼저 제시하고,</u> 다른 문제를 풀 수 있도록 구성하였습니다. 특히 유형 활용하기 단계는 기존의 <u>읽기 교수 방안 가운데 읽기 능력 향상에 도움이 될 수 있는 활동을 선정</u>하여 교재 성격에 맞게 새롭게 구성한 부분입니다.

내용 면에서 정치, 경제, 사회, 문화, 스포츠, 예술, 연예오락, 여행과 레저, 일상 생활, 과학, 의학 등 총 12가지 대주제로 구성하였고 소주제는 이에 따라 다양하게 구성하였습니다. (부록 참고)

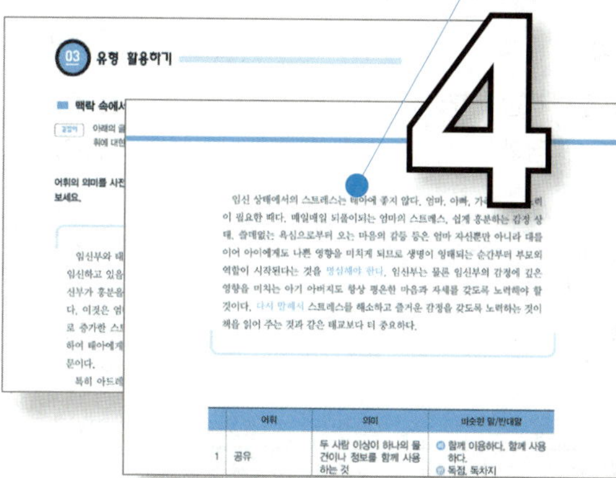

CHAPTER 1

유형별 문제

문맥에 알맞은 어휘와 문형 고르기

'문맥에 알맞은 어휘와 문형 고르기' 유형은 세부적으로 알맞은 문형의 활용형을 넣는 유형과 어휘를 넣는 유형, 속담과 관용 표현 등의 알맞은 표현을 넣는 유형으로 살펴볼 수 있습니다.

 **유형 이해하기**

※ (   )에 들어갈 가장 알맞은 것을 고르십시오. (각 2점)

> 아무리 (   ) 오늘은 꼭 놀이기구를 타겠다.

① 무서울 겸   ② 무섭더라도
③ 무서운 데다가   ④ 무섭기 때문에

※ 다음 밑줄 친 부분과 의미가 비슷한 것을 고르십시오.(각 2점)

> 아들이 놀이 공원에서 로봇 가면을 <u>보자마자</u> 사달라고 졸랐다.

① 볼 겸해서   ② 보면서
③ 보는데다가   ④ 보기가 무섭게

 이 유형을 연습하기 위해서는 단순히 문형을 암기하기보다는 하나의 어휘를 택해 그 어휘의 다양한 활용을 연습하고, 각각의 활용에 따라 예문을 만들어 보는 연습이 필요합니다.

이 유형은 하나의 문형에 대한 알맞은 활용형을 찾는 1번 유형과 비슷한 의미의 두 개 어휘의 알맞은 활용을 찾는 2번 유형으로 살펴볼 수 있습니다. 연습 방법은 1번과 같이 하나의 어휘를 정해 다양한 문형 활용을 적고, 거기에 해당하는 예문을 적는 방법이 있습니다.

> **tip**
> 토픽Ⅱ에 출제되는 '알맞은 문형의 활용' 유형은 모두 여러분이 중급 때 배운 문형입니다. 어려운 문형을 연습하기보다는 배웠던 문형을 다시 한 번 천천히 복습해 보세요

02 유형 연습하기

2.1. 해설이 있는 친절한 유형 연습

1 (   )에 들어갈 가장 알맞은 것을 고르십시오.

> 회의가 (   ) 새로 회사에 들어온 사람들과 면접이 있었다.

① 끝나거나　　　② 끝나다 보면　　　③ 끝나든지　　　④ 끝나고 나서

문제 풀이

정답은 ④번 '끝나고 나서'입니다. 먼저 회의를 하고, 그 다음에 이어서 면접을 보는 행동을 하는 것이므로 '–고 나서' 문형을 사용하는 것이 맞습니다. '–거나'는 두 가지 중에서 하나를 선택할 때 사용하는 것이고, '–다 보면'은 앞의 행동이 계속되면 뒤에 상황이나 결과가 올 수 있다는 의미입니다. '아이스크림을 많이 먹다 보면 배가 아플 거예요' '–든지'는 '–거나'와 같이 둘 중에 하나를 선택할 때 사용하는 문형입니다.

2 (   )에 들어갈 가장 알맞은 것을 고르십시오.

> 어제는 날씨가 (   ) 근처 산으로 등산을 갔다 왔다.

① 좋다면　　　② 좋기에　　　③ 맑고도　　　④ 맑다가

문제 풀이

정답은 이유를 나타내는 ② '-기에'입니다. 비슷한 의미의 '-길래'와 바꾸어 사용할 수도 있습니다. '-다면'은 조건이나 가정을 나타내는 문형이고, '-고도'는 앞의 사실이나 행동과 반대되는 내용이 올 때 사용합니다. 예를 들어 "내 친구는 나에게 잘못하고도 사과하지 않았다."와 같이 사용할 수 있습니다. '-다가'는 어떤 일이나 상황이 계속되다가 중단되었을 때 사용하는 문형입니다.

2.2. 실전 연습

1 다음 밑줄 친 부분과 의미가 비슷한 것을 고르십시오.

> 매일 열심히 운동을 <u>하다 보니까</u> 살이 빠지게 되었다.

① 한 결과　　　② 하는 대신에　　　③ 할 정도로　　　④ 할 뿐만 아니라

2 다음 밑줄 친 부분과 의미가 비슷한 것을 고르십시오.

> 세계 어느 나라를 <u>가든지</u> 어려움은 있다.

① 갈수록　　　② 가도록　　　③ 가거든　　　④ 가더라도

3 다음 밑줄 친 부분과 의미가 비슷한 것을 고르십시오.

올해는 날씨가 <u>추울 뿐만 아니라</u> 눈도 많이 왔다.

① 춥든지   ② 추울수록   ③ 춥다고 해도   ④ 추운 데다가

4 (   )에 들어갈 가장 알맞은 것을 고르십시오.

내일은 친구들과 아침을 (   ) 북한산으로 출발할 것이다.

① 먹기에   ② 먹거나   ③ 먹다 보면   ④ 먹고 나서

5 (   )에 들어갈 가장 알맞은 것을 고르십시오.

한국에 온 지 얼마 안 된 (   ) 한국말을 잘 하는 편이다.

① 것보다   ② 것처럼   ③ 것같이   ④ 것치고

6 (   )에 들어갈 가장 알맞은 것을 고르십시오.

지금은 우체국에 (   ) 문을 닫았을 것이다.

① 가자마자   ② 가나 마나   ③ 가는 대신에   ④ 가는 김에

7 (   )에 들어갈 가장 알맞은 것을 고르십시오.

> 김은영 씨가 오늘까지 택배를 (   ) 했는데 혹시 저에게 온 택배가 있나요?

① 보내라고   ② 보내겠냐고   ③ 보내느라고   ④ 보내겠다고

8 다음 밑줄 친 부분과 의미가 비슷한 것을 고르십시오.

> 아직은 안경을 안 쓰고 신문을 읽을 수 있으니 눈이 <u>좋은 셈이다</u>.

① 좋은 셈치다   ② 좋은 편이다   ③ 좋을 만하다   ④ 좋을 리가 없다

9 다음 밑줄 친 부분과 의미가 비슷한 것을 고르십시오.

> 왕준 씨가 아까는 화가 많이 나 있더니 이제 조금 <u>풀린 것 같아요</u>.

① 풀려고 했어요.   ② 풀린 모양이에요.
③ 풀어야 할 것 같아요.   ④ 풀려던 참이에요.

10 다음 밑줄 친 부분과 의미가 비슷한 것을 고르십시오.

> 우리는 아무리 힘든 이야기라도 함께 <u>이야기할 정도로</u> 친하다.

① 이야기할 만큼   ② 이야기하는 셈치고
③ 이야기한 다음에   ④ 이야기하나마나

11 다음 밑줄 친 부분과 의미가 비슷한 것을 고르십시오.

배터리가 없어서 전화를 하다가 <u>끊겼다</u>.

① 끊는 척했다 ② 끊다시피 했다 ③ 끊을 뿐이었다 ④ 끊어졌다

12 다음 밑줄 친 부분과 의미가 비슷한 것을 고르십시오.

회사를 <u>그만 두어도</u> 다른 곳에서 자주 만나요.

① 그만 두더라도 ② 그만 두고자 ③ 그만 두길래 ④ 그만 두는 한

13 다음 밑줄 친 부분과 의미가 비슷한 것을 고르십시오.

그 정도 가격이면 싸게 <u>산 편이다</u>.

① 셈치다 ② 셈이다 ③ 법이다. ④ 척하다.

14 다음 밑줄 친 부분과 의미가 비슷한 것을 고르십시오.

전화를 <u>하나마나</u> 안 받을 거예요.

① 하다보면 ② 하든 안 하든 ③ 하면 할수록 ④ 하도록 하면

15 다음 밑줄 친 부분과 의미가 비슷한 것을 고르십시오.

> 회사에 <u>도착하는 대로</u> 연락드리겠습니다.

① 도착하자마자　　② 도착하는 길에　　③ 도착하는 김에　　④ 도착하기는커녕

2.3. 문형 공부하기

1　**–더라도**

앞 문장에서 어떤 상황을 가정하지만, 뒤 문장에는 앞에서 가정한 상황과 관계없이 어떤 일을 하거나 어떤 일을 하게 됨을 나타낸다.

| 문·장·만·들·기 |

2　**–자마자**

앞 문장이 끝남과 동시에 연속해서 뒤 문장이 이어질 때 쓴다.

| 문·장·만·들·기 |

3　**–(이)야말로**

1. 강조, 확인하는 뜻이며 비교할 때 씁니다.
2. '가장 적합하다, 우수하다'의 의미가 들어 있다.

| 문·장·만·들·기 |

	어휘	의미	문장 만들기	비슷한 말/반대말
1	가면			비 탈, 마스크
2	가속			반 감속
3	가입			반 탈퇴
4	각광			비 흥미, 주목
5	각종			비 여러 종류
6	감성			반 이성
7	강화			반 약화
8	두려움			비 겁, 공포

03 유형 활용하기

■ 맥락 속에서 어휘 파악하기

> **길잡이** 아래의 글을 읽고 맥락을 활용하여 밑줄 친 어휘의 의미를 적어 보세요. 빈 칸에 밑줄 친 어휘에 대한 의미, 비슷한 말, 반대말, 바꾸어 쓸 수 있는 표현을 써 보세요.

어휘의 의미를 사전에서 먼저 찾지 말고 전체 글을 읽으면서 해당 어휘의 의미를 먼저 생각해 보세요.

임신부와 태아는 태반을 통해서 거의 모든 부분을 같이 공유하고 있기 때문에 임신하고 있을 때 엄마의 감정 상태가 태아에게 큰 영향을 미친다. 그러므로 임신부가 흥분을 하거나 분노에 차 있으면 태아도 비슷한 흥분 상태에 놓이게 된다. 이것은 엄마가 스트레스로 긴장하여 감정 변화를 일으키면 엄마의 혈액 내로 증가한 스트레스 호르몬(아드레날린, 엔도르핀, 스테로이드)이 태반을 통과하여 태아에게 전해져서 태아에게도 똑같은 긴장감과 흥분 상태를 유발하기 때문이다.

특히 아드레날린은 엄마의 자궁 근육을 수축시켜서 태아에게 전해지는 혈류량을 떨어뜨린다. 혈류량이 감소하여 산소와 영양분을 충분하게 공급하지 못하게 되면, 발달하고 있는 태아의 뇌 기능에 치명적인 손상을 입히게 된다. 이런 아이는 성장하면서 지능 저하나 운동 장애를 나타낼 수도 있으며 정서가 불안한 아이가 될 수도 있다. 반대로 임신부가 즐겁고 명랑한 기분 상태에 있으면 태아 뇌의 신경전달물질계가 자극되어 잘 발달하나 우울감에 빠져 있으면 여러 신경전달물질계가 억제되어 발달이 더디게 된다.

그러므로 임신부는 항상 엄마의 감정 상태가 그대로 뱃속에 있는 아이에게 전달된다는 것을 잊지 말고 마음가짐과 몸가짐을 평온하고 바르게 가져야 하겠다. 반면에 임신부가 정신적으로 심한 충격을 받았을 때 유산이 되는 경우를 드물지 않게 본다.

임신 상태에서의 스트레스는 태아에 좋지 않다. 엄마, 아빠, 가족 모두의 노력이 필요한 때다. 매일매일 되풀이되는 엄마의 스트레스, 쉽게 흥분하는 감정 상태, 쓸데없는 욕심으로부터 오는 마음의 갈등 등은 엄마 자신뿐만 아니라 대를 이어 아이에게도 나쁜 영향을 미치게 되므로 생명이 잉태되는 순간부터 부모의 역할이 시작된다는 것을 명심해야 한다. 임신부는 물론 임신부의 감정에 깊은 영향을 미치는 아기 아버지도 항상 평온한 마음과 자세를 갖도록 노력해야 할 것이다. 다시 말해서 스트레스를 해소하고 즐거운 감정을 갖도록 노력하는 것이 책을 읽어 주는 것과 같은 태교보다 더 중요하다.

	어휘	의미	비슷한 말/반대말
1	공유	두 사람 이상이 하나의 물건이나 정보를 함께 사용하는 것	비 함께 이용하다. 함께 사용하다. 반 독점, 독차지
2	태아		비
3	스트레스		비
4	유발시키다.		비
5	불안하다.		비
6	반대로		바 반면에
7	더디다.		비 반
8	드물지 않게 본다.		바
9	명심하다.		바
10	다시 말해		바

02 광고나 안내 읽고 주제 찾기

'광고나 안내 읽고 주제 찾기'는 보기에 주어진 광고글이나 안내글을 읽고, 무엇에 대한 글인지 찾는 문제입니다. 특정 상품과 관련한 내용을 고르거나 물건, 장소에 대한 설명, 안내, 사용 방법 등을 고르는 유형이 있습니다.

01 유형 이해하기

※ 다음은 무엇에 대한 글인지 고르십시오.

> 삼각 김밥과 따뜻한 국물을 먹고 싶나요?
> 다양한 종류의 커피를 골라서 마시고 싶으세요?
> 갑자기 아픈데 약국 문이 닫혀 있나요?
> 24시간 언제나 활짝 열려 있습니다.

① 병원　　　② 커피숍　　　③ 약국　　　④ 편의점

이런 유형의 문제를 풀 때 보기 글 밑에 주어진 객관식 문항을 먼저 보면 더 혼란스러울 수 있습니다. 아래 문항 보기는 가려둔 채 보기에 제시된 글을 우선 보고, 학습자 스스로 무엇에 대한 내용인지 추측해 보는 것이 도움이 됩니다. 아니면 반대로 보기에 나온 글은 가리고, 객관식 문항을 보면서 주어진 문항에 대해 알고 있는 내용을 먼저 생각해 보는 것도 괜찮습니다. 예를 들어 '병원', '커피숍', '약국', '편의점'을 먼저 보고 이 장소의 특징이나 이 장소를 생각하면 떠오르는 것들을 간단히 메모한 뒤 위에 제시된 글을 보는 방법입니다. 특정 상품이나 장소에 대한 안내, 설명, 방법 등을 고르는 유형도 두 문제 정도 출제가 되고 있습니다. 이러한 유형을 풀 때는 먼저 '전시 안내'와 '상품 설명', '사용 방법' 등 제시되는 어휘의 차이를 아는 것이 중요합니다. 동일한 장소나 상품을 예로 들어 각각의 차이를 살펴보는 것도 좋은 방법입니다.

유형을 이해했다면 '광고나 안내 읽고 주제 찾기' 유형 문제를 연습해 봅시다.

2.1. 해설이 있는 친절한 유형 연습

1 다음은 무엇에 대한 글인지 고르십시오.

> 사서도, 팔아서도, 안 됩니다!
> 온라인에서 유통되는 가짜 명품, 모조품, 위조품을 거부합니다.
> 깨끗하고 믿을 수 있는 온라인 유통 환경을 만들어 봅시다.
> 위조품 신고 02) 422-4422

① 온라인 사용 안내   ② 위조품 반대 운동
③ 모조품 전시 안내   ④ 정품 반대 운동

문제 풀이

정답은 ②번 '위조품 반대 운동'입니다. 먼저 선택지를 확인하고 모르는 단어가 있는지 확인합니다. 모조품, 위조품, 온라인, 정품의 단어를 확인하고 나서 상자 안의 문장을 읽게 되면 무엇에 관한 글인지 확인할 수 있는 문제입니다. 모조품, 위조품, 가짜가 동일한 뜻으로 쓰인 것을 확인했다면 선택지에 나온 ④번 '정품'은 앞의 단어와는 반대의 뜻을 가진 단어임을 추측할 수 있습니다. '사서도, 팔아서도 안 됩니다!'의 문장에서 반대의 의미를 확인하면 정답을 빨리 찾을 수 있습니다.

2 다음은 무엇에 대한 글인지 고르십시오.

> 한국 카드와 친구 되자
> 서울 놀이동산에서 사랑도 쌓자.
> 혜택은 높이고 가입비는 낮추고.

① 친구　　　　② 사랑　　　　③ 카드　　　　④ 놀이동산

문제 풀이

정답은 ③번 카드입니다. 앞의 문제와 같이 우선 선택지를 확인하고 모르는 단어가 있는지 확인합니다. 카드, 우정, 친구, 놀이동산은 초급에서 배운 단어들이므로 의미를 이해하는데 어려움이 없을 것입니다. 선택지를 빠르게 보고 상자 안의 문장을 살펴봅니다. 한국 카드를 사용하면 좋은 점을 찾을 수 있습니다. 따라서 이 글은 카드에 관련된 내용임을 쉽게 찾을 수 있습니다.

3 다음은 무엇에 대한 글인지 고르십시오.

> **다음과 같은 행동은 엄격히 금지됩니다.**
>
> 사진을 찍지 맙시다.
> 뛰어다니지 맙시다.
> 작품에 손대지 맙시다.

① 미술관 안내문　　② 운동장 광고　　③ 작품 광고　　④ 지하철 안내문

문제 풀이

정답은 ①번입니다. 우선 선택지를 확인합니다. 미술관, 운동장, 작품, 지하철은 초급에서 모두 배웠던 단어들이어서 쉽게 이해할 수 있습니다. 안내와 광고는 중급에서 많이 나오는 단어들입니다. 어떤 장소나 내용을 소개하는 것이 '안내'이고 상품에 대한 여러 정보를 널리 알리는 활동을 '광고'라고 합니다. 이 글은 안내인지 광고인지를 찾는 문제입니다. 상자 안의 문장을 보면 여기서 하지 말아야 할 행동에 대해 말하고 있으므로 안내에 해당하고 '작품'이라는 단어를 통해 선택지에 나와 있는 미술관을 찾을 수 있습니다. 따라서 ①번 미술관 안내문이라는 정답을 쉽게 찾을 수 있습니다.

1 다음은 무엇에 대한 글인지 고르십시오.

> 나도 영화의 주인공이 될 수 있을까?
> '사랑찾기'에서는 더 좋은 만남을 준비하도록 노력하고 있습니다.
> 좋은 만남에서 행복한 결혼까지~ '사랑찾기'로 오세요!

① 예식장 　　　　　② 미술관
③ 결혼 정보 회사 　④ 드라마 작가 교육원

2 다음은 무엇에 대한 글인지 고르십시오.

> 보령 약수터는
> 수질 검사를 철저히 합니다.
> 언제든지 오셔서 건강을 마셔 보세요.

① 생수 　　② 수질 　　③ 약수 　　④ 건강

3 다음은 무엇에 대한 글인지 고르십시오.

> 여름철 습기 해결사
> 집 안이 보송보송
> 눅눅함은 이제 사라져라

① 제습기 　　② 가습기 　　③ 선풍기 　　④ 드라이기

4 다음은 무엇에 대한 글인지 고르십시오.

아삭 아삭~
땅 속 김장독을 우리 주방에
잘 익은 맛을 우리 식탁에

① 김칫독　　　② 항아리　　　③ 에어컨　　　④ 김치 냉장고

5 다음은 무엇에 대한 글인지 고르십시오.

날개가 없다고요? 날개가 없어도 바람이 불어요?
그렇습니다!!! 날개가 없어서 아이들이 다칠 위험도 없습니다.
새로운 방식의 바람 원리로 더 시원합니다.
무더운 여름밤을 날려 줄 건강 지킴이

① 온풍기　　　② 환풍기　　　③ 선풍기　　　④ 냉각기

6 다음은 무엇에 대한 글인지 고르십시오.

머뭇거리지 마세요~
지금 바로 떠나세요~
시원한 바닷가를 찾아 떠나는 기차 여행
강원도를 하루 만에 즐길 수 있습니다.

① 기차 여행　　　② 강원도 안내　　　③ 바닷가 여행　　　④ 관광지 소개

7 다음은 무엇에 대한 글인지 고르십시오.

> 아이가 행복해지길 원합니까?
>
> 책 읽는 습관은 학업에 큰 도움이 될 뿐 아니라
> 행복한 삶을 사는데도 도움이 됩니다.
> 잘 읽는 아이가 자신의 삶을 잘 계획합니다.
> 〈읽기가 생명이다〉
> 김희주 지음/한국미디어 /2015

① 책 소개　　　② 서점 광고　　　③ 책 할인 광고　　　④ 도서 배달 안내

8 다음은 무엇에 대한 글인지 고르십시오.

> 가정 봉사원을 모십니다.
> 홀로 거주하시는 어르신들의 개인 활동을 돕고자 합니다.
> 자격조건: 20세 이상 만 55세 미만의 건강한 분
> 활동 요일: 주 1회(월~일)
> 연락처: 02)123.4567

① 연락처 안내　　　　　　　② 어르신 활동 안내
③ 봉사 자격 평가　　　　　　④ 봉사원 모집 광고

9 다음은 무엇에 대한 글인지 고르십시오.

> 가까운 지하철역에서~
> 관공서를 방문하지 않고~
> 업무 시간 외에도 민원서류를 발급받을 수 있어요!

① 서류 발급 장점　　② 서류 발급 효과　　③ 서류 발급 종류　　④ 서류 발급 안내

10 다음은 무엇에 대한 글인지 고르십시오.

> 원주시 지원 창업 요리 교실입니다.
> 요리 분야 창업에 관심 있으신 분들을 모집합니다.
>
> 대상: 만 38세 이상의 원주시민
> 교육 시간: 3월 14일부터 매주 목요일(오후 1시 30분~ 4시 30분)
> 교육비: 원주시청 지원(50%,)
> 교육내용: – 1부: 프랜차이즈 및 요리 관련 강의
> – 2부: 창업 요리 관련 실습

① 요리 교실 안내　② 창업 지원 안내　③ 시청 실습 광고　④ 요리 강의 평가

11 다음은 무엇에 대한 글인지 고르십시오.

> 내 꿈에 날개를 달아 주는 대학!
>
> 한국대학에서의 꿈은 늘 새롭습니다.
> 늘 푸른 꿈이 자라나는 한국 대학~

① 대학 소개　　② 대학 광고　　③ 대학 평가　　④ 대학 입학

12 다음은 무엇에 대한 글인지 고르십시오.

> 우리는 안전하게 물건을 부칩니다.
> 우리는 건강도 발송합니다.
> 우리는 기쁨까지 보냅니다.
> 우리와 함께라면 어떤 물건이든 배달 가능합니다.

① 택배원 모집　　　　　　② 택배 회사 광고
③ 택배 회사 평가　　　　　④ 택배 회사 입사

13 다음은 무엇에 대한 글인지 고르십시오.

> 생각만으로도 설레는 미지의 신세계로 떠나자
> 서울과 부산 출발 · 도착 가능
> 푸른 투어에서는 10월 한 달동안 모든 상품 10만원 싸게!!!
> 서두르세요~

① 가이드 모집   ② 여행사 광고
③ 여행 상품 예약   ④ 여행 상품 할인 광고

14 다음은 무엇에 대한 글인지 고르십시오.

> 화장을 하는 것보다 지우는 것이 더 중요합니다.
> 화장 지우개 깨끄미
> 지울 때마다 피부에 비타민이 쏙쏙
> 가까운 매장에서 만나보세요!

① 세제   ② 세안제   ③ 비타민   ④ 지우개

15 다음은 무엇에 대한 글인지 고르십시오.

> 바른 자세로 공부하면 우리 아이도 일등
> 목받침, 높낮이 조절 가능
> 팔걸이 상하 조절 가능
> 우리 아이들의 몸에 맞는 최상의 공부법!
> 책상과 함께 구매하면 10% 할인~
> 지금 기회를 잡으세요~

① 베개   ② 책상   ③ 침대   ④ 의자

2.3. 문형 공부하기

1 **–도록**

1. 뒤에 나오는 행위에 대한 목적이나 기준, 이유를 나타낼 때 쓴다.
2. 시간의 한계를 나타낼 때도 쓴다.

| 문·장·만·들·기 |

2 **–기에**

어떤 상황의 판단 기준이나 근거를 말할 때 쓴다.

| 문·장·만·들·기 |

3 **–마저**

1. 어떤 상황의 내용이 포함되고 그 이상의 것도 더해질 때 쓴다.
2. 마지막 남은 것을 표현할 때도 쓴다.

| 문·장·만·들·기 |

2.4. 어휘 공부하기

	어휘	의미	문장 만들기	비슷한 말/반대말
1	거부하다			비 거절하다
2	그만두다			비 중지하다 반 계속하다
3	높이다			비 올리다 반 낮추다
4	머뭇거리다			비 망설이다
5	서두르다			비 재촉하다
6	모집하다			비 뽑다, 모으다
7	창업			비 개업
8	통학			비 등하교
9	발송하다			비 보내다, 부치다

03 유형 활용하기

■ 글의 구조 이해하며 읽기[1]

길잡이 전체 글을 잘 이해하기 위해서는 글이 어떤 구조로 이루어졌는지 아는 것이 중요합니다. 형식적으로는 몇 개의 문단으로 이루어졌는지 살펴보고, 내용적으로는 문단별로 어떤 중심 내용이 들어 있는지 살펴보는 방법도 있습니다. '글의 구조 이해하며 읽기'는 네 가지의 틀에 맞춰서 여러분이 읽는 글의 구조를 알아보는 방법입니다. 이 방법을 통해 여러분이 읽는 글을 이해하고, 글쓴이의 의도나 목적 등을 파악할 수 있습니다.

다음 이야기를 읽고, 글의 구조를 알 수 있도록 질문에 답하세요.

옛날 어느 숲에 겁이 많은 토끼가 살고 있었어요. 사자 소리만 들려도 너무 무서워서 부들부들 떠는 겁이 많은 토끼예요. 사자뿐만 아니라 여우나 사슴과 같이 자기보다 덩치가 큰 동물을 봐도 토끼는 멀리 도망치곤 했어요. 그러던 어느 날 숲에서 놀고 있던 토끼가 뒤에서 나는 소리를 듣고 얼른 도망쳤어요. 한참을 도망치다 뒤를 돌아보니 자기보다 작은 다람쥐들이 나무 위에서 내려오는 모습이 보였어요. 자기보다 작은 다람쥐 소리에 놀라 도망친 자신의 모습이 너무 창피해서 토끼는 어디라도 숨고 싶어졌어요. 마음이 상한 토끼는 목이 말라서 물을 마시려고 냇물이 흐르는 곳으로 갔어요. 토끼가 냇물 가까이 가자 냇물 근처에서 놀던 개구리들이 모두 놀라서 멀리 도망쳤어요. 개구리들이 자기를 보고 도망치는 것을 보고 토끼는 갑자기 힘이 나고, 기분이 좋아지고 웃음이 났어요. 그래서 토끼는 물속에 들어간 개구리를 보고 주변의 돌을 집어 던지기 시작했어요. 날아오는 돌을 피하는 개구리들의 모습에 즐거워진 토끼는 계속해서 개구리를 향해 돌을 던졌어요. 그때 한 개구리가 큰 목소리로 토끼에게 말했어요. "왜 당신은 돌을 던져서 우리를 죽이려고 하세요?" 개구리의 질문에 토끼가 대답했

---

1 Mandler & Johnson (1977), Tierney et al (1984), 강후동(2003) 참조

어요. "아니야 나는 그냥 장난으로 돌을 던지고 있는거야. 너희들도 재미있지?" 다시 아까의 그 개구리가 이야기했어요. "당신에게는 재미있는 놀이이지만 우리는 목숨이 걸려있는 아주 위험한 일이에요. 당신의 장난에 우리는 죽을 수도 있어요." 개구리의 이야기를 들은 토끼는 미안한 마음에 개구리들에게 사과를 했어요. 그리고 다시는 그러지 않겠다고 약속했어요. 토끼는 미안한 마음에 얼른 숲으로 돌아왔어요. 그리고 개구리들에게 미안한 마음이 들어 다시는 냇물 근처에 가지 않았어요. 그래서 토끼는 지금도 물을 먹지 않는다고 해요.

-이솝우화 중

1 **등장인물의 성격:** 등장인물에 대한 소개와 성격을 알 수 있는 부분을 찾아서 읽어 보세요.

→

2 **등장인물에게 닥친 사건:** 등장인물이 처한 상황이나 해결해야 할 문제를 찾아서 읽어 보세요.

→

3 **노력과 시도:** 등장인물에게 닥친 사건을 등장인물이 어떻게 해결하려고 했는지, 아니면 실패했는지를 찾아서 읽어 보세요.

→

4 **등장인물의 반응:** 사건을 해결하거나 실패하고 나서 등장인물의 행동의 변화나 생각, 감정을 적어 보세요.

→

길잡이 여러분이 읽어야 하는 글이 정보를 찾는 글이나 설명이 담긴 글이라면 이 틀의 내용도 달라질 수 있습니다. 정보를 찾거나 중심 생각을 찾아야 하는 TOPIK 읽기 시험에서는 다음의 틀을 생각하며, 읽어 보세요.

정보를 찾는 글

1. 이 글은 무엇에 대한 글인가?
2. 이 글에서 말하는 '무엇'은 왜 중요한가?
3. 이 무엇을 했을 때와 안 했을 때 혹은 있을 때와 없을 때 무엇이 다른가?
4. 이 무엇에 대해 나는 혹은 다른 사람들은 어떻게 이야기하는가?

예시

건강을 위해서는 짠 음식을 먹지 않는 것이 좋다는 정보글을 본 후

1. 이 글은 건강 상식에 대한 글이다. 이 글은 음식을 먹는 방법에 대한 글이다.
2. 이 글에서는 음식을 먹을 때 짜게 먹는 것이 건강에 좋지 않다고 한다.
3. 음식을 짜게 먹었을 때 성인병에 걸릴 수 있으며, 다이어트에도 좋지 않다.
4. 건강을 위해 음식을 짜게 먹지 않는 것이 좋다고 이야기하지만 우리 생활에서 소금을 넣지 않거나 조금만 넣고 음식을 먹는 일은 쉽지 않다.

03 통계나 도표를 보고 올바른 정보 찾기

글 또는 도표의 내용과 같은 것을 고르는 문제입니다. 한국 사회 전반에 걸쳐 문제가 되고 있는 현상들이 주로 제시되고 그것을 해석할 수 있는지를 찾는 문제입니다. 출제되는 문제의 난이도는 여러분이 중급에서 모두 배운 것이지만 도표에만 주로 등장하는 어휘가 있습니다. 그런 어휘들을 먼저 정리해 두고 다양한 연습 문제를 통해 도표 읽기에 익숙해지면 그리 어렵지 않게 풀 수 있는 문제입니다.

01 유형 이해하기

※ 다음 글 또는 도표의 내용과 같은 것을 고르십시오.

충주 사과 따기 축제
기간: 10월 17일 ～ 10월 24일

무대 행사	체험 행사	부대 행사
축하 공연	사과나무 심기	사과로 다양한 음식 만들기 행사
여러 가지 이벤트	사과 직접 따기 행사	사과 껍질 길게 까기 행사

※ 무료 행사입니다.
※ 기차나 고속버스로도 쉽게 오실 수 있습니다.

① 이 축제는 일주일 동안 진행한다.
② 자가용을 운전해서 가면 주차를 할 수 있다.
③ 사과 따기 축제 기간에 음식 만들기 행사도 볼 수 있다.
④ 사과로 다양한 음식 만들기 행사는 요리사만 참여할 수 있다.

이 예시문제의 정답은 ③번입니다 이런 문제 유형을 풀 때는 다음과 같이 보기와 본문을 대조하면서 틀린 이런 문제 유형을 풀 때는 다음과 같이 보기와 본문을 대조하면서 하나하나 지워가는 것이 좋습니다. '① 이 축제는 4일 동안 한다.', '② 주차장에 대해서는 나와 있지 않다.', '④ 사과 따기 축제에서는 음식 만들기와 껍질 길게 까기 행사가 있다. '음식 만들기 행사에서 참여 인원에 대한 정보는 나와 있지 않다.'와 같은 방법으로 본문의 내용과 보기의 내용을 하나씩 비교하며, 풀어보는 것이 필요합니다. 또한 아래와 같이 도표가 나오는 경우에는 특히 숫자, 날짜 등을 주의 깊게 봐야 합니다.

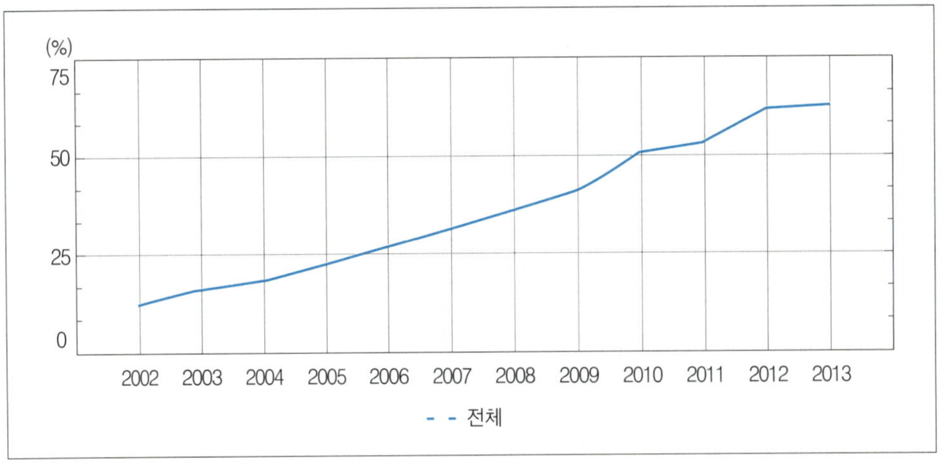

① 2002년 이전에도 어린이집을 이용하는 사람이 많았다.

② 최근 10년 동안 어린이집 이용률은 매년 크게 줄고 있다.

③ 2008년부터 어린이집을 이용하는 사람들의 생각이 바뀌었다.

④ 2011년 이후부터 어린이집을 이용하는 사람들이 절반을 넘었다.

정답은 ④번입니다. ① 2002년 이전에 어린이집을 이용하는 사람이 많다고 볼 수 없습니다. ② 10년 동안 어린이집 이용률은 매년 크게 늘고 있습니다 ③ 이 도표는 객관적인 증가율만 보여주고 있어서 어떤 변화가 있었는지 알기 어렵습니다. 이런 유형에서는 '2002년', '25%', '50%', '줄다'와 같은 표현을 알고 있어야 문제를 풀 수 있습니다. 도표 문제에 자주 등장하는 '퍼센트', '비율', '증가', '감소', '하락', '향상'과 같은 어휘들은 도표나 그래프 문제에 자주 나오는 어휘이기 때문에 이런 어휘는 따로 정리를 해 두는 것이 필요합니다. 메모장에 토픽 어휘를 정리할 때 문제 유형이나 특성에 따라 정리하는 것도 좋은 방법입니다.

2.1. 해설이 있는 친절한 유형 연습

1 다음 글 또는 도표의 내용과 같은 것을 고르십시오. (각 2점)

태극기 나눔 행사

일시: 8월 15일

오전 9시부터 오후 6시까지 정문에서 나누어 드립니다.
박물관 입장과 태극기 나눔 행사는 모두 무료입니다.
주의 사항: 사진 촬영을 금합니다. 박물관 안에서는 흡연을 하실 수 없습니다.

대한민국 역사박물관

① 대한민국 역사박물관에서 태극기를 나누어 주는 행사이다.

② 8월 15일에는 하루 종일 어디에서나 태극기를 받을 수 있다.

③ 박물관 안에서 담배를 피울 수는 없지만 사진은 찍을 수 있다.

④ 박물관에 들어갈 때 입장료를 내면 태극기를 무료로 받을 수 있다.

문제 풀이

정답은 ①번입니다. ② 어디에서나 받을 수 있는 것은 아닙니다. 정문에서 태극기를 받을 수 있습니다. ③ 박물관에서 촬영을 금합니다 는 사진을 찍을 수 없다는 뜻입니다.
④ 박물관 입장료도 무료입니다.

2

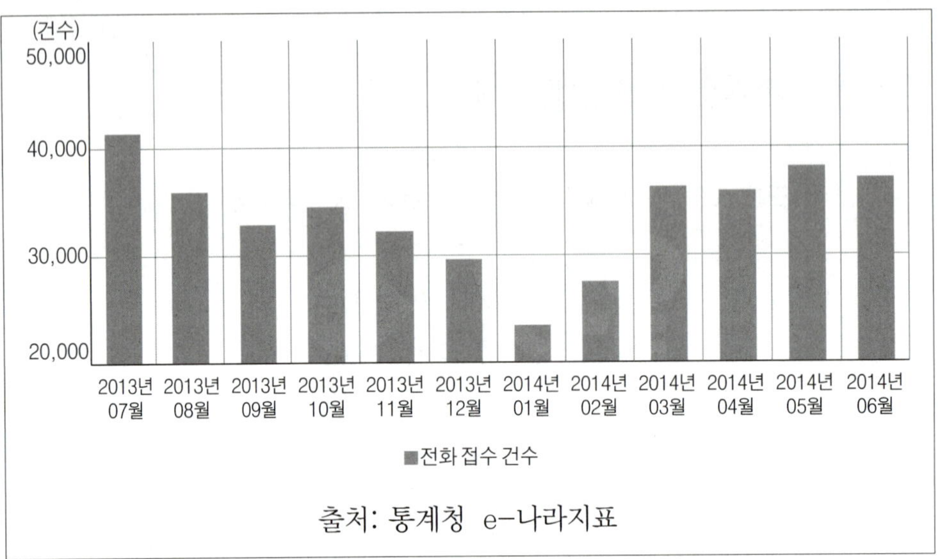

① 누구나 전화를 걸어 상담을 받았음을 알 수 있다.

② 6월이나 7월보다 1월이나 2월이 전화접수가 훨씬 많다.

③ 가장 전화가 많은 온 달에도 전화접속은 40,000건을 넘지 못했다.

④ 2014년에 전화가 가장 많이 온 달은 5월이고 가장 적게 온 달은 1월이다.

문제 풀이

정답은 ④번입니다. ① 청소년들이 주로 이용합니다. ② 6월이나 7월보다 1월이나 2월이 전화 접수가 더 적습니다. ③ 가장 전화가 많은 온 달에도 전화접속은 40,000건을 넘었습니다.

1 다음 글 또는 도표의 내용과 같은 것을 고르십시오.

<table>
<tr><td colspan="3" align="center">민속촌 이용 안내</td></tr>
<tr><td align="center">구분</td><td align="center">평일</td><td align="center">주말</td></tr>
<tr><td align="center">봄</td><td align="center">09:30~18:00</td><td align="center">09:30~18:30</td></tr>
<tr><td align="center">여름</td><td align="center">09:30~18:30</td><td align="center">09:30~19:00</td></tr>
<tr><td align="center">가을</td><td align="center">09:30~18:00</td><td align="center">09:30~18:30</td></tr>
<tr><td align="center">겨울</td><td align="center">09:30~17:30</td><td align="center">09:30~18:00</td></tr>
</table>

※ 놀이마을 야간 개장: (7/26~8/31)
※ 민속촌 입장료를 구입하시면 놀이 마을 입장료는 무료입니다.

① 민속촌은 계절에 따라 입장료가 다르다.
② 민속촌은 여름동안 야간에도 문을 연다.
③ 놀이 마을 입장료를 따로 구입해야 한다.
④ 민속촌은 주중과 주말에 문을 여는 시간이 다르다.

2 다음 글 또는 도표의 내용과 같은 것을 고르십시오.

방학 중 국내 배낭여행 일정표

구분	기간	모이는 시간과 장소
통일전망대와 설악산	8월1일~8월5일	강릉역 10시
동해에서 아침을	8월6일~8월8일	정동진역 5시
한강을 따라 남쪽으로	8월9일~8월10일	서울역 10시
남해의 섬을 찾아서	8월11일~8월13일	밀양역 9시

※ 기차는 자유 이용권으로 이동합니다.
※ 숙소는 모두 예약이 되어 있습니다.
※ 마음에 드는 장소만 부분적으로 참여할 수도 있습니다.

한국 대학교 여행 동아리 '배낭 마을'

① 총 여행 기간은 약 열흘이다.
② 모여야 할 곳은 모두 기차역입니다.
③ 여행 동아리에서 세계의 이곳저곳을 여행하려고 한다.
④ 동해와 남해 그리고 서해 바다를 여행하고 설악산에 갈 계획이다.

3   다음 글 또는 도표의 내용과 같은 것을 고르십시오.

북한강 자전거길 여행안내

참가비: 만원 (점심값 포함)

일시: 2014년 10월 18일 토요일

일정: 반포 한강공원 자전거길 ~ 양수리역

※ 자전거와 안전 장비를 모두 잘 확인하시고 오시기 바랍니다.

※ 참가비를 입금하시고 이름과 연락처를 메일로 보내 주시기 바랍니다.

함께 타는 자전거 모임 회장 홍길동(bike@co.kr)

① 점심은 각자 준비해야 한다.

② 만원은 10월 18일에 모여서 회장 홍길동에게 낸다.

③ 서울에서 출발해서 양수리까지 지하철을 타고 간다.

④ 참가비를 내고 신청 메일을 보내면 참가할 수 있다.

4 다음 글 또는 도표의 내용과 같은 것을 고르십시오.

'우리 백화점' 할인행사

기간: 2015년 8월 1일부터 8월 31일까지
시간: 주중: 아침10시부터 저녁 8시 30분까지
　　　주말: 아침10시부터 저녁6시까지
화장품: 5% 할인
의류: 20% ~ 30% 할인

※ 여름옷을 특별한 가격에 판매하는 이벤트가 2층에서 열립니다.
※ 지하 1층에서 경품을 나누어 드리고 있으니 10 만 원 이상 구매하신 손
　 님께서는 영수증을 가지고 지하 1층에서 경품을 받아 가시기 바랍니다.

① 8월 한 달 동안 이벤트가 계속된다.
② 주중과 주말에 백화점이 문을 닫는 시간은 10시이다.
③ 5% 이상 할인을 받으면 10만 원짜리 경품을 받을 수 없다.
④ 겨울옷을 할인 받으려면 지하 1층 이벤트 장소로 가면 된다.

5 다음 글 또는 도표의 내용과 같은 것을 고르십시오.

집수리 전문 회사 '하늘수리'

물이 안 나오세요?
화장실이 고장 났나요?
창문이 깨졌다고요?
모두 저희 '하늘수리'와 상담하세요.
직접 방문해서 친절하게 상담 후 고쳐 드립니다.
수리 후에는 청소까지 깔끔하게 해 드립니다.

연락처: 234-5678
일요일은 전화를 받지 않습니다.

① 집 청소 전문 회사이다.
② 고장을 고치고 나서 집을 예쁘게 꾸며 준다.
③ 컴퓨터가 고장 났을 때 직접 방문해서 고쳐 준다.
④ 일요일에 창문이 깨지면 월요일에 수리를 신청할 수 있다.

6 다음 글 또는 도표의 내용과 같은 것을 고르십시오.

우리 가전제품 할인 행사 안내
20% ~ 60% 할인

올 여름은 특히 덥다고 합니다.
이번 기회에 선풍기, 에어콘 등을 40% 할인된 가격에 구매하세요.

일시 : 5월 28일부터 6월27일까지 오전 10시부터 오후 7시까지
장소 : 경기도 파주시 파주시청 옆 우리 가전 센터 1층

자세한 안내는 www. oritech. com에서 확인하실 수 있습니다.

① 여름 상품은 세일하지 않는다.
② 세일 상품을 구입하려면 6월 초까지 기다려야 한다.
③ 가전제품에 대한 안내는 직접 가전 센터로 가야 알 수 있다.
④ 집에서 쓸 수 있는 가전제품을 싸게 파는 것에 대한 내용이다.

7 다음은 무엇에 대한 글인지 고르십시오.

이제 직접 자신이 원하는 가구를 만들어 보세요.

저희 회사 홈페이지에 있는 가주 중에서 원하는 가구의 종류와 크기를 알려 주시면 가구를 만들 수 있는 재료를 보내드립니다. 백화점과 같은 품질의 가구를 훨씬 저렴하게 구입하실 수 있습니다.

가구를 다 만들고 사진을 찍어서 저희 인터넷 사이트에 올려 주시면 상품을 드립니다.

가구도 만들고 상품도 받을 수 있는 이 번 기회를 놓치지 마세요.

조립식 가구 전문: 설화 가구(조립설화@가구.com)

① 가구의 크기와 모양은 모두 똑같다.
② 완성된 가구를 보내주는 가구점이다.
③ 백화점에 가서 가구를 만들 재료를 사야 한다.
④ 직접 완성한 가구의 사진을 찍어서 인터넷에 올리면 상품을 받을 수 있다.

8 다음 글 또는 도표의 내용과 같은 것을 고르십시오.

> 저희 솔가지 캠핑장은 부산 시내에서 30분 거리에 있습니다.
> 친구들 또는 가족들과 함께 시원한 여름밤을 보내세요.
>
> 〈주의사항〉
>
> 1. 미리 전화와 인터넷을 통해 예약을 하셔야 이용 가능합니다.
> 2. 캠핑장 이용 고객에게는 별도의 주차비를 받지 않습니다.
> 3. 매점에서는 고기나 쌀 등은 판매하지 않습니다. 미리 준비해 주세요.
> 4. 설거지는 정해진 장소를 이용해 주세요.
>
> −솔가지 캠핑장−

① 부산시 안에 있는 곳이다.

② 설거지는 일정한 곳에서 해야 한다.

③ 고기나 쌀 등은 매점에서만 구입할 수 있다.

④ 미리 예약을 하지 않아도 주차를 할 수 있다.

9 다음 글 또는 도표의 내용과 같은 것을 고르십시오.

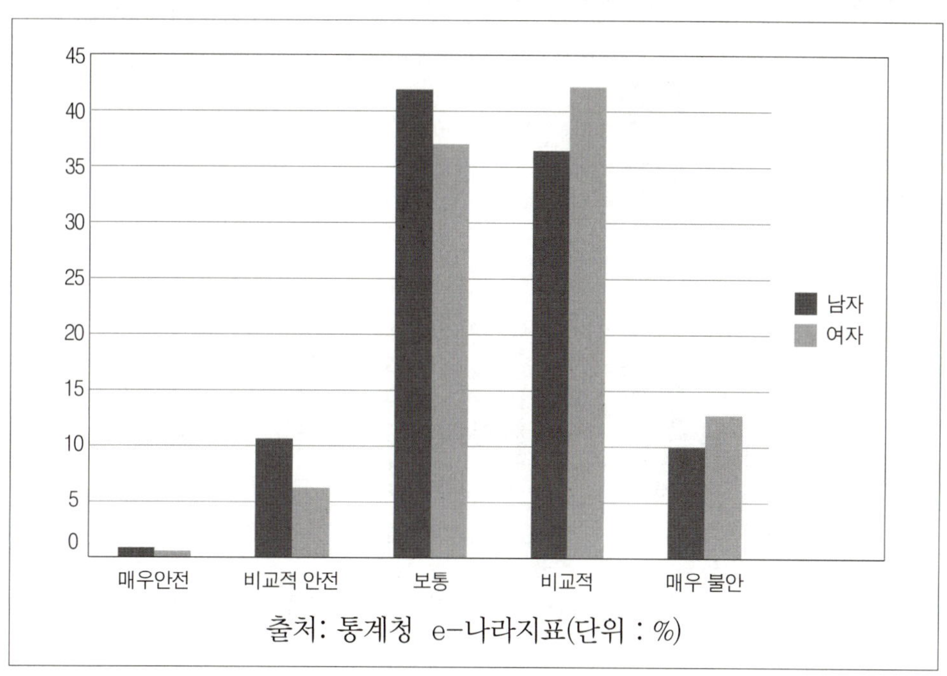

① 비교적 안전하다고 대답한 사람이 반이 넘는다.

② 남자와 여자가 모두 매우 안전하다고 느끼고 있다.

③ 매우 불안하다고 느낀 인구는 남자가 여자보다 많다.

④ 보통이라고 대답한 사람과 비교적 안전하다고 대답한 사람이 가장 많다.

10 다음 글 또는 도표의 내용과 같은 것을 고르십시오.

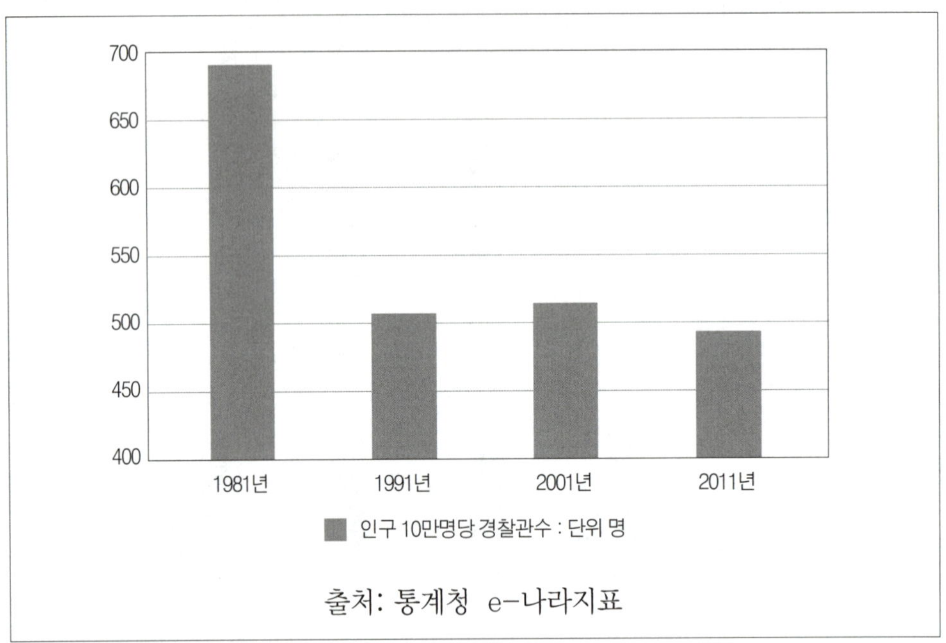

① 최근 5년간의 인구 10 만 명당 경찰관 수를 알 수 있다.

② 인구 10만 명당 경찰관 수가 가장 많은 것은 2011년이다.

③ 인구 10만 명당 경찰관 수는 대체로 감소하고 있는 편이다.

④ 2013년에 한국의 인구 10만 명당 경찰관 수는 500명을 넘는다.

11 다음 글 또는 도표의 내용과 같은 것을 고르십시오.

	2004	2005	2006	2007	2008	2009	2010	2011	2012	2013
출생아 수	472	435	448	493	465	444	470	471	484	436

[단위: 천명, 가임여성 1명당 명]
출처: 통계청 e-나라지표.

① 2013년보다 2004년의 출산율이 더 높다.

② 가장 출생아 수가 많았던 해는 2007년이다.

③ 출생아 수는 줄어든 해도 있고 늘어난 해도 있다.

④ 새로 태어나는 아기는 매년 조금씩 줄어들고 있다.

12 다음 글 또는 도표의 내용과 같은 것을 고르십시오.

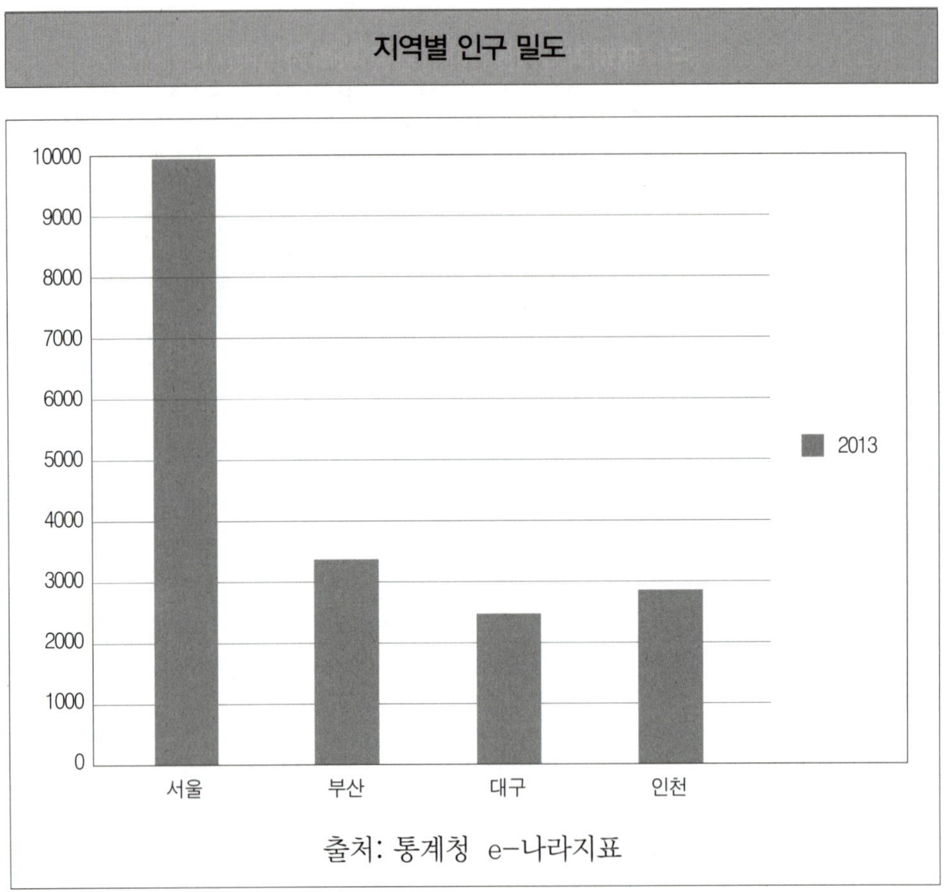

① 대구가 부산보다 인구가 많다.

② 네 곳 중 가장 인구가 적은 도시는 인천이다.

③ 서울이 다른 도시에 비해 월등히 인구가 많다.

④ 이 도표로는 어느 도시의 인구가 가장 많은지 알기 어렵다.

13 다음 글 또는 도표의 내용과 같은 것을 고르십시오.

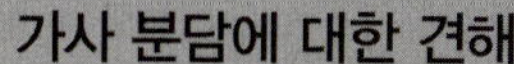

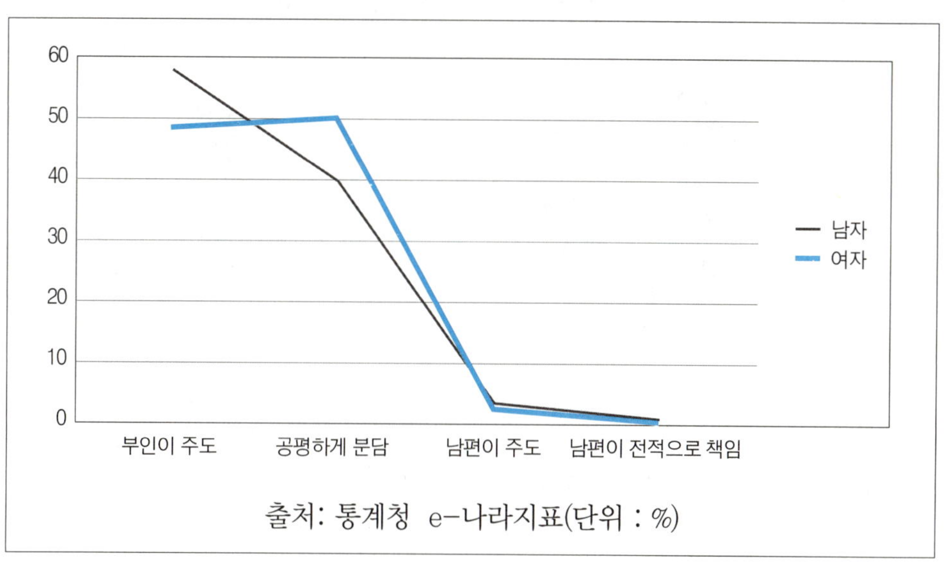

① 남편이 주도해야 한다고 생각하는 사람이 10%를 넘는다.

② 부인이 주도해야 한다고 생각한 사람은 여자와 남자의 차이가 없다.

③ 공평하게 집안일을 분담해야 한다는 사람이 남편이 주도해야 한다는 사람보다 많다.

④ 남편이 주도해야 한다고 생각하는 사람이 부인이 주도해야 한다고 생각한 사람보다 많다.

14 다음 글 또는 도표의 내용과 같은 것을 고르십시오.

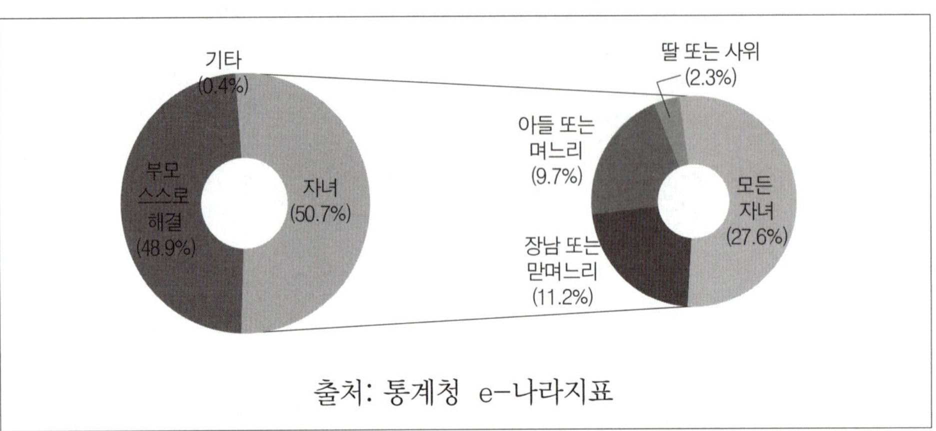

① 부모님이 생활비를 스스로 해결하는 경우는 별로 없다.

② 자녀의 반 이상이 부모님의 생활비를 드리지 못하고 있다.

③ 장남이 생활비를 드리는 경우가 딸이 드리는 경우보다 더 적다.

④ 모든 자녀가 함께 부모님의 생활비를 드리는 경우가 가장 많다.

15 다음 글 또는 도표의 내용과 같은 것을 고르십시오.

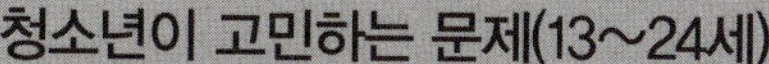

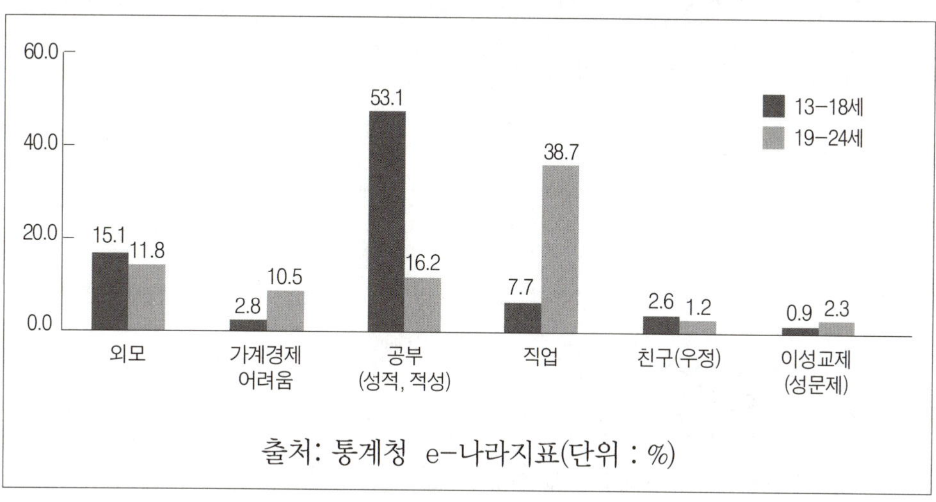

① 성적을 고민하는 것은 주로 19~24세의 청소년이다.

② 이성문제를 고민하는 청소년이 외모를 고민하는 청소년보다 많다.

③ 13~18세에는 공부에 대한 고민을 많이 한다.

④ 가계경제를 고민하는 청소년이 이성문제를 고민하는 청소년보다 더 적다.

2.3. 문형 공부하기

1 **–거나**

둘 이상의 경우 하나를 선택할 때 쓴다.

| 문·장·만·들·기 |

2 **–치고(는)**

1. 모두 뒤 문장의 내용과 같을 때 쓴다.
2. 뒤 문장의 내용이 예외적인 것임을 나타낼 때 쓴다.

| 문·장·만·들·기 |

3 **–(으)나 마나**

어떤 행동을 하든지 한 하든지 마찬가지일 정도로 결과가 보고 있는 것처럼 분명함을 나타낼 때 쓴다.

| 문·장·만·들·기 |

2.4. 어휘 공부하기

	어휘	의미	문장 만들기	비슷한 말/반대말
1	도표			
2	연령대별			
3	연도별			
4	형태별			
5	업종별			
6	감소율			반 증가율
7	합계			비 총합
8	안내문			

03 유형 활용하기

■ 스스로 읽을 내용 찾아보기[2]

 다음 표를 보고 첫 번째 칸에 여러분이 알고 있는 내용을 적고, 두 번째 칸에는 알고 싶은 내용을 적어 보세요. 마지막 칸에는 여러분이 알고 싶은 내용을 인터넷이나 책을 통해 찾아서 적어 보세요. 이런 활동을 통해 여러분이 알고 있는 것과 더 찾아야 할 내용을 스스로 확인할 수 있습니다.

주제: 지구온난화

내가 알고 있는 것	내가 알고 싶은 것	내가 찾은 내용
1. 날씨가 점점 더 워진다. 2. 빙하가 녹는다.	1. 지구온난화가 일어나는 이유는 무엇일까? 2. 지구온난화가 우리에게 끼치는 영향은 무엇일까? 3. 우리가 할 수 있는 일은 무엇이 있을까?	1. 지구온난화는 온실가스로 인해 발생하는 문제이다. 2. 해수면이 상승하거나 사막이 더 많이 생길 수 있다. 3. 에너지를 절약하고, 환경 보호에 관심을 갖는다.

---

2 ogle, D. M. (1986), K-W-L Charts 참조

주제: 졸업 후의 취업 문제

내가 알고 있는 것	내가 알고 싶은 것	내가 찾은 내용

주제: 건강과 다이어트

내가 알고 있는 것	내가 알고 싶은 것	내가 찾은 내용

04 글 단위의 관계를 추론하여 순서 파악하기

이 문제 유형은 순서에 따라 글을 배열할 수 있어야 풀 수 있습니다. 글의 유형은 대부분 시간적인 순서와 논리적인 순서로 되어 있습니다. 시간적인 순서의 문장은 시간과 관계있는 어휘들에 주의를 기울이고 논리적인 순서의 문장은 이유, 방법, 원인 등을 나타내는 접속사를 주의 깊게 보면 글의 순서를 배열할 때 어렵지 않을 것입니다.

01 유형 이해하기

※ 다음을 순서대로 맞게 배열한 것을 고르십시오.

> (가) 그러나 이런 교육방법이 언제나 좋은 것은 아니다.
> (나) 우리는 부모님 말씀만 잘 들으면 된다고 가르친다.
> (다) 어른들 말에 무조건 따르는 것은 아이 스스로 생각하는 능력에 좋지 않을 수도 있다.
> (라) 따라서 무조건 따르라고 하기보다는 이유를 설명하고, 판단하게 하는 것이 좋다.

① (나)-(가)-(다)-(라) ② (나)-(다)-(가)-(라)

③ (다)-(나)-(가)-(라) ④ (다)-(가)-(나)-(라)

순서대로 문장을 배열하는 이러한 유형에서 먼저 살펴봐야 할 것은 '담화 표지어'의 의미와 기능입니다. 담화 표지어는 글의 내용이나 문장의 관계를 파악하는 데 큰 도움이 됩니다. 이런 유형을 대비하는 가장 좋은 방법은 책을 많이 읽고, 다양한 글을 접하는 것이지만 그에 앞서 이러한 담화 표지어를 미리 학습하는 것도 충분히 도움이 될 수 있습니다. 아래는 대표적인 담화 표지어를 글의 유형에 따라 분류한 것입니다.

텍스트 유형	담화 표지어
수집 유형	그리고, 또한, 역시, 덧붙여, 더구나, 첫째로, 우선, 동시에, 먼저, 전에, 다음에, 나중에, 마지막으로, 끝으로
기술 유형	예를 들면, 그 중의 하나는, 특히, 예컨대, 일례로, 특히, −처럼, −와 같은, 즉
인과 유형	결과적으로, 왜냐하면, 고로, 결국, 그러므로, 만약, 원인은, 그러니까
문제 해결 유형	문제는, 질문은, 해결책은, 정답은
비교 유형	그러나, 반면, 이와는 대조적으로, 다는 아니지만, 대신에, 비교적, 한편

다른 어휘 공부와 마찬가지로 담화 표지어도 따로 정리를 하는 것이 이런 유형의 문제를 풀 때 도움이 됩니다.

02 유형 연습하기

2.1. 해설이 있는 친절한 유형 연습

1 다음을 순서대로 맞게 배열한 것을 고르십시오.

> (가) 떡국은 한국 사람들이 설날에 먹는 대표적인 음식이다.
> (나) 이 날 떡국을 먹는 이유에 대해서는 자료가 남아 있지 않아 알 수가 없다.
> (다) 설날은 한국의 큰 명절로 부모님과 어른들에게 세배를 하고 다 같이 떡국을 먹었다.
> (라) 하지만 떡국을 만드는 긴 떡이 희고 길어서 '오래 산다'는 의미로 새해의 첫 음식으로 먹는 것 같다.

① (가)–(나)–(다)–(라)   ② (다)–(라)–(가)–(나)

③ (가)–(다)–(나)–(라)   ④ (다)–(나)–(가)–(라)

문제 풀이

먼저 첫 번째 문장을 골라야 합니다. 선택지에서 (가)와 (다)중에서 하나를 고를 때 어느 문장이 더 일반적인 내용을 표현한 것인지 찾아야 합니다. (다)보다는 (가)가 조금 더 일반적인 문장입니다. 따라서 ②, ④는 생각하지 말고 ①, ③에서 답을 찾아야 합니다. 첫 번째 문장인 (가)에서 떡국은 한국 사람들이 설날에 먹는 대표적인 음식이라고 했으니 (나)와 (다) 중에서 어떤 문장에 뒤에 올 것인지 생각해 봐야합니다. 떡국을 먹는 이유를 알 수 없다는 내용과 설날에 떡국을 먹고 세배를 올렸다는 내용이 있습니다. 여기서 중요한 단서는 '이 날'입니다. '이'가 지칭하는 것은 (가)의 설날일 수도 있고 (다)의 설날일 수도 있습니다. 그러나 (라)에 나오는 내용과 연결시켜 보면 '이 날'은 (다)의 설날을 가리킨다고 볼 수 있습니다. 마지막으로 (라)는 '떡국을 먹는 유래를 알 수 없지만'으로 연결하여 생각하면 됩니다. 따라서 정답은 ③번 (가)–(다)–(나)–(라)입니다.

2 다음을 순서대로 맞게 배열한 것을 고르십시오.

> (가) 장화와 홍련은 새어머니가 시키는 대로 힘든 일을 매일 해야 했다.
> (나) 새어머니가 들어와서는 장화와 홍련을 구박하면서 못살게 굴었다.
> (다) 어느 날 갑자기 장화와 홍련의 어머니가 병에 걸려 돌아가시게 되었다.
> (라) 옛날에 철산 지방에는 장화와 홍련이라는 자매가 살고 있었다.

① (나)–(가)–(다)–(가) ② (나)–(라)–(가)–(다)
③ (라)–(다)–(나)–(가) ④ (라)–(나)–(다)–(가)

문제 풀이

이 유형은 시간적인 순서를 배열하는 문제입니다. 보통 시간적인 순서의 글은 옛날에, 흔히, 보통 등의 문장이 가장 먼저 옵니다. 그래서 선택지에 나와 있는 (라)의 문장을 첫 번째로 생각해야 합니다. (나)가 먼저 나오는 선택지는 버리고 ③과 ④ 중에서 하나를 골라야 합니다. 첫 문장에서 옛날에 장화, 홍련이 살았고 그 다음은 (나) 와 (다) 중에서 어느 문장이 와야 이야기가 자연스러울지 고려해야 합니다. 어머니가 돌아가시고 새어머니가 들어오는 게 시간적인 순서로 맞습니다. 그래서 (다)–(나)의 순서가 되고 마지막으로 (가)가 오면 시간적인 순서에 따라 글이 배열되었음을 알 수 있습니다. 따라서 정답은 ③번 (라)–(다)–(나)–(가)입니다.

1 다음을 순서대로 맞게 배열한 것을 고르십시오.

> (가) 인구가 늘어나는 곳과 줄어드는 곳에 따라 발생하는 문제점도 달라진다.
> (나) 인구가 늘어나는 곳은 자원이 부족하거나 환경이 오염되는 문제가 늘 발생한다.
> (다) 그래서 인구의 지역적 특성을 알게 되면 문제를 해결할 대책을 마련하기 쉽다.
> (라) 인구가 감소하는 곳은 노동력의 부족이나 65세 이상의 인구의 증가가 문제이다.

① (나)-(다)-(가)-(라) 　　② (가)-(나)-(라)-(다)
③ (나)-(라)-(가)-(다) 　　④ (가)-(다)-(나)-(라)

2 다음을 순서대로 맞게 배열한 것을 고르십시오.

> (가) 분류를 잘 하기 위해서는 알맞은 기준을 정해야 한다.
> (나) 설명을 잘 하기 위해서 여러 가지 진술 방식이 있는데 그 중 하나가 분류이다.
> (다) 기준을 정하고 대상을 분류하여 글을 쓰면 내용을 체계적으로 설명할 수 있다.
> (라) 분류는 여러 가지 대상을 나누어 설명하는 방법이다.

① (나)-(라)-(가)-(다) 　　② (라)-(나)-(다)-(가)
③ (나)-(다)-(가)-(라) 　　④ (라)-(다)-(가)-(나)

3 다음을 순서대로 맞게 배열한 것을 고르십시오.

> (가) 한국의 발효 식품은 주재료에 따라 나누어 볼 수 있다.
> (나) 그리고 수산물 발효 식품에는 젓갈이 있다.
> (다) 먼저 콩을 발효시킨 것으로 된장, 간장, 고추장, 청국장 같은 장류가 있다.
> (라) 마지막으로 채소 발효 식품인 김치가 있다.

① (가)-(다)-(나)-(라) ② (다)-(나)-(라)-(가)
③ (가)-(나)-(다)-(라) ④ (다)-(가)-(나)-(라)

4 다음을 순서대로 맞게 배열한 것을 고르십시오.

> (가) 그래서 의사들은 스마트폰 사용을 하루 1시간 이내로 줄여야 한다고 강력히 주장한다.
> (나) 안경을 쓰는 학생들이 줄어들기는커녕 해마다 늘어나고 있다.
> (다) 이제는 안경을 쓰는 것이 당연할 정도로 여겨진다.
> (라) 게다가 중고생 10명중 1명은 시력을 잃을 정도의 고도근시라고 한다.

① (다)-(나)-(가)-(라) ② (나)-(다)-(라)-(가)
③ (다)-(라)-(나)-(가) ④ (나)-(라)-(다)-(가)

5 다음을 순서대로 맞게 배열한 것을 고르십시오.

> (가) 하지만 주도를 지키며 마시는 적당한 술은 건강과 인간관계에 도움이 될 것이다.
> (나) 우리는 술자리 문화를 즐기고 술을 권하는 사회에서 살아가고 있다.
> (다) 술도 음식이기에 적당히 마시면 약이 되지만 과음하게 되면 건강을 해칠 수도 있다.
> (라) 과음을 하게 되면 자신도 모르는 사이에 취하게 되고 취하면 실수를 하기 마련이다.

① (나)-(다)-(라)-(가) ② (다)-(라)-(나)-(가)
③ (나)-(라)-(다)-(가) ④ (다)-(가)-(나)-(다)

6 다음을 순서대로 맞게 배열한 것을 고르십시오.

> (가) 그래서 전자책을 만들 작가와 콘텐츠를 발굴·공급하는 기업이 주목받기 시작했다.
> (나) 많은 사람들이 인정하기 어렵겠지만 종이책의 소멸은 5년 안에 현실이 될 것이라 말했다.
> (다) 미래학자로 유명한 제러미 리프킨 교수는 종이책이 사라질 것이라 전망했다.
> (라) 이 교수는 아날로그 필름과 음악을 사례로 들면서 자신의 의견을 강조했다.

① (나)-(다)-(라)-(가) ② (다)-(가)-(라)-(나)
③ (나)-(가)-(다)-(라) ④ (다)-(나)-(라)-(가)

7 다음을 순서대로 맞게 배열한 것을 고르십시오.

> (가) 외국인들 중에 한국의 푸짐한 밥상을 보고 인상 깊었다고 말하는 사람들이 많다.
> (나) 이러한 문제점을 해결하기 위해 정부에서는 종합대책을 만들어서 실시하고 있다.
> (다) 하지만 문제는 음식물 쓰레기로 해마다 18조원이 낭비되고 있다는 사실이다.
> (라) 게다가 음식물 쓰레기는 환경을 오염시키는 주범이기도 해서 공기와 물을 더럽히고 있다.

① (다)-(라)-(가)-(나) ② (가)-(다)-(라)-(나)
③ (다)-(가)-(라)-(나) ④ (가)-(라)-(다)-(라)

8 다음을 순서대로 맞게 배열한 것을 고르십시오.

> (가) 육지에 올라온 별주부는 토끼를 만나 용궁으로 가자고 토끼를 설득한다.
> (나) 북해를 다스리던 용왕은 심각한 병에 걸렸지만 병을 낫게 해 줄 약을 어디에서도 찾을 수가 없었다.
> (다) 여러 신하 중에 별주부가 앞으로 나가 토끼를 잡아 오겠다고 말하자, 용왕은 크게 기뻐하며 그를 칭찬한다.
> (라) 그러던 어느 날, 하늘에서 선녀가 나타나 용왕의 병에는 토끼간이 제일 좋은 약이라고 알려준다.

① (나)-(다)-(가)-(라) ② (라)-(다)-(나)-(가)
③ (나)-(라)-(다)-(가) ④ (라)-(나)-(다)-(가)

9 다음을 순서대로 맞게 배열한 것을 고르십시오.

> (가) 그러므로 자주 웃어야지 신체 건강은 물론 정신도 건강하게 되는 것이다.
>
> (나) 웃음 기법을 적용한 실험으로 많은 환자가 활력을 찾았다는 결과는 이 말을 증명하는 것이다.
>
> (다) 요즘 '웃기 때문에 행복한 것이다'는 말은 누구나 들어봤을 것이다.
>
> (라) 실제로 이 말이 효과가 있다는 연구 결과가 나와 주목을 끌고 있다.

① (다)-(가)-(라)-(나)　　　　② (나)-(라)-(다)-(가)
③ (다)-(라)-(나)-(가)　　　　④ (나)-(가)-(라)-(다)

10 다음을 순서대로 맞게 배열한 것을 고르십시오.

> (가) 천장은 유리로 만들었고 실내에는 지구와 같이 다양한 기후에서 서식하는 식물들을 심어 유사한 환경을 만들었다.
>
> (나) 바이오스피어 2는 미국 애리조나에 있는 지구와 최대한 비슷하게 만든 인공 지구이다.
>
> (다) 이곳에서 실험 참가자들 8명이 생활하면서 지구의 미래를 관찰했다.
>
> (라) 실험이 진행될수록 생태계가 파괴되었고 참가자들끼리 싸움이 일어나는 등 많은 문제가 발생하였다.

① (나)-(가)-(다)-(라)　　　　② (가)-(다)-(나)-(라)
③ (나)-(다)-(라)-(가)　　　　④ (가)-(나)-(다)-(라)

11 다음을 순서대로 맞게 배열한 것을 고르십시오.

> (가) 이 때 물건을 두고 내린 위치를 같이 말하면 물건을 쉽게 찾을 수 있다.
> (나) 하지만 물건을 잃어버린 후 늦게 알게 된 경우에는 유실물 센터로 신고해야
> 한다.
> (다) 지하철에서 잃어버린 물건을 찾는 방법은 분실한 사실을 알았을 때 바로 신
> 고하는 것이다.
> (라) 잃어버린 물건이 유실물 센터에 보관되어 있는지 알고 싶다면 전화나 인터
> 넷을 이용하면 된다.

① (다)–(가)–(나)–(라) ② (라)–(다)–(가)–(나)
③ (다)–(나)–(라)–(가) ④ (라)–(나)–(다)–(가)

12 다음을 순서대로 맞게 배열한 것을 고르십시오.

> (가) 그래서 환전을 해 주는 곳이 생기게 되었고 이것이 나중에 은행으로 발전한
> 것이다.
> (나) 세계 최초의 은행이 언제 생겼는지는 모르지만 약 3,700년 전에도 은행과
> 비슷한 곳이 있었다.
> (다) 사실 은행이 많아지기 시작한 것은 약 1,000년 전부터다.
> (라) 그때부터 나라 사이에 무역을 많이 하게 됐는데 나라마다 화폐가 달라서 무
> 역을 하기가 불편했다.

① (다)–(나)–(라)–(가) ② (나)–(다)–(라)–(가)
③ (다)–(라)–(가)–(나) ④ (나)–(라)–(다)–(가)

13 다음을 순서대로 맞게 배열한 것을 고르십시오.

> (가) 이러한 각 생태계의 에너지는 먹이 사슬을 통해 옮겨진다.
> (나) 각 단계의 생물들은 자신의 생존을 위해 많은 에너지를 사용한다.
> (다) 즉 90% 정도의 에너지가 생존을 위해 사용되고 나머지는 다음 단계의 생물
> 로 옮겨 간다.
> (라) 먹이사슬은 생물 사이의 먹고 먹히는 관계를 사슬처럼 연결한 것을 말한다.

① (나)-(가)-(다)-(라)   ② (가)-(다)-(나)-(라)
③ (나)-(가)-(다)-(가)   ④ (가)-(라)-(나)-(다)

14 다음을 순서대로 맞게 배열한 것을 고르십시오.

> (가) 따라서 수입에 맞는 올바른 소비 습관을 가져야 할 것이다.
> (나) 과소비로 인한 카드 연체율은 44.5%이며, 작년에 비해 4.2% 증가한 것으
> 로 나타났다.
> (다) 한 보고서에 의하면 성인 남녀 가운데 50% 이상이 3개 이상의 신용카드를
> 가지고 있는 것으로 조사되었다.
> (라) 적당한 신용카드의 사용은 현대인의 생활을 편리하게 해 주지만 계획없는
> 소비는 우리 사회를 병들게 할 수 있다.

① (나)-(다)-(라)-(가)   ② (다)-(가)-(나)-(라)
③ (나)-(라)-(나)-(가)   ④ (다)-(나)-(라)-(가)

15 다음을 순서대로 맞게 배열한 것을 고르십시오.

> (가) 쌀의 소비가 줄어들수록 농가는 어려움을 호소하고 있다.
>
> (나) 사람들은 쌀이 비만과 관계가 있다고 생각하여 쌀을 멀리했다.
>
> (다) 지난 17년간 한국인의 1인당 쌀 소비량이 35%로 감소하였다.
>
> (라) 또한 서구화된 식생활 습관도 쌀의 소비량을 줄게 한 원인이다.

① (가)-(나)-(다)-(라)　　　② (다)-(라)-(나)-(가)

③ (가)-(다)-(라)-(나)　　　④ (다)-(나)-(라)-(가)

2.3. 문형 공부하기

1 −아/어 버리다

1. 어떤 행위를 한 후, 그 결과 아무것도 남아있지 않음을 나타낸다.
2. 어떤 행위를 한 후, 마음이 가벼워지거나 반대로 아쉬움을 남음을 나타낸다.

| 문·장·만·들·기 |

2 −은/는 커녕

1. 앞의 것은 말할 것도 없이 당연히 불가능하거나 어렵고, 그것보다 더 실현 가능한 것도 이루기 어려움을 나타낸다.
2. 앞에는 말하는 사람이 어떤 상황에서 일반적으로 기대하는 내용이 오지만 뒤에 그 기대와는 다른 내용이 올 때 쓴다.

| 문·장·만·들·기 |

3 −아/어/여(지)

1. 말하는 사람의 의지를 나타난다.
2. 상대방에게 그렇게 하도록 권요하거나 명령할 때 쓴다.
3. 상대방의 생각을 알아보려고 물어볼 때 쓴다.
4. 당연히 또는 마땅히 그래야 할 텐데 그러지 못해 제약을 받거나 안타까울 때 쓴다.

| 문·장·만·들·기 |

2.4. 어휘 공부하기

	어휘	의미	문장 만들기	비슷한 말/반대말
1	실내			반 야외
2	활력			비 원기, 활기, 생기
3	낭비하다			비 허비하다 반 절약하다, 아끼다
4	실시하다			비 실행하다
5	감소하다			비 줄어들다 반 증가하다
6	서식하다			비 살다
7	분실하다			비 잃어버리다
8	개방하다			비 열어놓다 반 닫다, 폐쇄하다

03 유형 활용하기

■ 문단별로 요약하며 읽기

길잡이 '문단별로 요약하며 읽기'는 중심 생각을 찾아야 할 경우 문단별로 요약해서 전체 글의 중심 생각을 찾는 읽기 방법입니다. 먼저 문단별로 중요한 중심 생각을 찾아서 적어 보세요. 그리고 문단별 중심 생각을 다시 요약하면 전체 글의 중심 생각을 찾을 수 있습니다.

① 저작권이란 저작물을 만든 사람이 자신이 만든 저작물에 대해 갖는 권리를 말한다. 보통 책을 쓴 작가나 그림을 그린 화가, 음악을 만든 작곡가 등 자신의 생각과 감정을 표현한 것들은 모두 저작물이라고 할 수 있다.

② 현대 사회에서 개인의 창작물과 저작물에 대한 중요성이 커지면서 저작권에 대해서도 많은 사람들이 관심을 갖게 되었다. 저작권을 지킨다는 것은 개인의 창작물을 보호한다는 의미도 있지만 권리를 존중한다는 의미도 포함하고 있다.

③ 이렇게 저작권에 대한 관심이 커진 만큼 저작권을 지키지 않는 '저작권 침해'도 사회적인 문제가 되고 있다. 예전에는 다른 사람이 만든 음악을 가져와 자신의 노래로 만드는 표절이 대표적인 '저작권 침해'였다. 하지만 지금은 개인이 만든 창작물을 비롯해 텔레비전 프로그램이나 음원파일도 중요한 저작권 대상이 되고 있다.

④ 저작권을 침해하는 행동은 저작권을 가지고 있는 사람의 이익만 뺏어가는 것으로 생각하기 쉽지만 저작자의 권리와 노력까지 가져갈 수 있다는 점이 더 큰 문제라고 할 수 있다. 저작권이 침해되면 사회에서 필요한 새로운 창작물을 만들려는 사람이 없어질 것이고, 우리 사회는 변화나 발전 없이 제자리에 머물게 될 것이다. 더 중요한 것은 다른 사람의 권리를 중요하게 생각하는 사람이 줄어들 수도 있다는 것이다.

문단 요약

①

②

③

④

전체 글의 중심 생각

→

속담이나 관용 표현 익히기

속담과 관용 표현에 대한 문제는 한 문제 이상 꼭 출제되는 유형입니다. 바뀌기 이전 유형부터 꾸준히 출제되었던 유형으로 고빈도 표현은 미리 익혀두는 것이 좋습니다

01 유형 이해하기

※ ( )에 들어갈 알맞은 것을 고르십시오.

> 교통질서를 잘 지키는 일은 나에게만 중요한 것이 아니라 다른 사람의 생명을 보호한다는 점에서 중요한 일이다. 내가 잠깐 편하기 위해서 교통질서를 어기는 것이 때로는 다른 사람의 생명을 뺏거나 다치게 할 수 있다. 사고는 (   ) 일어난다. 잠깐만 다른 곳을 쳐다보거나 신호를 지키지 않아도 일어날 수 있다. 그렇기 때문에 나를 위해서나 다른 사람을 위해서 교통질서를 잘 지키는 것이 중요하다.

① 손발이 닳도록   ② 손바닥 뒤집듯이

③ 눈 깜짝할 사이에   ④ 눈코 뜰 새 없이

속담과 관용 표현 문제는 한 두 문제가 출제되기는 하지만 보기에 제시되는 속담과 관용 표현을 모를 경우 아예 문제를 풀 수 없는 유형이기 때문에 쉬운 유형은 아닙니다. 위 예시 문제와 같이 ( )에 들어갈 경우에는 괄호의 앞 문장과 뒤 문장을 여러 번 읽어보는 것이 필요합니다. 아래 보기를 보기에 앞서 어떤 의미의 표현이 들어가는 것이 옳은지 먼저 파악한 후 보기를 보는 것이 좋습니다. 또한 기존에 출제되었던 속담이나 관용 표현은 따로 정리해 두었다가 시험 전에 다시 한 번 확인하는 것이 필요합니다. 아래는 자주 출제되었던 속담과 관용 표현입니다.

관용 표현	속담
입이 무겁다, 눈이 빠지도록 기다리다, 발이 넓다, 손이 발이 되도록 빌다, 손에 익다, 손을 떼다. 손이 맵다, 발이 묶이다, 발이 떨어지지 않다, 미역국 먹다, 입이 가볍다, 손이 크다, 눈에 불을 켜다, 간이 부었다, 손을 대다, 물 쓰듯 하다, 목에 힘을 주다, 얼굴이 두껍다, 식은 죽 먹기, 찬물을 끼얹다 등	가는 날이 장날, 가는 말이 고와야 오는 말이 곱다, 가뭄에 콩 나듯 하다, 구슬이 서 말이라도 꿰여야 보배, 낮말은 새가 듣고 밤말은 쥐가 듣는다, 믿는 도끼에 발등 찍힌다, 돌다리도 두드려보고 건너라, 소 잃고 외양간 고친다, 콩 심은 데 콩 나고 팥 심은 데 팥 난다, 티끌 모아 태산, 하늘이 무너져도 솟아날 구멍이 있다 등

02 유형 연습하기

2.1. 해설이 있는 친절한 유형 연습

1 (   )에 들어갈 알맞은 것을 고르십시오.

> 만 12세 이하의 선수들로 이루어진 대한민국 야구 대표팀이 상대팀을 꺾으며 우승에 한 발짝 다가갔다. 한국은 3연승을 거두며 결승 진출을 확정지었다. 이번 대회에 참가한 대부분의 팀들은 우승 경력이 있는데 한국 팀은 아직까지 우승한 적이 한 번도 없다. 하지만 대표팀 감독은 (   )면서 우승에 대한 자신감을 보였다.

① 시간이 약이다
② 남의 떡이 더 커 보인다
③ 길고 짧은 것은 대봐야 안다
④ 사공이 많으면 배가 산으로 간다

문제 풀이

정답은 ③번입니다. 실제로 겨루거나 체험해 봐야 그 결과를 알 수 있다는 내용의 '길고 짧은 것은 대봐야 안다'입니다. 한국 팀이 리틀 야구 대회에서 우승한 적이 없어서 우승에 대한 기대감이 낮을 수 있지만 대표팀 감독은 이기고 지는 것은 실제로 해봐야 안다고 말하고 있습니다. 선택지의 속담을 살펴보면 아무리 안 좋은 일이라도 시간이 지나면 다 잊게 된다는 의미의 '시간이 약이다', 내 것보다 남의 것이 더 좋아 보인다는 의미의 '남의 떡이 더 커 보인다', 주변의 간섭이 심하면 원치 않는 상황으로 간다는 의미의 '사공이 많으면 배가 산으로 간다'입니다.

속담에는 학습자들에게는 낯선 한국의 전통 문화에 관련된 어휘가 많이 있어서 속담에 관련된 문제가 나올 때마다 그 의미를 이해하고 자주 써 봐야 할 것입니다.

2 ( )에 들어갈 알맞은 것을 고르십시오.

> 지난 15일 출근 시간인 오전 8시에 서울 지하철 2호선 상왕십리역에서 열차가 추돌했지만 다행히 다친 승객은 없었다. 기관사가 재빨리 급제동을 해 시속 15km 속도로 줄일 수 있었다. 평소처럼 시속 60~70km로 무턱대고 달렸더라면 대형 사고가 날 뻔했다. 열차에 타고 있던 승객들은 ( ) 안도의 한숨을 내쉬었다. 이번 사고는 시스템 오류로 밝혀지면서 안전 관리에 문제가 있음이 밝혀졌다. 안전은 절대로 공짜가 없다는 사실을 알아야 할 것이다.

① 시동을 걸면서   ② 다리를 놓으면서

③ 가슴을 쓸어내리면서   ④ 고개가 수그러지면서

문제 풀이

정답은 ③번입니다. '곤란한 일이나 걱정 따위가 해결되어 마음을 놓다.'는 의미의 '가슴을 쓸어내리면서'입니다. 상자 안의 글은 열차가 추돌하면서 대형 열차 사고가 날 뻔했는데 기관사가 속력을 줄여서 다친 승객이 없어서 다행이라는 내용입니다. 위험한 사고에서 벗어나서 불안한 마음이 사라져 마음이 편안해 질 때 '가슴을 쓸어내리다.' 라고 합니다.

관용어는 그 나라의 문화를 반영하므로 그 나라 사람이 아니면 관용어의 의미를 정확히 이해하기 어렵습니다. 따라서 초급과 중급에서 배운 것을 토대로 자주 익혀서 그 의미를 정확하게 알아야 합니다. 선택지에 쓰인 준비한다는 의미의 '시동을 걸다, 상대편과 관련을 짓기 위하여 중간에 다른 사람을 넣을 때 '다리를 놓다'를 쓰며, 존경하는 마음이 생기게 될 때 '고개가 수그러지다'는 표현을 씁니다.

1 (   )에 들어갈 알맞은 것을 고르십시오.

> 배터리가 없어서 연락을 못했다는 말은 더 이상 핑곗거리가 될 수 없는 세상이 되었다. 그 이유는 스마트폰 앱 때문이다. 이 앱을 다운 받으면 배터리 충전 장소가 어디 있는지 금방 찾을 수 있다. 이 앱의 다른 기능은 상대방의 배터리 상태까지 알 수 있어 언제 배터리를 충전했는지 시간도 알 수 있다. 이 기능을 설치한 누리꾼들은 가끔 감시당하는 느낌을 받았다고 한다. 때로는 (   )이 될 수도 있다는 것을 실감했다고 한다.

① 꿩 대신 닭 　　　　　　　　　② 모르는 게 약
③ 가는 날이 장날 　　　　　　　④ 무소식이 희소식

2 (   )에 들어갈 알맞은 것을 고르십시오.

> 어설프게 알아서 그 공포심에 의해 없던 병도 생기는 경우가 있다. 이럴 때 우리는 (   ) 라는 말을 한다. 대부분의 병은 심리적 영향을 많이 받는다. '내가 이 약을 먹어서 문제가 생기면 어떡하지? 혹은 이 약을 먹고 다른 사람들은 나빠졌다는데 나도 그럴까?'라는 두려움 자체가 문제를 키운다는 말이다. 인터넷의 발달로 정보를 찾는 것이 용이한 반면에 잘못된 정보도 많아져 이것을 걸러 내는 힘도 필요하다.

① 꿩 대신 닭이다 　　　　　　　② 아는 것이 병이다
③ 모르는 게 약이다 　　　　　　④ 놓친 고기가 더 크다

3 (   )에 들어갈 알맞은 것을 고르십시오.

> 매년 여름 휴가철이 되면 해수욕장이나 야외 수영장에서는 선탠을 즐기는 젊은 사람들로 (   ). 안영호 한국 피부과 원장은 "선탠을 즐기는 것은 좋지만 짧은 휴가 기간 동안 피부를 태우겠다는 생각은 무모한 도전이다"라고 말한다. 휴가철이 끝나자마자 햇빛에 화상을 입은 많은 환자들로 병원이 북새통을 이루는 것을 보면 과도한 자외선 노출이 얼마나 심각한지 알 수 있다. 안 원장은 자외선이 생리적 작용과 살균 작용을 돕기 때문에 인체에 이롭다 할지라도 장시간의 선탠은 피부 염증을 일으킬 수 있다며 주의하라고 당부했다.

① 발이 넓다　　　　　　　　　② 발이 빠르다
③ 발 벗고 나선다　　　　　　　④ 발 디딜 틈이 없다

4 (   )에 들어갈 알맞은 것을 고르십시오.

> 수학여행은 어떤 지역을 답사하면서 그 지역의 자연, 문화 등을 보고 들으며 견문을 넓히는 교육 활동의 일부이다. 또한 선생님, 친구와 함께 생활함으로써 공동체 의식을 강화하고, 학창시절의 좋은 추억거리를 만들 수 있는 자리가 되기도 한다. 하지만 입시 경쟁에 내몰려 학교, 학원, 집을 (   ) 하는 학생들의 지친 마음과 몸을 달래주던 수학여행의 실효성에 대한 문제가 떠올랐다. 최근 잦은 사고와 함께 인명 피해까지 발생하면서 수학여행의 존폐에 대한 심각한 논의가 진행되고 있다.

① 곶감 빼 먹듯　　　　　　　　② 장님 코끼리 만지듯
③ 다람쥐 쳇바퀴 돌듯　　　　　④ 구렁이 담 넘어가듯

5 (　　)에 들어갈 알맞은 것을 고르십시오.

'시민과 함께 하는 문화유산 탐방'을 운영하고 있는 논산문화원은 시민들의 호응이 높아 이 프로그램을 계속 진행할 것이라 밝혔다. 관광해설사와 함께 논산의 아름다운 유적지를 답사하는 프로그램이 올해 처음으로 실시되자 많은 시민들이 참가 신청을 했다. 답사자들은 (　　)면서 논산 지역의 훌륭한 조상들의 발자취와 그 역사성에 감탄을 하고 있다. 논산문화원장은 이 프로그램이 논산의 문화를 바로 알고 이해하는데 큰 도움이 될 것이라 자부한다. 또한 고향을 사랑하는 마음과 자부심을 높일 수 있어 이 지역의 청소년들에게도 참여를 권장할 것이라 전했다.

① 시작이 반이다.　　　　　　② 꿩 대신 닭이다.
③ 등잔 밑이 어둡다.　　　　　④ 금강산도 식후경이다.

6 (　　)에 들어갈 알맞은 것을 고르십시오.

말과 인간이 함께 하는 스포츠인 승마는 신체적, 정서적으로 효과가 뛰어나지만 고가의 비용 때문에 일반 시민이 쉽게 다가가지 못했다. 그러나 올해 승마 스포츠가 대중에게 다가가기 위한 노력을 시작했다. '말과 함께 세상 속으로'라는 주제로 열리는 제 1회 한국 승마 축제가 서울 실내 승마장에서 열린다. 이 축제는 6월 25일부터 7월 25일 한 달 동안 열린다. 비용 부담이 많은 것이 약점이었던 승마가 저렴한 비용을 내세우며 대중에게 (　　) 일반 시민들의 접근이 용이하도록 노력하고 있다.

① 손을 떼면서　　　　　　　② 손을 빼면서
③ 손을 내밀면서　　　　　　④ 손발이 맞지 않으면서

7 (   )에 들어갈 알맞은 것을 고르십시오.

> 세무당국은 지난해 소득이 가장 많았던 전문직으로 '변리사'를 뽑았다. 변리사는 지난해 1인당 평균 수입이 연 평균 5억 5900만 원으로 2위인 변호사보다 약 7000 만원이 높다. 변리사는 9년 연속 전문직 소득 1위 자리를 놓치지 않고 있다. 변리사는 기업의 산업재산권에 관한 출원에서 등록까지 모든 절차와 분쟁 사건을 대리로 수행하고 각종 산업재산권에 대한 자문 또는 관리 업무를 담당하는 일을 한다. 변리사에 대한 관심이 높아지면서 자격증 취득에 관심이 많지만 그 과정은 (   )라고 말하는 사람들이 많다.

① 그림의 떡이다

② 산 넘어 산이다

③ 가는 날이 장날이다

④ 뛰는 놈 위에 나는 놈 있다

8 (   )에 들어갈 알맞은 것을 고르십시오.

> 세계에서 가장 잘 알려진 디자인 공모전에서 연속 2회를 수상한 이신지 실장이 한국 대학의 디자인 학부에서 특강을 했다. 이 실장은 국내에서는 최고라는 말을 많이 듣고 상도 많이 받아서 우쭐할 때가 많았다고 한다. 그러다 유럽에 나가서 또래의 외국 디자이너들이 자신의 이름을 걸고 일하는 것을 보았을 때 자신은 (   )였다는 생각이 들었다고 한다. 학생들에게는 지금의 상황에 만족하지 말고 다양한 경험을 하면서 세상을 보는 눈을 키워야 한다고 당부했다.

① 시간이 약

② 갈수록 태산

③ 식은 죽 먹기

④ 우물 안 개구리

9 (　　)에 들어갈 알맞은 것을 고르십시오.

> 　중국에서는 세계에서도 유명한 동물이 100여 종이나 있다. 그 중에서도 세계적으로 가장 널리 알려진 동물은 판다이다. 그 생김새가 곰과 고양이를 닮았다 하여 중국 사람들은 '따슝마오'라 부른다. 중국에서 판다는 동물이라기보다는 국기와 국가처럼 중국을 대표하는 하나의 상징인 셈으로 중국인들의 사랑과 보호를 한 몸에 받고 있다. 현재 멸종 위기에 처한 판다는 주로 어린 대나무 가지와 잎, 대나무 뿌리에서 나는 어린 싹만을 먹는 (　　) 동물이다.

① 입이 뜬　　　　　　　　　② 입이 무거운
③ 입이 가벼운　　　　　　　④ 입이 까다로운

10 (　　)에 들어갈 알맞은 것을 고르십시오.

> 　김 의원은 여성 가족부 장관에 임명되면서 국가적으로 어려운 시기에 무거운 임무를 맡게 돼 (　　)고 했다. 그는 국민들이 요구하신 안전하고 행복한 대한민국을 만드는 데 작은 힘이나마 최선을 다하겠다고 말했다. 신임 김 장관은 양성이 평등하고 청소년들이 자기 계발을 통해 미래를 꿈 꿀 수 있는 나라. 건강한 가정, 건전한 사회가 기초가 되는 나라를 만들기 위해 국민이 직접 참여하고 함께 고민할 수 있는 정책 공간을 확대하겠다고 다짐했다.

① 눈에 선하다　　　　　　　② 눈 감아 주다
③ 어깨가 가볍다　　　　　　④ 어깨가 무겁다

11 ( )에 들어갈 알맞은 것을 고르십시오.

> 어리석은 사람들은 당장의 이익에 ( ) 양심을 팔기도 한다. 서울 시내 유명 백화점이 전날 팔다 남은 식품의 유통일자를 바꿔 당일 가져온 식품처럼 속여 판매해오다가 검찰에 적발이 되었다. 5개의 백화점은 전날 팔다 남은 냉장 식품과 정육, 수산물 등을 당일 새로 들어온 것처럼 가공 일자를 바꿔 팔아온 혐의를 받고 있다. 이 백화점을 자주 이용한다는 한 고객은 "이렇게 큰 대형 백화점에서 양심을 버리고 돈을 버는 것을 용서할 수 없다."며 분개했다.

① 눈이 어두워져서 　　　　　② 눈에 선해서
③ 어깨가 무거워서 　　　　　④ 어깨가 가벼워서

12 ( )에 들어갈 알맞은 것을 고르십시오.

> 미국 유명대학 출신이라는 한 대학의 박00교수의 학력이 거짓임이 드러났다. 또한 과거 4년간의 공백에 대한 의문도 증폭됐다. 하지만 학력 위조 사실이 드러나 곤란을 겪으면서도 박 00교수는 매일같이 학교에 출근을 했다. 동료 교수들은 박00교수를 향해 "생각보다 ( ). 오늘부터 못 보는 줄 알았다"고 일침을 가했다. 다른 교직원들이나 학생들 역시 "학력위조는 신문이나 방송에서만 보던 남의 이야기인 줄 알았는데 웬일이냐"고 놀라움을 금하지 못했다.

① 눈이 삐다 　　　　　② 눈이 시리다
③ 얼굴이 두껍다 　　　　　④ 얼굴이 뜨겁다

13 (   )에 들어갈 알맞은 것을 고르십시오.

크리스마스를 앞두고 로봇 장난감 구하기 전쟁이 벌어졌다. 영하 15도의 강추위에도 엄마, 아빠들은 로봇 장난감을 사기 위해 새벽에 나왔다고 한다. 아직 문도 열지 않은 매장 앞에 끝이 보이지 않을 만큼 긴 줄이 생겼다. 5시간을 넘게 줄을 서도 로봇 장난감을 사기란 (   ). 이 로봇 장난감은 돈을 더 준다고 해도 없어서 못 사는 물건이 되었다. 이렇게 인기가 많다 보니 인터넷에서는 정가 7만 5천 원짜리가 정가의 3배가 넘는 25만 원에 팔리기도 하고, 중고 거래 사이트에선 사기를 당했다는 사람들의 글이 끊이질 않고 있다.

① 하늘의 별따기   ② 누워서 떡 먹기
③ 땅 짚고 헤엄치기   ④ 가는 날이 장날

14 (   )에 들어갈 알맞은 것을 고르십시오.

환경 미화원들이 거리를 청소하면서 모은 동전들을 장학금으로 내놓으면서 화제가 되고 있다. 이 소식을 들은 사람들은 거리에 떨어진 동전이 이렇게 큰 힘이 될 줄은 몰랐다며 (   )이라는 말을 실감했다고 한다. 이날 기부한 50만원은 10원짜리와 100원짜리, 500원 짜리 등 모두 동전이었다. 외국동전도 있었다고 한다. 동전 줍기로 장학금을 마련한 환경미화원들은 "아무런 쓸모가 없을 것 같았던 동전이 누군가에게 큰 힘이 된다는 것을 알았다"며 "거리를 청소하면서 주운 동전으로 남을 도울 수 있다는 게 매우 행복하다"고 말했다.

① 시작이 반   ② 산 넘어 산
③ 꿩 대신 닭   ④ 티끌모아 태산

15 (   )에 들어갈 알맞은 것을 고르십시오.

> 요즘 텔레비전의 드라마 시장에 한파가 불고 있다. 방송사 모두 톱스타가 주인공인 작품들을 내세웠건만 시청자 반응이 좋지 않았다. 14일 시청률 집계를 살펴보면 1위와 3위의 차이가 고작 1.2% 차이밖에 나지 않는다. 이 정도면 (   ) 경쟁이다. 누구 하나 뒤로 확 처지지도 않았지만 확실한 선두 주자 역시 보이지 않는다. 문화 평론가 김채원 씨는 드라마 시청률 부진의 주 원인을 빠르게 바뀌는 시청자들의 근무 환경의 변화로 보아야 한다고 말한다.

① 시간은 금   ② 시간이 약

③ 도토리 키 재기   ④ 계란으로 바위치기

2.3. 문형 공부하기

1 **–(으)ㄴ/는 셈이다**

앞의 내용을 가지고 미루어 계산해 보거나 생각해 보면 어떤 형편이나 결과가 이러한 것과 같음을 나타낸다.

| 문·장·만·들·기 |

2 **–(으)ㄴ/는 반면(에)**

앞 문장과 뒤 문장의 대조를 나타낸다.

| 문·장·만·들·기 |

-는 법이다

앞 말의 동작이나 상태가 이미 정해져 있다거나 그건 것이 당연하다는 의미를 나타낸다.

| 문·장·만·들·기 |

2.4. 어휘 공부하기

	어휘	의미	문장 만들기	비슷한 말/반대말
1	두려움			비 겁, 공포
2	거듭하다			비 반복하다, 되풀이하다
3	강화하다			반 약화하다
4	떠오르다			비 뜨다 반 지다
5	권장하다			비 장려하다
6	실시하다			비 실행하다
7	약점			비 모자람, 결점, 단점
8	겪다			비 경험하다
9	요구			비 요청

03 유형 활용하기

■ 더 깊이 있는 질문하기[3]

'더 깊이 있는 질문하기'는 읽기를 하면서 글을 쓴 사람의 생각과 의도, 목적을 더 잘 알 수 있게 하는 활동입니다. 네 가지 질문 방법을 통해 한 편의 글을 완전히 이해하는 데 도움을 받을 수 있습니다. 다른 글을 읽을 때에도 이러한 질문을 만들어 읽으면 독해 능력이 좋아질 수 있습니다.

현재 전세계에서 고령화가 빠르게 진행되어 현재 8억 명에 이르는 60세 이상 고령인구가 2050년에는 20억 명으로 늘어날 것이라고 유엔인구기금(UNFPA)에서 예측했다.

UNFPA와 국제단체들은 1일 '세계 노인의 날'을 맞아 내놓은 '21세기 노인 : 축하와 도전 보고서'를 통해 이와 같이 전망하고, 모든 나라가 고령화로 큰 위기에 처했다고 보고했다. 보고서에 따르면 현재 8억 명인 60세 이상 고령인구는 다른 어떤 연령대보다 빠르게 증가해 향후 10년 내에 10억 명으로 늘어난 뒤 2050년에는 20억 명으로 증가할 것으로 예측됐다. 2050년에는 15세 이하 아동보다 고령 연금 수급자가 더 많아진다는 의미다. 100세 이상 초고령 인구도 2011년 31만 명에서 2050년 320만 명으로 늘어날 것으로 보고 있다. 이에 따라 고령인구가 전체 인구의 30%를 넘는 국가는 현재는 일본(32%) 한 곳뿐이지만 2050년에는 64개국이 된다고 한다.

고령인구의 급격한 증가는 인류의 영양 상태 개선, 의료 복지 향상, 교육과 경제적 풍요 덕분이라고 분석했다. 하지만 고령인구의 급속한 증가는 젊은층의 경제적 부담을 증가시켜 폭력 등 노인학대, 부양포기 등의 문제가 생길 수 있다고 경고했다.

---

3 Raphael, Highfield & Au(2006), Question-Answer Relationships 참조

　이어 보고서는 많은 나라들이 고령화에 제대로 대처하지 못하고 있다며 고령 인구에 대한 지원책, 연금제도 개혁, 고령인력 활용 등 2050년 고령화 사회를 위한 대책이 시급하다고 지적했다. 특히 2050년 고령인구의 80%를 차지할 것으로 예측되는 개발도상국들 대부분이 적절한 대책이 없어 심각한 사회적 위기를 맞을 것이라고 경고하고 있다.

※ **다음 질문을 보고 질문에 대답해 보세요.**

1단계 금방 찾기 질문	2050년에는 고령화 인구가 몇 명으로 늘어납니까? 고령 인구가 가장 많은 나라는 어디입니까? 2050년 초고령화 인구는 몇 명이 됩니까?
2단계 생각하고 찾기 질문	'고령연금수급자'는 무슨 의미입니까? '개발도상국'은 어떤 국가를 말하는 것입니까? 고령화 사회의 원인은 무엇입니까? 고령화 사회의 문제점은 무엇입니까?
3단계 의도와 목적 찾기 질문	이 글은 우리 사회의 어떤 문제에 대해 이야기하고 있습니까? 이 신문기사를 쓴 목적은 무엇입니까?
4단계 나와 연결하기 질문	여러분 국가의 고령화 정도에 대해 찾아보십시오. 여러분이 생각하는 고령화 사회의 문제점은 무엇입니까? 여러분이 생각한 문제점을 해결할 수 있는 방법은 무엇입니까?

신문 기사를 읽고 상황 맥락 활용하여 글 완성하기

'상황 맥락 활용하여 글 완성하기' 유형은 신문 기사의 제목을 보고 어떤 내용의 기사인지를 유추하는 것입니다. 신문 기사의 제목에 있는 어휘 중에서 알고 있는 어휘를 토대로 보기의 내용을 확인해 가면서 유추하는 것이 효율적입니다.

01 유형 이해하기

이 문제 유형은 압축된 짧은 문장을 제시하고, 그 안에 담긴 의미를 찾아내는 유형입니다. 신문기사 제목의 특징이 몇 가지 단어와 표현만으로 글 전체를 대표하는 것이기 때문에 제목으로 주어진 단어와 문형을 정확하게 이해하는 것이 우선입니다. 예를 들어 '-면'과 '-려면'의 차이만으로 정답이 달라질 수 있습니다. 또한 서술어에 종결 어미(-다, -ㅂ니다, -습니다, ㅂ시다, ㅂ니까 등 문장을 끝맺는 문형)가 빠진 상태로 문장이 끝나기 때문에 이런 유형에 익숙해지는 것도 필요합니다. 또 중급 이상의 학습자라면 한국 신문이나 언론에서 이런 유형의 줄인 표현이나 생략 표현이 사용되고 있다는 점을 아는 것도 읽기 공부에 도움이 될 것입니다.

※ 다음은 신문 기사의 제목입니다. 가장 잘 설명한 것을 고르십시오.

> 무조건 많이 자는 것이 피로 회복에 좋지는 않아

① 피로를 풀기 위해서 잠을 자는 것은 좋은 방법이 아니다.
② 잠자는 시간을 조금씩 줄이는 것이 피로를 풀기 위해 좋다.
③ 잠을 자는 시간을 정해서 그 시간에 잠자리에 드는 것이 건강에 좋다.
④ 잠을 자는 것도 중요하지만 피로를 풀기 위한 다른 방법을 찾는 것이 좋다.

항공기 추락, 원인 아직 밝혀지지 않아

① 항공기의 사고 원인을 아직 알아내지 못했다.
② 항공기가 어떻게 추락했는지 알 수 있게 되었다.
③ 항공기의 사고 장소에 현장 조사를 나가기로 했다.
④ 항공기의 추락 원인에 대해 전문가들이 의견을 내놓았다.

예시 문제에서 볼 수 있듯이 이런 유형은 제시된 문장의 정확한 의미만 알고 있다면 보기에서 답을 찾는 것이 어렵지 않습니다. 읽기 영역을 공부할 때 읽기 자료를 요약하는 방식으로 공부한다면 맥락을 파악하고, 주제를 찾고, 괄호에 넣는 유형들을 대비하는 데 효과적입니다. 더불어 1번이나 2번 유형과 같이 문형을 교체해서 넣는 문제를 대비하기 위해 꾸준히 문형 활용을 연습한다면 이런 유형에서 제시된 문장의 의미를 정확하게 파악하는 것에 도움이 될 것입니다.

 02 유형 연습하기

2.1. 해설이 있는 친절한 유형 연습

1 다음은 신문 기사의 제목입니다. 가장 잘 설명한 것을 고르십시오.

한국인의 '국민 간식' 라면, 1인당 섭취량 가장 많아

① 라면은 한국인이 가장 좋아하는 음식이다.
② 라면은 한국 사람들이 많이 먹는 간식이다.
③ 라면은 한국을 대표하는 음식이므로 섭취량이 많다.
④ 라면을 주식으로 먹는 한국인들이 점점 많아지고 있다.

문제 풀이

정답은 ②번 '라면은 한국 사람이 많이 먹는 간식이다.'입니다. 신문기사의 '한국인의 국민 간식'이라는 것은 한국인이 가장 좋아한다는 것을 의미합니다. '1인당 섭취량 가장 많아'라는 것은 라면을 먹는 사람이 가장 많다라는 것을 의미합니다. '국민 간식'과 '섭취량'의 어휘 의미를 알고 있다면 어떤 내용의 신문 기사인지 쉽게 유추할 수 있는 문제입니다.

2 다음은 신문 기사의 제목입니다. 가장 잘 설명한 것을 고르십시오.

> 초등학생 10명 중 4명이 '여드름 환자', 인스턴트 음식 줄여야

① 초등학생의 반 이상은 여드름 환자인 것으로 밝혀졌다.
② 인스턴트 음식을 많이 먹는 초등생일수록 여드름이 많이 난다.
③ 초등학생들이 인스턴트 음식을 먹는 것과 피부는 관계가 없다.
④ 인스턴트 음식을 줄이지 않아도 여드름은 치료만 잘 받으면 된다.

문제 풀이

정답은 ②번 '인스턴트 음식을 많이 먹는 초등생일수록 여드름이 많이 난다'입니다. 신문 기사의 '여드름 환자'와 '인스턴트 음식 줄여야'라는 것은 인스턴트 음식을 많이 먹는 사람일수록 여드름이 많이 날 수 있다는 것을 의미합니다. '여드름 환자'와 '인스턴트 음식'의 어휘 의미를 알고 있다면 어떤 내용의 신문 기사인지 쉽게 유추할 수 있는 문제입니다.

1 다음은 신문 기사의 제목입니다. 가장 잘 설명한 것을 고르십시오.

> 작년 출생아 수 역대 최저치 기록, 출산 연령대 지속적으로 높아져

① 출산 연령대가 높아지고 있지만 앞으로 점점 낮아질 것이다.
② 작년에 태어난 아이의 수는 다른 해에 비해서 많은 편이었다.
③ 출산을 하는 여성들의 나이가 낮아지고 있는 것도 문제점이다.
④ 다른 해와 비교했을 때 출생아수가 가장 적었던 해는 작년이다.

2 다음은 신문 기사의 제목입니다. 가장 잘 설명한 것을 고르십시오.

> 올해 하반기 경제에 '먹구름', 경쟁국을 압도할 역량을 갖춰야

① 올해 상반기에는 경제가 안 좋았지만 하반기에는 좋을 것이다.
② 올해 하반기 경제는 좋은 편이므로 앞으로 좀 더 노력하면 된다.
③ 올해 하반기 경제는 별로 좋지 않으므로 실력을 더 쌓아야 한다.
④ 올해 상반기와 하반기에 경제가 어려웠으므로 경쟁국에 질 것이다.

3 다음은 신문 기사의 제목입니다. 가장 잘 설명한 것을 고르십시오.

> 사회 초년생, 주식과 투자보다는 저축으로 재테크해야

① 사회생활을 처음 시작한 사람의 재테크 방법으로는 저축이 좋다.
② 사회생활을 할 때 주식과 투자, 저축은 꼭 필요한 재테크 방법이다.
③ 사회생활을 하다 보면 주식보다는 저축으로 재테크 하는 것이 낫다.
④ 사회생활을 처음 시작한 사람은 주식이나 투자도 해보는 것이 좋다.

4 다음은 신문 기사의 제목입니다. 가장 잘 설명한 것을 고르십시오.

> 청소년 학습 집중력 높이려면, '스마트폰 사용'부터 줄여야

① 청소년들은 스마트폰을 사용함으로써 학습에 도움을 받는다.
② 청소년들이 학습에 집중을 하려면 컴퓨터 사용을 줄여야 한다.
③ 청소년들이 학습에 집중하려면 스마트폰 사용 시간을 줄여야 한다.
④ 청소년들은 집중력을 높이기 위해 스스로 스마트폰 사용을 줄인다.

5 다음은 신문 기사의 제목입니다. 가장 잘 설명한 것을 고르십시오.

> 가을 장마로 포도 농가 '울상', 터진 포도 어떡하나

① 포도 농가는 여름 장마로 인해 포도 농사를 망쳤다.
② 포도 농가는 장마와 상관없이 농사를 망치고 말았다.
③ 가을 장마로 인해 포도 농사를 망친 농가는 걱정이 많다.
④ 가을 장마는 항상 포도 농사를 망칠 정도로 심한 편이다.

6 다음은 신문 기사의 제목입니다. 가장 잘 설명한 것을 고르십시오.

> 부산 지역 산모 평균 연령 32세, 서울 다음으로 많아

① 서울은 부산에 비해서 산모 평균 연령이 낮다.
② 부산과 서울의 산모 평균 연령은 32세로 비슷하다.
③ 부산의 산모 평균 연령은 서울에 이어 두 번째로 높다.
④ 서울은 산모의 평균 연령이 높은 탓에 인구가 늘고 있다.

7 다음은 신문 기사의 제목입니다. 가장 잘 설명한 것을 고르십시오.

> 전주 '물 폭탄' 인명 피해, 천재지변인가 인재인가

① 전주에 비가 많이 내린 것은 인재로 봐야 한다.
② 전주에 엄청난 양의 비가 내려서 많은 사람들이 다쳤다.
③ 전주에 내리는 비는 항상 천재지변으로 인명피해를 입는다.
④ 전주에 많은 양의 비가 내렸지만 사람들이 다치지는 않았다.

8 다음은 신문 기사의 제목입니다. 가장 잘 설명한 것을 고르십시오.

> 어린이 등·하굣길 안전해진다, 정부 교통사고 사전 예방 대책 강화

① 어린이들의 등·하굣길은 안전한 편이므로 대책을 강화할 필요는 없다.
② 정부에서 하는 교통사고 사전 예방 대책 강화는 노약자를 위한 것이다.
③ 정부는 어린이들의 등·하굣길의 안전을 위해서 사고 예방 대책을 강화한다.
④ 어린이들의 등·하굣길 안전을 위해서는 부모가 나서서 대책을 마련해야 한다.

9 다음은 신문 기사의 제목입니다. 가장 잘 설명한 것을 고르십시오.

> 호수 공원 내 '자전거 도로' 전면 백지화, 주민들 붉으락푸르락

① 호수 공원 안에 자전거 도로를 설치하게 되어서 주민들이 만족한다.
② 호수 공원 안에 자전거 도로를 설치하는 것에 대해 주민들이 반대한다.
③ 호수 공원 안에 자전거 도로를 설치하지 못하게 되어서 주민들이 화났다.
④ 호수 공원 안에 자전거 도로를 설치하지 못하게 되어서 주민들이 안심한다.

10 다음은 신문 기사의 제목입니다. 가장 잘 설명한 것을 고르십시오.

김장철 배추 · 무 가격 폭락, 농민들 울상

① 김장철에 배추, 무 가격이 내려가서 농민들이 흐뭇해한다.
② 김장철에 배추, 무 가격이 올라서 농민들이 매우 슬퍼한다.
③ 김장철에 배추, 무 가격이 내려가서 농민들이 매우 걱정한다.
④ 김장철에 배추, 무 가격이 올라서 김장 담그기가 어려워졌다.

11 다음은 신문 기사의 제목입니다. 가장 잘 설명한 것을 고르십시오.

성인 건강 수명 줄이는 만성질환 1위로. 고혈압이 꼽혀

① 성인이 건강하게 살면서 가장 걸리고 싶지 않은 병중에 1위는 고혈압이다.
② 성인이 아이들에 비해서 가장 심하게 아프고 잘 낫지 않는 병은 고혈압이다.
③ 성인이 건강을 유지한 채로 수명을 다할 때까지 누구나 한번은 고혈압을 앓는다.
④ 성인이 건강을 유지하면서 수명을 다하는데 가장 안 좋은 영향을 주는 병은 고혈압이다.

12 다음은 신문 기사의 제목입니다. 가장 잘 설명한 것을 고르십시오.

수영에 박태민 선수 선두, 드디어 금메달 코앞

① 박태민 선수가 1위를 한 덕분에 결국 금메달을 땄다.
② 박태민 선수가 1위를 하고 있어서 금메달이 멀지 않았다.
③ 박태민 선수가 1위를 하게 되면 금메달을 따게 될 것이다.
④ 박태민 선수가 2위를 해서 아쉽게도 금메달을 따지 못했다.

13 다음은 신문 기사의 제목입니다. 가장 잘 설명한 것을 고르십시오.

> 경기 북부 첫 고병원 조류 인플렌자(AI) 발생, 방역 대책 시급

① 방역 대책을 빨리 준비했지만 AI가 이미 경기 북부로 번졌다.
② AI가 경기 북부로 번지기 전에 방역 대책을 빨리 준비했다.
③ AI가 경기 북부에서 발생하여 방역 대책을 빨리 준비해야 한다.
④ 방역 대책을 미처 준비하기 전에 AI가 경기 북부에서 발생했다.

14 다음은 신문 기사의 제목입니다. 가장 잘 설명한 것을 고르십시오.

> 고3 수험생들 방학 기간이 더 바빠, '쉴 틈 어디 있나요?

① 고3 수험생들은 방학을 보내며 쉴 만한 장소가 없다.
② 고3 수험생들은 방학을 즐길 만한 경제적인 여유가 없다.
③ 고3 수험생들은 방학 기간에 쉬면서 할 수 있는 일을 한다.
④ 고3 수험생들은 공부를 하느라 방학 때 제대로 쉬지 못한다.

15 다음은 신문 기사의 제목입니다. 가장 잘 설명한 것을 고르십시오.

> 방송사 드라마, 협찬 브랜드 홍보, '해도 너무 해'

① 방송사 드라마에서 협찬 브랜드를 지나치게 홍보하고 있다.
② 방송사들이 협찬 브랜드 회사를 소재로 한 드라마를 만들어 홍보하고 있다.
③ 방송사들이 자기 회사에서 협찬하는 브랜드를 상업적이라고 비판하고 있다.
④ 방송사에서 '해도 너무 해' 라는 드라마를 협찬 브랜드와 같이 홍보하고 있다.

2.3. 문형 공부하기

1 ─(으)ㄹ 뻔하다

어떤 일이 거의 일어날 것 같았는데 실제로는 일어나지 않았을 때 쓴다.

| 문·장·만·들·기 |

2 ─(으)ㄹ 텐데

말하는 사람의 추측을 나타낼 때 쓴다.

| 문·장·만·들·기 |

3 ─다시피 하다

어떤 일을 실제로 하는 것은 아니고 거의 비슷하게 할 때 쓴다.

| 문·장·만·들·기 |

	어휘	의미	문장 만들기	비슷한 말/반대말
1	유지하다			비 지속하다 반 그만두다
2	응답하다			비 대답하다 반 질문하다
3	이해하다			반 오해하다
4	인정하다			비 용납하다 반 부인하다
5	적합하다			비 합당하다, 걸맞다
6	전염되다			비 감염되다
7	전파하다			비 파급하다. 옮기다, 퍼뜨리다
8	주력하다			비 힘을 쏟다

 03 유형 활용하기

■ 어휘 바꿔 읽기 활동[4]

길잡이 이 활동은 읽기를 하면서 비슷한 의미의 다른 어휘를 조금 더 잘 사용할 수 있게 해주는 활동입니다. 특히 한국어에는 비슷한 의미의 어휘와 문형들이 많아 여러분이 글을 정확하게 읽는 것에 어려움을 주기도 합니다. 빈 칸에 들어갈 어휘를 추측해서 넣고, 그 어휘와 비슷한 어휘도 찾아서 적어 보세요.

※ 다음 글의 빈 칸에 알맞은 어휘를 넣어 보세요.

악성코드를 (　)는 방법의 하나는 이메일(e-mail)을 통한 것이다. 이메일에 연결된 인터넷 사이트나 첨부파일을 통해 (　) 때문에 어디에서 보냈는지 확실하지 않은 이메일을 열지 않는 (　)이 필요하다. 특히 스팸메일(spam mail)로 의심되는 메일은 바로 (　)하는 것이 좋다.

또한 어떤 프로그램이든지 공식 인터넷 사이트에서 다운(download) 받는 것이 필요하다.

(　)을 무료로 다운받기 위해 출처가 불분명한 인터넷 사이트에서 다운받아서는 안 된다. 또 인터넷에서 사용하는 아이디와 비밀번호는 영문과 숫자, 특수문자 등을 포함해 어렵게 만들고 (　) 변경해줘야 한다.

4　Taylor(1953), Cloze Procedure 참조

빈 칸에 들어갈 어휘	비슷한 의미의 어휘
예) 첫 번째 빈 칸 – 퍼뜨리다.	유포하다. 옮기다.

※ 악성코드: 컴퓨터에 침투해 여러 가지 나쁜 영향을 끼치는 컴퓨터 프로그램이다. 컴퓨터의 성능이 떨어지거나 파일이 삭제되기도 하며, 개인 정보를 가져가기도 한다.

※ 찾아본 어휘를 여러분 것으로 만들기 위해서는 찾아본 어휘로 문장을 만들어 보는 것이 좋습니다. 그리고 여러분이 찾은 비슷한 말을 원래의 어휘와 바꿔보고, 의미에 변화가 있는지 확인해 보세요.

기분이나 심정을 나타내는 표현 익히기

'기분이나 심정을 나타내는 표현 익히기' 유형은 제시된 글에 밑줄로 표시된 부분에 나타난 심정(기분)을 유추하는 것입니다. 먼저 글을 읽으면서 글의 전체적인 상황이나 분위기를 파악한 후 보기에 주어진 표현과 밑줄 친 부분을 연결하는 문제입니다.

 **01 유형 이해하기**

※ 밑줄 친 부분에 나타난 나의 기분으로 알맞은 것을 고르십시오.

> 어머니는 몸이 아프신데도 불구하고, 결혼한 나를 위해 언제나 음식을 만들어 오신다. 결혼 후에도 내가 음식을 잘 만들지 못한다는 사실을 아시기 때문에 일주일에 한 번은 늘 음식을 만들어서 가지고 오신다. 몸도 아픈데 앞으로는 만들지 마시라고 이야기를 해도 좀처럼 어머니는 내 이야기를 듣지 않으신다. 첫 아이를 임신했을 때도, 아이가 태어났을 때도 어머니는 내가 좋아하는 음식을 만들어 오셨다. 그리고 이제는 손자가 좋아하는 음식과 사위가 좋아하는 음식을 만들어 오신다. 아이가 말을 시작하고, 학교를 다니면서 할머니와 이야기를 하는 시간도 많아졌다. 아이가 할머니에게 왜 음식을 만들어 오시느냐고 물었을 때 어머니는 이렇게 말씀하셨다. "할머니가 제일 잘하는 일이고, 매주 너희들 얼굴을 볼 수 있으니까 만들지" <u>그 이야기를 듣는 순간 얼굴이 빨개지고, 눈물이 핑 돌았다.</u> 음식의 맛보다도 가족의 따뜻함을 생각하지 못한 내 자신이 원망스러웠다.

① 미안하다 ② 불안하다

③ 안심하다 ④ 침착하다

이러한 유형은 속담, 관용 표현 유형과 마찬가지로 특정 어휘를 따로 정리하는 것이 필요합니다. 예시 문제와 같이 '슬프다', '의심하다', '안심하다', '불안하다'와 같이 사람의 기분을 나타내는 표현들을 따로 적고, 의미를 이해하는 것이 중요합니다. 실제로 이 문제를 틀리는 학생들을 보면 제시된 글의 밑줄 친 내용은 이해했지만 보기에 나온 어휘의 의미를 정확하게 알지 못해 틀리는 경우가 많습니다. 그동안 출제되었던 문제 중에서 기분(심정)과 관련한 어휘를 정리하는 것도 도움이 될 것입니다. 아래는 심정, 태도, 글의 분위기 등과 관련한 어휘를 정리한 것입니다.

심정, 태도와 관련한 어휘들	글의 분위기, 어조, 글의 목적
놀라다, 괴로워하다, 걱정하다, 실망하다, 신나다, 흥분하다, 기쁘다, 고통스럽다, 감사하다, 감탄하다, 비참하다, 거만하다, 매력적이다, 용감하다, 침착하다, 냉담하다, 차갑다, 비판적이다, 불안하다, 미워하다, 외롭다, 긴장되다, 안도하다, 불안하다, 화나다, 무관심하다, 부정적이다, 솔직하다, 공정하다, 진지하다, 부끄럽다, 성실하다, 겸손하다, 용감하다 등	우울하다, 평화롭다, 냉소적이다, 희망적이다, 후회하다, 객관적이다, 주관적이다, 편안하다, 긴박하다, 설명적이다, 지루하다, 위로하다, 격려하다, 충고하다, 광고하다, 취소하다, 사과하다, 추천하다, 칭찬하다, 불평하다 등

02 유형 연습하기

2.1. 해설이 있는 친절한 유형 연습

1 다음 글을 읽고 밑줄 친 부분에 나타난 심정으로 알맞은 것을 고르십시오.

> 오늘 우리 반에 전학생이 한 명 왔다. 얼굴이 하얗고 긴 머리를 하나로 묶은 예쁘게 생긴 아이였다. 나는 은근히 새로 온 전학생이 내 옆자리에 앉기를 바라고 있었는데 선생님께서 그 아이를 내 옆자리에 앉으라고 하셨다. 그 아이는 오늘부터 내 짝꿍이 된 것이다. 나는 그 아이에게 내 이름도 말해주고, 학교 여기저기 소개도 해주고, 수다도 떨고 싶었다. 하지만 처음 본 그 아이에게 말을 걸기가 쉽지 않았다. 나는 평소에 부끄럼이 별로 없는데 이 아이 앞에서는 왜 이렇게 부끄러운지 모르겠다.
>
> 그 아이와 짝꿍이 된 첫 날! 드디어 점심시간이 되었다. 나는 학교 식당에서 그 아이와 점심을 같이 먹고 싶어서 조심스럽게 뒤를 따라갔다. 그런데 학교 식당을 들어서는 순간 바닥에 있던 물 때문에 미끄러져서 쿵 하고 넘어지고 말았다. 앞에 가던 그 아이는 뒤를 돌아보며 나에게 괜찮으냐고 물어봤다. 나는 정말 <u>쥐구멍이라도 있으면 들어가고 싶었다.</u> 그 아이와 친해지고 싶은 마음이 굴뚝같았는데 이런 어처구니없는 실수를 하고 만 것이다.

① 억울하다

② 답답하다

③ 시원하다

④ 창피하다

문제 풀이

정답은 ④번 '창피하다'입니다. 글의 내용을 보면 나는 전학을 온 아이와 친해지고 싶은데 부끄러운 마음에 말을 걸지도 못하고 있습니다. 점심시간에 밥을 같이 먹으려고 식당으로 가던 중에 하필이면 그 아이 앞에서 넘어진 상황을 보면 매우 창피했을 것이라는 것을 짐작할 수 있습니다. 따라서 '쥐구멍이라도 있으면 들어가고 싶었다.'에서 글쓴이가 너무 창피해서 어딘가에 숨고 싶어한다는 심정을 알 수 있습니다.

2 다음 글을 읽고 밑줄 친 부분에 나타난 심정으로 알맞은 것을 고르십시오.

> 나는 대학교를 졸업하고 어렵게 작은 회사에 들어가서 적은 월급이지만 매달 꼬박꼬박 저축하면서 생활하고 있다. 어려운 살림에 대학교 등록금을 보태주시느라 고생하신 부모님을 생각하면 더 열심히 살아야겠다고 마음을 먹곤 한다.
>
> 어느 날 중학교 동창이 집안에 급한 일이 생겼다면서 돈을 빌려달라고 했다. 한 달만 쓰고 갚겠다고 해서 친구를 믿고 큰돈을 빌려주었다. 그런데 한 달이 지나고 두 달이 지나도 친구는 빌려간 돈을 갚을 생각을 안했다. 8개월이 지날 무렵 어렵게 친구에게 전화를 걸었더니 어머니께서 많이 편찮으셔서 병간호를 하느라 직장도 그만 두었다고 했다. 나는 빌려간 돈을 달라고 말을 해야 하는데 그 얘기를 듣고 나니 <u>차마 입이 떨어지지 않았다.</u> 결국 나는 빌려간 돈에 대해서는 한 마디도 꺼내지 못하고 어머니께서 빨리 건강해지시기를 바란다는 말을 하고 전화를 끊었다.

① 곤란하다　　　　　　　　　② 피곤하다

③ 편안하다　　　　　　　　　④ 괘씸하다

문제 풀이

정답은 ①번 '곤란하다'입니다. 글의 내용을 보면 적은 월급을 받아서 알뜰하게 살던 글쓴이가 친구에게 큰돈을 빌려주었는데 못 받는 상황입니다. 친구에게 빌려간 돈을 달라는 전화를 어렵게 했으나 친구의 어머니께서 많이 편찮으셔서 친구가 직장까지 그만 두었다는 얘기를 듣습니다. 글쓴이는 그 상황에서 돈을 갚으라는 말을 하기가 매우 곤란했을 것이라는 것을 짐작할 수 있습니다. 따라서 '차마 입이 떨어지지 않았다'에서 글쓴이가 친구에게 말을 하기가 매우 곤란한 심정이라는 것을 알 수 있습니다.

2.2. 실전 연습

1 다음 글을 읽고 밑줄 친 부분에 나타난 심정으로 알맞은 것을 고르십시오.

> 어느 날 회사일이 많아서 야근을 하고 밤늦게 집에 돌아오는 길이었다. 버스에서 내려 집으로 걸어오는데 자꾸 뒤에서 누군가 따라오는 느낌이 들었다. 갑자기 무서운 생각이 들어서 걸음을 빨리했다. 그런데 내가 빨리 걸으면 따라오는 발소리도 빨라지는 것이었다. 너무 무서워서 뒤도 돌아보지 못하고 급히 걸어가고 있는데 뒤에서 누가 내 어깨를 잡았다. 나는 순간 <u>등골이 오싹해져서 한 걸음도 움직일 수가 없었다.</u> 그 자리에 멈춰선 후에 용기를 내어 뒤를 돌아본 순간 친구의 얼굴이 보였다. 옆집에 사는 친구가 앞에서 걸어가는 나를 보고 따라온 것이었다. 나는 친구의 얼굴을 보고 목소리를 듣고 난 후에야 마음을 놓았다.

① 지친다 　　　　　　　② 두렵다
③ 힘들다 　　　　　　　④ 편하다

2 다음 글을 읽고 밑줄 친 부분에 나타난 심정으로 알맞은 것을 고르십시오.

> 민석이는 태어날 때부터 한쪽 다리가 불편해서 초등학교 6학년이 될 때까지 단 한 번도 축구를 해 본 적이 없다. 다른 친구들처럼 수업이 끝나면 운동장에서 축구를 하고 싶지만 불편한 다리로 축구를 하는 것은 힘든 일이었다. 그래서 민석이는 늘 운동장 한쪽 계단에 앉아서 친구들이 하는 축구 경기를 구경할 수밖에 없었다.
>
> 어느 날 민석이와 같은 반 친구들이 축구를 같이 하자고 했다. 민석이는 다리가 불편해서 뛸 수 없기 때문에 축구를 할 수 없다고 말했다. 그러자 친구들은 축구 경기를 할 때 골키퍼를 하라고 했다. 민석이는 자기 때문에 축구 경기를 망칠까봐 걱정이 됐지만 한번쯤은 꼭 해보고 싶은 마음에 하겠다고 했다. 축구 경기를 하는 날, 민석이는 골키퍼 자리에 섰다. 친구들과 하는 첫 축구 경기에서 이기고 싶은 마음 때문인지 <u>손에 땀이 흥건하게 나있었다.</u> 다리가 불편해서 잘 하지 못할 것을 뻔히 알면서도 함께 하자고 말해준 친구들이 진심으로 고마웠다.

① 긴장하다   ② 허무하다   ③ 번거롭다   ④ 꼼꼼하다

3 다음 글을 읽고 밑줄 친 부분에 나타난 심정으로 알맞은 것을 고르십시오.

> 나는 고등학교를 졸업하고 한국에 있는 대학교에서 공부하겠다는 계획을 세우고 한국으로 유학을 왔다. 태어나서 처음으로 가족과 떨어져서 생활하다보니 우울할 때도 있고 힘들 때도 많았다. 특히 고향에서 가족과 함께 어머니께서 만들어주신 음식을 먹던 때가 너무 그리웠다. 당장이라도 고향에 돌아가서 가족을 만나고 싶은 마음은 컸지만 한국에서 대학교를 졸업하겠다는 결심을 포기하고 싶지 않았다. 그래서 다른 사람보다 더 열심히 하려고 노력을 했다. 그렇게 힘든 시간이 지나고 드디어 대학교를 졸업하게 되었다. 졸업식을 하는 날 졸업장을 받고 나니 <u>눈시울이 시큰해졌다.</u> 그동안 함께 공부했던 친구들과 헤어질 생각을 하면 많이 섭섭하지만 고향에 돌아갈 생각을 하면 정말 기분이 좋다.

① 감동적이다   ② 객관적이다   ③ 내성적이다   ④ 이성적이다

4 다음 글을 읽고 밑줄 친 부분에 나타난 심정으로 알맞은 것을 고르십시오.

> 선생님은 아이들을 집으로 보내고 다시 빈 교실로 들어왔다. 한쪽 창문 커튼을 걷고 운동장을 내다보았다. 키 큰 플라타너스의 잎사귀가 불어오는 바람에 한잎 두잎 떨어지고 있다. 선생님은 어쩌면 자신도 저 플라타너스의 낙엽처럼 질 때가 되었다는 생각을 해 본다.
>
> '같은 연배의 동기생들은 다 교장이 되어 윗자리에 앉아 있는데......'
>
> 선생님은 교실에 아무도 없는데도 <u>얼굴이 화확 달아올랐다.</u> 지금까지 무엇 하나 뚜렷이 남긴 것이 없다는 생각이 들었다. 그 흔한 상조차도 한 번 타 본 적이 없다. 순간 자신이 벌레처럼 작게 생각되고 초라한 느낌도 들었다.
>
> 선생님은 힘없이 의자에 털썩 주저앉았다. 바로 그때 교실 문이 드르륵 열리고 학생 한 명이 들어왔다.

① 한가하다   ② 부끄럽다   ③ 당당하다   ④ 흐뭇하다

5 다음 글을 읽고 밑줄 친 부분에 나타난 심정으로 알맞은 것을 고르십시오.

이번 주 내내 마음이 불편하고 엄마 얼굴을 보기가 죄송스러웠다. 왜냐하면 지난 주 일요일에 친구들과 놀고 싶어서 엄마한테는 도서관에 간다고 거짓말을 하고 용돈까지 받았기 때문이다. 엄마에게 거짓말까지 하면서 놀러 나가는 것이 잘못된 일인 줄 알면서도 이미 약속을 했기 때문에 거짓말을 하고 말았다. 거짓말을 하는 순간은 죄송한 마음이 많이 들었지만 친구들과 놀면서 죄송한 마음은 잊어버렸다.

아무 일도 없었다는 듯이 친구들과 놀고 집에 돌아와 보니 엄마가 마루에서 구멍 난 양말을 꿰매고 계셨다. 어려운 살림에 조금이라도 아끼시겠다고 열심히 생활하시는 엄마를 보니 너무 죄송스러웠다. 나는 용기를 내서 지난주에 거짓말을 하고 친구들과 놀러 갔다 온 일을 사실대로 말씀드렸다. 엄마는 이미 알고 계셨다면서 다음부터는 거짓말을 하지 말라고 하셨다. 엄마에게 사실대로 말씀드리고 나니 <u>십년 묵은 체증이 내려간 것 같았다.</u> 그동안 거짓말 한 것 때문에 마음이 너무 불편했기 때문이다. 앞으로 다시는 거짓말을 하지 않겠다는 결심을 했다.

① 불행해지다　　　② 평범해지다　　　③ 후련해지다　　　④ 친숙해지다

6 다음 글을 읽고 밑줄 친 부분에 나타난 심정으로 알맞은 것을 고르십시오.

뚱이가 처음 우리 집에 온 건 내가 초등학교 1학년 때였다. 부모님은 함께 식당을 하셨기 때문에 내가 학교에서 집에 돌아오면 늘 안 계셨다. 부모님은 매일 혼자 집에 있는 내가 심심하고 외로울까봐 강아지 한 마리를 사다 주셨다. 그 강아지 이름이 바로 뚱이다. 뚱이는 우리 집에 오는 날부터 나를 제일 잘 따랐다. 그래서 나는 부모님이 집에 늦게 들어오셔도 외롭거나 무섭지 않았다.

그러던 어느 날 학교에서 집에 돌아왔는데 뚱이가 보이지 않았다. 밖에 나가서 몇 시간을 찾아 헤매다가 날은 어두워지고 뚱이를 찾을 수 없다는 생각에 고개를 떨구고 집으로 돌아오는데 집 앞에 무언가가 보였다. 나는 혹시나 하는 마음에 뛰어갔다. 그때 집 앞에 꼬리를 흔들며 나를 바라보고 있는 건 바로 뚱이였다. 나는 뚱이를 보자 <u>입을 다물지 못했다.</u>

① 서럽다　　　② 기쁘다　　　③ 멋쩍다　　　④ 친하다

7 다음 글을 읽고 밑줄 친 부분에 나타난 심정으로 알맞은 것을 고르십시오.

어느 날 나는 부산에 사시는 아버지가 갑자기 쓰러지셔서 입원하셨다는 연락을 받았다. 사무실에서 하던 일을 정리도 못하고 부랴부랴 옷을 입고 터미널로 갔다. 터미널에 도착해서 표를 사려고 가방을 열었는데 아무리 찾아도 지갑이 보이지 않았다. 가방 안에 있는 물건을 바닥에 다 쏟아놓았는데도 지갑이 안 보이자 <u>순간 나는 눈앞이 캄캄해졌다.</u> 일분이라도 빨리 부산에 가서 편찮으신 아버지를 봬야 하는데 표를 살 수 없게 된 것이다. 이제 어떻게 해야 하나 하는 생각을 하니 나도 모르게 눈물이 흘렀다. 그때 옆에서 나를 지켜보고 계시던 아주머니께서 무슨 일이냐고 물어보셨다. 내가 울먹거리며 자초지종을 말씀드리자 아주머니께서는 선뜻 돈을 주시면서 빨리 표를 사서 아버지한테 가라며 하셨다. 나는 아주머니 덕분에 부산에 갈 수 있게 되어 아버지를 뵙게 되었다. 처음 본 나에게 그런 친절을 베풀어주신 아주머니를 생각하면 감사의 마음도 들고 죄송한 마음도 든다.

① 담담하다　　　② 섭섭하다　　　③ 억울하다　　　④ 막막하다

8 다음 글을 읽고 밑줄 친 부분에 나타난 심정으로 알맞은 것을 고르십시오.

내가 대학교 다닐 때 4년 동안 기숙사에서 함께 살았던 룸메이트가 있었다. 그 친구는 나와 말도 잘 통했고 내가 하는 이야기를 늘 귀담아 잘 들어주었다. 함께 지내면서 고민도 함께 나누고 기쁨도 함께 하면서 우리는 점점 가까워졌다. 대학교를 졸업하고 각자 다른 회사에 취직을 했지만 우리는 여전히 서로를 의지하며 지냈다. 그런데 그 친구가 미국으로 유학을 가게 되었다. 늘 가까운 곳에서 연락하고 만나며 지내다가 멀리 간다고 하니 마음이 편하지 않았다. 친구가 미국으로 떠나는 날 공항에 배웅을 나갔다. 작별 인사를 하고 비행기를 타러 들어가는 친구의 뒷모습을 보고 눈시울이 뜨거워졌다. 하지만 친구 앞에서 눈물을 보이고 싶지 않았다. 친구는 뒤돌아서며 손 인사를 하고 나에게 얼른 가라고 손짓을 했다. 나는 그 모습을 보자 눈물이 왈칵 쏟아질 것 같아서 <u>뒤도 돌아보지 않고 뛰어서 공항을 빠져나왔다.</u>

① 겸손하다　　　② 죄송스럽다　　　③ 섭섭하다　　　④ 부담스럽다

9 다음 글을 읽고 밑줄 친 부분에 나타난 심정으로 알맞은 것을 고르십시오.

> 손자는 태어나서 석 달 뒤부터 우리 집에 와서 함께 살았다. 아들 내외가 모두 직장을 다녀야 해서 손자를 내가 돌봐주겠다고 했던 것이다. 첫 손자인데다가 순하기까지 해서 나는 힘든 줄 모르고 키웠다. 아들 내외가 주말마다 집에 와서 손자를 보고 가는 것 빼고는 온종일 나와 함께 지냈다. 그렇게 한 두 해가 지나고 손자가 다섯 살이 되었을 때 며느리가 직장을 그만 두게 되었다. 며느리는 직장도 안다니고 하니 이제부터 손자를 집에 데려가서 키우겠다고 했다. 오년 동안 애지중지하며 함께 지내서 정도 많이 들었는데 막상 데려간다고 하니 서운한 마음이 들었다. 손자가 가는 걸 보고 집에 들어오니 <u>자꾸 손자 모습이 눈에 밟혀서 일이 손에 잡히지 않았다.</u>

① 쌀쌀맞다　　　② 원망하다　　　③ 불안하다　　　④ 허전하다

10 다음 글을 읽고 밑줄 친 부분에 나타난 심정으로 알맞은 것을 고르십시오.

> 나는 30년 가까이 버스를 운전하고 있다. 버스 기사를 하면서 번 돈으로 자식들 대학 공부도 시키고 작기는 하지만 내 집도 마련했다. 그동안 결근 한번 하지 않고 정말 성실하게 버스를 몰았다. 아내는 내가 벌어오는 적은 월급도 감사하게 받으며 알뜰하게 살림을 했고 아이들도 걱정할 일 만들지 않고 잘 자라주었다. 풍족하지는 않지만 가족 모두 건강하고 행복하니 별 걱정 없이 살고 있다. 그런데 어느 날 회사 동료가 돈을 잃어버렸는데 나를 의심하는 것 같았다. 내가 가져가지 않았다고 몇 번을 말했지만 다른 동료들조차도 <u>내 말을 믿지 않는 것 같았다.</u> 며칠이 지난 후에 돈을 잃어버렸던 동료가 내게 와서 의심해서 미안하다고 사과를 했다. 잃어버린 줄 알았던 돈을 옷 주머니에서 찾았다는 것이다. 나는 돈을 찾아서 다행이라고 말은 했지만 왠지 슬픈 마음이 들었다.

① 뿌듯하다　　　② 억울하다　　　③ 부담스럽다　　　④ 죄송스럽다

11 이 글에 나타난 동생에 대한 언니의 심정으로 알맞은 것을 고르십시오.

> 나와 동생은 거의 매일같이 옷 때문에 싸우곤 한다. 아침에 학교에 입고 갈 옷을 고를 때마다 마음에 드는 옷이 같아서 서로 입겠다고 다투는 것이다. 그럴 때마다 엄마한테 혼나면서도 옷 때문에 싸우는 일은 줄어들지 않는다.
>
> 어느 날, 학교에서 집에 돌아와 동생과 심하게 싸운 적이 있었다. 그 때도 우리가 싸운 이유는 옷 때문이었다.
>
> " 야! 너 내가 이 옷은 절대로 입지 말라고 했어 안 했어?"
>
> "그냥 잠깐 입고 나갔다 온 거야."
>
> "잠깐이라도 안 돼. 이 옷은 나도 한 번도 안 입은 새 옷이란 말이야."
>
> "아무리 새 옷이라도 내가 잠깐 입을 수도 있잖아. 언니는 별 일도 아닌 걸 가지고 왜 그렇게 화를 내!"
>
> "여기 봐봐. 네가 입고 나갔다 오는 바람에 옷에 더러운 게 묻었잖아."
>
> "빨면 되지. 그게 그렇게 화 낼 일이야?"
>
> "야! 너는 미안한 일을 했으면 사과를 해야지 어떻게 그렇게 당당하니?"
>
> 그런데 동생은 내 말이 채 끝나기도 전에 방문을 쾅 닫고 나가버렸다. 나는 동생이 내가 제일 아끼는 새 옷을 입고 나갔다 와서 더러운 것을 묻히고 온 것도 화가 났지만 사과 한마디 없는 모습에 더 화가 났다. 그리고 엄마가 들어오셔서는 언니가 동생하고 싸우기만 한다고 나만 야단을 치셨다.

① 처량하다   ② 원망스럽다

③ 홀가분하다   ④ 혼란스럽다

12 이 글에 나타난 아버지에 대한 딸의 심정으로 알맞은 것을 고르십시오.

아버지는 연세가 많으신데도 불구하고 내가 출근하고 나면 빨래며 청소며 집안일을 손수 다 하신다. 퇴근하고 와서 내가 한다고 누누이 말씀드려도 통 듣지를 않으신다. 요즘 허리가 많이 편찮으셔서 병원에 치료하러 다니시면서도 하루도 거르지 않고 집안일을 해놓으신다.

내가 고등학교 때 어머니가 돌아가시고 난 이후부터 아버지는 줄곧 내 뒷바라지를 하시느라 고생만 하셨다. 이제는 내가 아버지를 편히 모시고 싶어서 집안일은 그만 두시고 밖에 나가셔서 친구분들도 만나시고 가시고 싶은 곳도 가시라고 여러 번 말씀드렸지만 소용없다.

어느 날, 밤에 자다가 화장실을 가려고 나왔는데 아버지 방에 불이 켜져 있었다. 이 밤에 뭘 하시나 보려고 조용히 들여다봤더니 엄마 사진을 보시고 계셨다. 그 순간 나는 눈물이 핑 돌아서 얼른 내 방으로 들어와 버렸다.

① 측은하다　　　② 괘씸하다　　　③ 허무하다　　　④ 무안하다

13 이 글에 나타난 남자의 심정으로 알맞은 것을 고르십시오.

우리 부부는 결혼 후 십년 만에 아이를 갖게 되었다. 아내의 임신 소식을 알고 난 후부터 세상이 다 내 것 같고 회사 일을 아무리 많이 해도 전혀 힘들게 느껴지지 않았다. 아내는 워낙 몸이 약해서 임신을 한 이후부터는 잘 먹지도 못하고 늘 누워있기 일쑤였다. 나는 그런 아내를 위해서 퇴근 후에 아무리 피곤해도 밀린 집안일도 하고 아내의 입맛에 맞게 음식도 만들었다. 10개월이 언제 지날까 싶었는데 하루하루 지나고 드디어 아내가 아기를 낳으러 병원에 가게 되었다. 그런데 의사 선생님은 아내의 상태를 보더니 산모가 너무 몸이 약해서 아무래도 아기를 낳는 일이 몹시 힘들 것 같다고 말씀하셨다. 나는 힘들어하는 아내를 보며 내가 해줄 수 있는 것이 아무것도 없다는 사실에 미안하고 안타까웠다. 시간은 자꾸 가는데 아기는 나올 기미를 보이지 않아서 나는 계속 앉았다 일어서다를 반복하며 입술만 깨물었다.

① 담담하다　　　② 허탈하다　　　③ 섭섭하다　　　④ 초조하다

14 이 글에 나타난 글쓴이의 심정으로 알맞은 것을 고르십시오.

> 나는 서울에 있는 직장에 다니면서부터 혼자 생활하게 되었다. 대학교를 졸업할 때까지 부모님과 같이 살 때는 가족의 소중함에 대해서 별로 느끼지 못했었는데 혼자 살다보니까 모든 것이 그리웠다. 생활비가 넉넉하지 못해서 지하에 있는 방을 얻어서 살기 시작했다. 그러던 어느 날 욕실에서 샤워를 하고 있는데 누군가 밖에서 쳐다보는 것 같은 인기척을 느꼈다. 나는 순간 소름이 끼치고 너무 놀라서 고함 소리도 나오지 않았다. 옷을 황급히 입고 주인 아주머니께 전화를 해서 밖으로 나가보았다. 밖에는 이미 아무도 없었다. 나는 그날 이후로 밤에 불을 끄고 잠을 잘 수가 없었다. 자꾸 밖에서 누가 나를 쳐다보는 것만 같고 방에 들어올 것만 같아서였다. 고향에서 가족과 함께 살 때는 이런 일이 한 번도 없었는데 그 일이 있고 난 후부터는 고향에 가서 살고 싶다는 생각이 더 간절해졌다.

① 흥분하다　　　② 야속하다　　　③ 불안하다　　　④ 먹먹하다

15 이 글에 나타난 글쓴이의 심정으로 알맞은 것을 고르십시오.

> 나는 홈쇼핑이나 인터넷 쇼핑을 별로 즐겨하지 않는다. 왜냐하면 직접 보지 않았기 때문에 어떤 물건이지 신뢰가 잘 가지 않기 때문이다. 그래서 나는 조금 귀찮더라도 시장이나 마트에 가서 물건을 확인하고 산다. 그런데 한번은 우연히 TV 채널을 돌리다가 홈쇼핑에서 간장 게장 판매하는 것을 보게 되었다. 판매하는 사람들이 어찌나 게장을 맛있게 먹던지 보고는 안 살 수가 없을 정도였다. 거기다가 게장 안에 알이 꽉꽉 차 있어서 보기만 해도 군침이 돌았다. 나는 주말에 가족들과 함께 먹으면 좋겠다는 생각에 게장을 주문했다. TV에서 본 게 자꾸 생각나서 게장이 빨리 배달됐으면 좋겠다고 생각했다. 드디어 간장 게장이 배달되었다. 나는 맛을 볼 생각으로 얼른 포장을 뜯었다. 그 순간 나는 게장을 보고 너무 어이가 없어서 눈을 뗄 수가 없었다. TV에서 보던 게장 속의 알은 하나도 보이지 않았고 맛을 보니 너무 짜서 도저히 먹을 수조차 없었다.

① 조급하다　　　② 지루하다　　　③ 실망스럽다　　　④ 탐스럽다

2.3. 문형 공부하기

1 ─(으)ㄴ/는 탓에

앞 문장 때문에 뒤 문장에 안 좋은 결과가 올 때 쓴다.

| 문·장·만·들·기 |

2 ─(으)려던 참이다

얼마 후에 곧 어떤 일을 하려고 계획할 때 쓴다.

| 문·장·만·들·기 |

3 ─(으)려고 하다

1.미래의 계획을 말할 때 쓴다.
2.어떤 일이 일어날 것 같다고 말할 때 쓴다.

| 문·장·만·들·기 |

2.4. 어휘 공부하기

	어휘	의미	문장 만들기	비슷한 말/반대말
1	주장하다			비 내세우다
2	체험하다			비 경험하다
3	포기하다			비 단념하다
4	판매하다			비 팔다 반 구입하다
5	가난하다			비 빈곤하다 반 풍요롭다
6	겸손하다			반 오만하다
7	공평하다			반 불공평하다
8	귀찮다			비 번거롭다

03 유형 활용하기

■ 똑같은 주제로 읽기 자료 완성하기

길잡이 '똑같은 주제로 읽기 자료 완성하기 활동'은 여러분이 다양한 읽기 자료 가운데 같은 주제의 읽기를 모아서 만들어 보는 활동입니다. 이 활동은 한 주제에 대해 깊이 있게 이해하고 알 수 있게 해주는 활동이며, 여러분 스스로 읽기 자료를 만들어 볼 수 있는 활동입니다. 아래 예시를 보고 여러분도 여러분의 읽기 자료를 만들어 보세요. 또 여러분이 어디에서 찾았는지 출처도 꼭 적는 연습을 하도록 하세요.

〈예시〉 우리 생활에 꼭 필요한 석유

내가 찾은 읽기 자료	어디에서 찾았나요?	찾은 자료의 중심 내용
오늘날 우리가 사용하는 연료 중에서 가장 중요하다고 할 수 있는 것이 바로 '석유'이다. '돌 기름'이라는 의미의 석유는 아주 먼 옛날 땅에서 번성했던 동물이나 식물이 갑작스런 지각 변동으로 땅에 묻히면서 만들어진 것이다. 여러 가지 원소들로 이루어진 유기물이 오랜 시간 땅속에 묻혀 있으면서 높은 온도와 압력을 받게 되면서 자연스럽게 생겨나는 것이다.	인터넷 신문 기사 ○○일보 2013년 5월 7일 3면 기사	석유는 어떻게 만들어졌는가?

석유는 흔히 연료로 사용되는 것만 생각하게 되는데 실제 사용하는 곳은 상당히 다양하다. 자동차와 공장의 연료는 물론 플라스틱 제품을 만드는 데 핵심적인 역할을 한다. 또한 섬유의 원료가 되기도 하고, 가정용 난방 연료로 사용하기도 한다.	OO 사전	석유는 어떻게 사용되는가?
지구 온난화로 인해 빙하가 녹으면서 자연스럽게 북국의 영유권 문제가 발생하게 되었다. 영유권 문제가 생기는 이유는 북극 땅에 매장된 석유와 천연가스 때문이다. 현재 북극해 지역에 매장된 양은 전체 미발굴 자원의 25%나 된다고 한다. 이로 인해 북극의 영유권에 대한 각국의 분쟁이 더 심해지고 있다.	신문기사 OO일보 2014년 8월 20일 2면 기사	석유로 인해 발생하는 문제점은 무엇일까?

※ 여러분도 다음의 주제로 여러분의 읽기 자료를 만들어 보세요.

행복의 조건 (인터넷에서 '행복의 조건'을 검색해서 어떤 읽기 자료가 있는지 찾아보세요)

내가 찾은 읽기 자료	어디에서 찾았나요?	찾은 자료의 중심 내용

글의 내용과 같은 것 고르기 1

세부 내용을 파악하고, 본문의 내용과 같은 것을 고르는 문제는 11번이나 12번과 같이 짧고 분석적인 내용을 묻는 문제와 24번처럼 문학적인 내용, 생활문 등에서 같은 내용을 고르는 문제, 그리고 32번이나 33번처럼 어휘와 문형을 고루 익혀서 정확히 문장을 이해하고 있는가를 묻는 문제 등 다양하게 출제되고 있습니다.

 유형 이해하기

※ 다음 글의 내용과 같은 것을 고르십시오.

다른 사람을 칭찬하는 일은 자기 자신에게 도움이 되는 일이기도 하다. 다른 사람을 칭찬하기 위해서 그 사람의 작은 부분까지 관찰하게 된다. 또 그 사람의 좋은 부분을 말하기 위해 좋은 생각을 하는 것은 자기 자신을 행복하게 만들기도 한다. 좋은 생각을 하고, 좋은 말을 하는 것은 다른 사람을 위해서도 좋은 일이지만 자신의 행복한 인생을 살기 위해서 꼭 필요한 일이기도 하다. 다른 사람의 단점을 보고, 잘못을 지적하는 행동은 반대로 자기 자신의 행복을 멀리하는 일이 될 수도 있다.

① 칭찬을 많이 하는 것은 다른 사람만 행복하게 하는 것이다.
② 인생을 살기 위해 가장 필요한 일은 다른 사람을 관찰하는 일이다.
③ 칭찬을 하는 것은 자기 자신의 행복을 위해서도 꼭 필요한 일이다.
④ 다른 사람의 단점을 말하는 것은 다른 사람을 불행하게 한다.

주의해야 할 점은 다음 단원에서 다루게 될 '주제 또는 중심 생각 고르기'와 '같은 내용 고르기'는 보기의 내용에서 차이가 있다는 점입니다. 주제나 중심 생각을 찾는 것은 4개의 보기가 모두 제시된 글과 같은 내용으로 제시가 될 수 있고, '같은 내용 고르기'는 제시된 글과 일치하는 사실 정보를 찾는 것이 중요하기 때문에 보기의 형태와 내용이 다릅니다.

그러므로 '같은 내용 고르기' 유형에서는 보기에 제시된 내용이 거짓 정보인지 참 정보인지를 구분하는 것이 문제를 풀 때 가장 중요한 부분입니다. 문제에서 제시한 글에 없는 내용을 지워가는 방식으로 문제를 푸는 것도 방법이 될 수 있습니다. 물론 평소 읽기 자료를 보면서 요약과 주제 찾기 연습을 꾸준히 한다면 제시된 글과 같은 내용을 고르는 유형도 충분히 대비할 수 있을 것입니다.

02 유형 연습하기

2.1. 해설이 있는 친절한 유형 연습

1 다음 글의 내용과 같은 것을 고르십시오.

> 봄이 되면 날씨가 따뜻해져서 야외 활동하기에 적합하다. 하지만 꽃가루 등 알레르기를 일으키는 물질 때문에 피부병을 앓는 사람들이 많아지는 때이므로 야외 활동을 할 때 더욱 주의를 해야 한다. 특히 5월에는 알레르기성 접촉피부염 환자가 급증한다는 보고가 있으므로 봄철에는 야외 활동을 자제하고, 꼭 야외활동을 해야 할 때에는 마스크나 긴 옷을 착용함으로써 피부가 노출되는 것을 최소화하는 것이 바람직하다. 야외활동을 한 후에 알레르기를 일으키는 물질에 피부가 노출됐다면 그 부위를 즉시 비누로 깨끗이 씻고, 알레르기 증상이 나타나면 피부과에 가서 치료를 받는 것이 좋다.

① 봄철에는 날씨가 좋으므로 야외활동을 많이 해도 된다.

② 알레르기를 일으키는 물질은 따뜻한 여름에 많이 나온다.

③ 알레르기에 피부가 노출이 되면 집에서 충분히 휴식을 취한다.

④ 알레르기 물질에 노출되지 않게 하려면 긴 옷을 입는 것이 낫다.

정답은 ④번 '알레르기 물질에 노출되지 않게 하려면 긴 옷을 입는 것이 낫다'입니다. 제시된 글의 내용 중에 '야외활동을 해야 할 때에는 마스크나 긴 옷을 착용함으로써 피부가 노출되는 것을 최소화하는 것이 바람직하다'는 부분을 보면 ③번과 내용이 같은 것임을 확인할 수 있다. ①번은 봄철에는 알레르기를 일으키는 물질 때문에 야외 활동을 자제한다. ②번은 알레르기를 일으키는 물질은 봄에 많이 나온다. ③번은 알레르기에 피부가 노출이 되면 그 부위를 즉시 비누로 씻는다.

2 다음 글의 내용과 같은 것을 고르십시오.

> 문화재청은 추석 다음 주인 9월 16일부터 28일까지 12일 동안 '창경궁 가을맞이 야간 특별개방'을 시행한다고 밝혔다. 이번 야간개방은 '궁중 문화 축전'과 연계하여 운영되며, 이번 '창경궁 가을맞이 야간 특별개방'의 1일 최대 관람인원은 2200명, 관람권 구매는 '1인당 2매'로 제한된다. 이번 야간개방의 관람 시간은 오후 7시부터 10시까지이며, 입장 마감 시간은 관람 종료 1시간 전이다. 국가유공자와 장애인 각각 50명(보호자 1명 포함 무료)과 부모와 동반한 6세 이하는 현장에서 무료로 입장할 수 있다. 인터넷 예매는 9월 11일 오후 2시부터 시작한다.

① 관람권은 한 사람이 여러 장을 구매할 수도 있다.
② 창경궁 가을맞이 야간 특별개방은 추석 전에 시행한다.
③ 입장 마감 시간은 8시이므로 그 전에 표를 사 놓아야 한다.
④ 6세 이하의 아이는 부모와 함께 가면 무료로 관람할 수 있다.

정답은 ④번 '6세 이하의 아이는 부모와 함께 가면 무료로 관람할 수 있다'입니다.
제시된 글의 내용 중에 '부모와 동반한 6세 이하는 현장에서 무료로 입장할 수 있다'는 부분을 보면 선택지 ④번과 내용이 같은 것임을 확인할 수 있다. ①번은 관람권 구매는 1인당 2매로 제한합니다. ②2번은 창경궁 가을맞이 야간 특별개방은 추석 다음 주에 시행합니다. ③번은 입장 마감 시간은 관람 종료 1시간 전이므로 9시입니다.

3 다음 글의 내용과 같은 것을 고르십시오.

> 　서울시에서 '인터넷·스마트폰 사용 실태조사'를 실시한 결과 서울시에 거주하는 청소년 5명 중 1명은 '스마트폰 중독'인 것으로 드러났다. 이 조사를 통해 스마트폰에 중독된 청소년들은 일상생활에 만족하지 못하는 경우가 많았으며, 학교나 가정생활이 불만족스럽다고　답한 비율이 20%를 넘었는데, 이는 일반 학생보다 훨씬 높은 비율이다. 뿐만 아니라 이들은 학업 성적도 낮은 편이었고, 도덕적 인식이나 준법정신도 부족하다는 분석이 나왔다. 스마트폰에 중독된 청소년은 스스로 자신의 행동을 통제할 수 있도록 해야 하며, 가족들은 관심을 가지고 중독에서 벗어날 수 있도록 도와야 한다. 만약 스스로 통제하기가 어렵다면 인터넷 중독 예방상담센터에 전화를 하거나 찾아가서 전문적인 상담을 받는 것이 도움이 될 것이다.

① 스마트폰 중독이라고 해서 전문적인 상담을 받는 것은 불필요하다.

② 서울시 청소년에 비해서 지방 청소년이 스마트폰 중독 비율이 높다.

③ 가족들이 관심을 지나치게 가지면 스마트폰 중독에서 벗어나기 어렵다.

④ 스마트폰에 중독된 청소년들은 자신의 생활에 만족하지 못하는 경우가 많다.

문제 풀이

정답은 ④번 '스마트폰에 중독된 청소년들은 자신의 생활에 만족하지 못하는 경우가 많다'입니다. 제시된 글의 내용 중에 '스마트 폰에 중독된 청소년들은 일상생활에 만족하지 못하는 경우가 많았으며'라는 부분을 보면 선택지 ④와 내용이 같은 것임을 확인할 수 있다. ①번은 스스로 통제하기 어렵다면 전문적인 상담을 받는 것이 도움이 됩니다. ②번은 '지방 청소년이 스마트폰 중독 비율이 높다'는 내용은 없습니다. ③번은 가족들이 관심을 가지고 중독에서 벗어날 수 있도록 도와야 합니다.

1 다음 글의 내용과 같은 것을 고르십시오.

> 한글날이 22년 만에 다시 법정 공휴일이 되었다. 대다수의 국민들은 한글날이 공휴일로 재지정되는 것을 찬성했다. 한글날 재지정으로 우리 민족의 자랑스러운 유산인 한글의 우수성과 문화적 가치를 높이고, 국내·외적으로 한글의 위상을 다시 생각할 수 있는 계기가 되었다. 세종대왕의 한글 창제를 기념하는 한글날은 1949년에 공휴일로 지정되었다가 쉬는 날이 너무 많아서 국가 경제에 손해가 너무 크다는 이유로 1991년에 공휴일에서 제외됐다. 한글날이 다시 공휴일이 되었다고 해서 단순히 쉬는 날로 생각해서는 안 된다. 이날은 한글의 우수성을 다시 한 번 생각하며 뜻있게 지내야 할 날임을 기억해야 한다.

① 한글날이 공휴일로 지정되었던 때는 없었다.
② 한글날이 공휴일로 재지정되는 것을 국민들은 바라지 않았다.
③ 한글날이 법정 공휴일로 지정되는 것은 아직 결정되지 않았다.
④ 한글날은 1991년에 국가 경제 손실을 이유로 공휴일에서 제외됐다.

2　다음 글의 내용과 같은 것을 고르십시오.

> 나는 초등학교 때 방학만 되면 외갓집에 가는 것을 제일 좋아했다. 외갓집에 가면 외할아버지께서 나를 자전거 뒤에 태우고 동네를 돌면서 구경을 시켜주셨다. 어느 날 내가 자전거를 혼자 타고 싶다고 하자 외할아버지께서는 두 발 자전거 타는 법을 가르쳐주셨다. 처음에는 중심이 잘 잡히지 않아서 자꾸 넘어졌지만 결국 혼자서 탈 수 있게 되었다. 자전거 뒤에서 내가 넘어지지 않게 꼭 붙잡아 주시던 외할아버지는 힘든 표정도 짓지 않으셨다. 나는 지금도 자전거를 탈 때면 내 자전거를 잡아주시던 외할아버지의 다정한 표정이 생각난다.

① 나는 외할아버지의 자전거 뒤에 앉아서 동네를 구경했다.
② 나는 자전거를 처음 배울 때 중심을 잡는 것이 별로 어렵지 않았다.
③ 나는 초등학교 때 외갓집에 가는 것을 좋아했지만 방학 때는 안 갔다.
④ 나는 외할아버지께서 자전거를 잡아주실 때 힘들어하시는 표정을 보았다.

3　다음 글의 내용과 같은 것을 고르십시오.

> 자녀가 고학년이 될수록 온 가족이 모두 모여서 식사하며 대화를 나누는 가정이 감소하고 있다. 초 · 중 · 고등학교 재학생 자녀를 둔 대부분의 부모는 가족 간의 대화가 부족하다고 느끼고 있다고 한다. 가족이 한 자리에 모이는 식사 시간에 대화를 전혀 나누지 않는 가장 큰 이유로 가족 간의 공통 주제가 없기 때문이라고 여기는 경우가 가장 많다. 그리고 식사하면서 TV를 보기 때문인 것이라고 생각하는 경우도 있다. 이렇게 가족끼리 식사를 하며 대화를 나누지 않다 보면 점점 할 얘기가 없어질 뿐만 아니라 서로에 대한 관심이 없어질 것이다. 짧은 시간이라도 계속 대화를 나누다 보면 공통 주제를 찾게 되고 대화하는 시간도 점점 길어질 것이다.

① 자녀가 저학년일 때 가족 간의 대화가 가장 적은 편이다.
② 요즘 TV 때문에 가족 간의 대화가 부족한 가정이 제일 많다.
③ 요즘 현대인들은 가족 간의 대화가 부족하다고 느끼지 않는다.
④ 조금씩 대화를 하다 보면 가족 간의 공통 주제도 찾게 될 것이다.

4 다음 글의 내용과 같은 것을 고르십시오.

> 가을은 일교차가 크기 때문에 감기에 걸리기 쉽다. 특히 어린이는 면역력이 약하기 때문에 더 조심해야 한다. 대부분의 사람들은 감기에 걸리면 병원에 가거나 약국에 가서 감기약을 사 먹는다. 그런데 어린이는 약물이 몸에 미치는 영향이 어른과는 다르므로 아이의 건강상태에 대해 의사 또는 약사와 충분히 상의한 후에 먹이는 것이 좋다. 또 어린이에게 감기약을 먹인 후에 투여한 시간과 용량을 기록해 두면 약을 많이 먹이거나 적게 먹이는 위험을 피할 수 있다. 어린이가 약을 복용하는 동안에는 부작용이 나타나는지 잘 확인해야 한다.

① 어린이는 면역력이 약하기 때문에 감기약을 먹으면 안 된다.
② 어린이의 건강상태를 의사나 약사와 충분히 의논한 후에 약을 먹여야 한다.
③ 어린이에게 감기약을 먹일 때는 시간과 용량을 정확하게 지키지 않아도 된다.
④ 어린이는 약을 복용한 후에 부작용이 나타나지 않으므로 걱정할 필요가 없다.

5 다음 글의 내용과 같은 것을 고르십시오.

> 2014년 8월 29일부터 9월 21일까지 이천 설봉공원에서 개최되는 도자기 축제에서는 도자 문화를 체험할 수 있는 다양한 프로그램이 마련된다. 이천 도자기 축제는 국내 최고의 도자 축제로 외국인들에게도 많이 알려진 행사이다. 도자 상품관에서는 다양한 도자 상품들을 한자리에 전시되어 있고 도자 쇼핑몰에서는 다양한 디자인의 도자기들을 전시 판매할 예정이다. 그리고 도자기를 직접 만들어 볼 수 있는 체험관도 마련되어 있어서 자신이 만들고 싶은 도자기를 손수 만들어서 집에 갈 때 가지고 갈 수도 있다.

① 이천 도자기 축제는 매년 봄에 열려서 인기가 매우 많다.
② 이천 도자기 축제에서 판매하는 도자기는 좀 비싼 편이다.
③ 이천 도자기 축제는 외국인들도 많이 아는 유명한 행사이다.
④ 이천 도자기 축제에 참가한 사람들이 도자기를 직접 만들어 볼 수는 없다.

6 **다음 글의 내용과 같은 것을 고르십시오.**

> 현대인들은 불규칙한 식습관 등으로 인해 비만인 경우가 많다. 그래서 시중에 다이어트관련 서적이나 방송들이 나오기만 하면 인기를 끈다. 적당한 다이어트는 건강에 도움을 주지만 지나치면 오히려 건강을 해칠 수도 있다. 다이어트의 부작용으로 많이 알려진 요요현상은 예전 몸무게로 다시 돌아가거나 오히려 체중이 더 많이 나가는 현상이다. 이 현상은 다이어트 중에 무조건 굶거나 지나치게 음식을 소량 섭취하면서 살을 뺐을 때 일어나기 쉽다. 따라서 건강을 유지하면서 다이어트를 하려면 규칙적인 식습관을 유지하면서 적당한 운동을 하는 것이 가장 바람직하다.

① 한번 다이어트를 해서 살을 빼면 유지하는 것은 쉽다.
② 불규칙한 식습관은 건강에는 해롭지만 비만과는 관련이 없다.
③ 비만은 음식과 관련이 많으므로 무조건 굶는 것도 좋은 방법이다.
④ 요요현상이 일어나지 않게 하려면 바른 식습관과 운동이 필요하다.

7 **다음 글의 내용과 같은 것을 고르십시오.**

> 우리는 누구나 옷을 입고 산다. 옷은 자신의 몸을 다른 사람이 보지 못하게 가리거나 위험한 것으로부터 보호하기 위해 천 등으로 만든 것이다. 옷은 나와 다른 사람을 구별할 수 있는 수단이 되기도 한다. 이러한 옷은 시대의 흐름에 따라 다양하게 변화, 발전하면서 그 시대의 문화적 환경을 알 수 있게 한다. 또한 세계 각국에는 전통 옷이 있어서 그 나라의 특징을 잘 알 수 있게 해준다. 각 나라에는 전통 의상이 있다. 한국의 한복, 중국의 치파오, 일본의 기모노, 베트남의 아오자이, 인도의 사리 등을 통해서 각국의 문화를 알 수 있고 국민들의 정서도 짐작할 수 있다.

① 시대가 바뀌면서 옷도 여러 가지로 바뀌었다.
② 옷을 통해서 그 시대의 문화는 알 방법이 없다.
③ 각 나라의 전통 의상은 국민들의 정서와 관련이 없다.
④ 옷은 다른 사람에게 자신을 표현하는 수단일 뿐이다.

8 다음 글의 내용과 같은 것을 고르십시오.

> 충주시는 11월 1일부터 이틀 동안 사과 축제를 연다. 수확의 계절인 가을마다 열리는 이 행사는 충주에서 사과를 재배하는 사람들이 각자 수확한 사과를 가지고 행사에 참여한다. 충주 외에 다른 지역의 사람들이 맛있고 품질 좋은 충주 사과를 저렴하게 구매할 수 있도록 하기 위해서 사과 장터도 열린다. 축제 관계자는 남녀노소를 불문하고 원하는 사람은 모두 참여할 수 있다고 전하며 사과 장터 외에도 이색적인 다양한 행사를 열어 유익한 시간을 보낼 수 있도록 할 계획이라고 밝혔다.

① 충주에서 열리는 사과 축제는 2년에 한번 씩 열린다.
② 충주 사과 축제는 이틀 동안 열리며 남녀노소 누구나 참여할 수 있다.
③ 사과 장터 외에 다른 행사는 마련되지 않지만 사과는 싸게 살 수 있다.
④ 사과 축제의 장터에서 사과를 판매할 수 있는 사람은 타지역 사람들이다.

9 다음 글의 내용과 같은 것을 고르십시오.

> 복부 비만이 있는 사람들에게 유산소 운동이 도움이 되는데 근력 운동도 같이 하면 운동의 효과가 더 높아진다. 일주일에 3회 이상 한 번 할 때 30분 이상 꾸준히 운동을 하면 체력을 키우는 데도 도움이 될 뿐만 아니라 다이어트에도 도움이 된다. 요즘 현대인들 중에는 겉으로 보기에는 마른 체형으로 보이지만 복부 비만인 사람이 많다고 한다. 이는 인스턴트 음식을 자주 먹는 식습관과 운동 부족 때문인 것으로 보인다. 따라서 아무리 피곤하더라도 일주일에 3~4회 정도는 적당한 유산소 운동과 근력 운동을 하면서 건강을 유지하는 것이 좋을 것이다.

① 복부 비만의 원인은 잘못된 식습관과 적은 운동량 때문이다.
② 복부 비만인 사람들 중 겉으로 보기에 마른 체형인 사람도 있다.
③ 복부 비만이 있는 사람들은 근력 운동을 하면 오히려 건강에 좋지 않다.
④ 복부 비만은 운동을 하루도 거르지 않고 매일 해야 운동 효과가 나타난다.

10 다음 글의 내용과 같은 것을 고르십시오.

> 요즘 전 세계적으로 금연 열풍이 불고 있다. 이는 흡연이 흡연자뿐만 아니라 주변에 있는 비흡연자들에게도 안 좋은 영향을 미치기 때문이다. 흡연으로 인해서 집안의 가구나 옷에 묻어 있는 담배 연기의 독성 때문에 다른 가족들의 폐 건강도 해칠 수도 있다는 연구 결과가 나왔다. 이 연구 결과를 보면 직접 흡연이나 간접 흡연이나 모두 다 건강에 안 좋기는 마찬가지라는 것을 알 수 있다. 따라서 흡연자들은 자신의 건강뿐만 아니라 다른 사람의 건강을 위해서라도 반드시 금연을 해야 할 것이다. 이렇게 흡연이 안 좋은 영향을 미친다는 것을 알면 금연은 선택이 아니라 필수가 될 것이다.

① 직접 흡연과 간접 흡연이 폐건강에는 영향을 미치지 않는다.

② 집안에 흡연자가 있다고 하더라도 다른 가족들의 건강과는 상관없다.

③ 금연은 흡연자의 선택이므로 주변 사람들이 간섭을 하는 것은 좋지 않다.

④ 직접 흡연뿐만 아니라 간접 흡연도 건강에 안 좋다라는 연구 결과가 나왔다.

11 다음 글의 내용과 같은 것을 고르십시오.

> 우리가 흔히 먹는 음식 재료 가운데는 함께 먹으면 건강에 이로운 것도 있지만 해로운 것도 있다. 즉 음식 재료에도 궁합이 있다는 말이다. 예를 들면 당근과 오이로 요리를 해 놓으면 색도 잘 어울리고 맛도 있어서 사람들이 당근과 오이를 함께 사용하는 경우가 많다. 하지만 당근과 오이를 함께 섞어서 요리를 하면 당근에 함유된 성분이 오이의 비타민 C를 파괴한다고 한다. 만약 당근과 오이를 같이 사용해서 요리를 한다면 비타민 C의 파괴를 막기 위해서 미리 오이에 식초를 조금 넣는 것이 좋다. 반면에 시금치와 레몬은 같이 먹으면 궁합이 잘 맞는 음식 재료이다. 시금치에 들어있는 철분은 레몬에 들어있는 비타민 C와 만나면 흡수율이 높아지고 면역력을 향상시켜 준다.

① 음식의 궁합이 잘 맞으면 면역력이 생긴다.

② 시금치와 당근은 색이 잘 어울리는 음식이다.

③ 비타민의 파괴를 막으려면 오이와 당근을 잘 익혀서 먹는 것이 좋다.

④ 함께 먹으면 좋은 음식 재료가 있는가 하면 그렇지 않은 재료도 있다.

12 다음 글의 내용과 같은 것을 고르십시오.

> 현대인들이 많이 걸리는 질병 중에 당뇨병이 있다. 당뇨병이란 우리가 일상생활에서 활동하는 데 중요한 영양소인 포도당이 몸속으로 흡수되어야 하는데 그렇지 못하고 몸 밖으로 배출되기 때문에 발생하는 질병이다. 당뇨병에 걸리면 무엇보다 몸의 면역력이 떨어져서 각종 합병증이 생기는데 대표적으로 고혈압, 심장병 같이 심각한 증세가 함께 올 수도 있어서 위험하다. 과거에 비해 현대인들이 당뇨병에 많이 걸리는 이유는 불규칙한 식습관과 턱없이 부족한 운동을 들 수 있으며, 과음과 흡연도 당뇨병을 일으키는 주요한 원인이 된다. 따라서 당뇨를 치료하기 위해서는 적극적인 치료도 중요하지만 일상생활에서의 철저한 자기 관리가 더 중요하다. 당뇨병 환자는 평소에 잡곡과 채식 위주의 식사를 하고 규칙적으로 적절한 운동을 해야만 당뇨병은 물론 합병증의 위험에서 벗어날 수 있을 것이다.

① 당뇨병은 불규칙한 식습관과 부족한 운동이 원인으로 현대인들이 많이 걸린다.

② 당뇨병과 합병증은 과음을 하지 않고 담배를 끊으면 완전히 치료할 수 있는 병이다.

③ 당뇨병 환자는 각종 합병증에 걸릴 위험은 있지만 몸의 면역력이 떨어지지는 않는다.

④ 당뇨병 환자가 합병증의 위험에서 벗어나기 위해서는 적극적인 치료가 가장 중요하다.

13 다음 글의 내용과 같은 것을 고르십시오.

> 애완동물을 기르는 경우가 점점 많아지고 있다. 이런 사람들에게 애완동물이 가족이 된 지는 이미 오래된 이야기이다. 애완동물을 기르는 사람들이 많아지는 이유 중에 하나는 애완동물이 사람한테 정서적 안정을 주기 때문이다. 특히 최근 혼자 사는 사람들이 증가하고 있어서 우울함이나 외로움을 달래기 위해서 애완동물을 기르기도 한다. 이렇게 애완동물은 사람들의 정서를 안정시켜주는 역할을 하기 때문에 사람들의 재활 치료에도 많은 도움을 주고 있다. 그래서 국내 의료 기관 중에는 동물을 매개로 하여 우울증과 자폐증 환자들을 치료함으로써 큰 효과를 거둔 곳도 있다. 앞으로 애완동물 매개 치료를 독거노인, 가정이나 학교생활에서 불안감을 느끼는 청소년들에게도 확대하여 적용한다는 보도가 있는데 긍정적인 효과를 거둘 것이라 본다.

① 앞으로 정부는 애완동물을 치료에 활용할 수 있도록 재정을 늘려야 한다.
② 애완동물을 매개로 한 치료는 정신적, 육체적 치료에 모두 활용하고 있다.
③ 일부 의료 기관에서는 애완동물을 치료에 활용하여 긍정적인 효과를 얻었다.
④ 독거노인과 청소년에게도 애완동물을 매개로 한 치료를 하여 성과를 거두었다.

14 다음 글의 내용과 같은 것을 고르십시오.

> 미래에 에너지가 부족해 질 것을 대비해서 세계 각국에서는 신재생 에너지 개발에 박차를 가하고 있다. 신재생 에너지는 햇빛, 물, 지열 등을 변환시켜 이용하는 에너지를 말한다. 개발 초기에는 화석 에너지에 비해 효율성이 떨어지지만 고갈되지 않고 지속 가능하다는 점에서 가치가 크다고 하겠다. 신재생 에너지 사업이 안정적으로 보급되기 위해서는 국가 차원의 장기적 정책과 지원이 필요하다. 한국의 경우 '국가 에너지 기본 계획'을 수립하고 이를 위한 정책을 추진하고 있지만 지원은 아직 부족한 실정이다.
>
> 앞으로 그냥 말로만 끝나는 정책만 내세울 것이 아니라 실질적으로 활용할 수 있는 정책을 세우고 전폭적인 지원도 아끼지 말아야 할 것이다.

① 신재생 에너지에 대한 한국 정부의 지원이 많은 편이다.
② 신재생 에너지는 고갈되지 않으므로 계속 사용할 수 있다.
③ 신재생 에너지는 에너지의 가격이 비싸기 때문에 개발이 필요하다.
④ 신재생 에너지는 효율성이 떨어지기 때문에 주목받지 못하고 있다.

15 다음 글의 내용과 같은 것을 고르십시오.

> 디지털 기기를 사용하게 되면서 기억력이 떨어지는 현상을 '디지털 치매'라고 한다. 이로 인해 인간의 인지력 저하를 걱정하는 목소리가 높아지고 있다. 하지만 디지털 기기에 의존한다고 해서, 인간의 인지력이 반드시 떨어지는 것은 아니다. 오히려 인간의 뇌 기능 중 사용되지 않던 부분이 활성화될 수도 있다. 예를 들면, 인터넷을 즐겨하는 젊은이들을 보면 이전 세대보다 많은 정보를 훨씬 빠른 속도로 처리한다. 게다가 동시에 여러 작업을 하기도 한다. 이는 정보를 처리하는 능력은 예전에 비해서 훨씬 향상되었기 때문이다. 따라서 디지털 기기를 사용하는 것을 무조건 부정적으로만 볼 것이 아니라 필요한 경우에 적절히 사용할 수 있도록 교육하는 것이 필요하다. 이제는 우리의 생활에 없어서는 안 될 디지털 기기를 효과적으로 사용하여 긍정적인 결과를 얻기 위해서는 어린 시절부터 사용에 관한 교육을 강화해야 할 것이다.

① 디지털 기기에 의존하면 인간의 인지력은 계속해서 떨어진다.
② 디지털 치매는 디지털기기를 사용하면 누구나 걸리는 질병이다.
③ 디지털 기기를 어떻게 사용해야 하느냐에 대한 교육이 필요하다.
④ 디지털 기기의 사용이 뇌 기능 중 일부를 활성화시킬 수는 없다.

2.3. 문형 공부하기

1 **–(으)ㄹ 리가 없다/있다**

어떤 사실이나 상황을 근거로 앞문장의 내용이 사실이 아니라는 확신을 나타낼 때 쓴다.

| 문·장·만·들·기 |

2 **–(으)ㄹ 만하다**

1.가치가 있어서 상대방에게 권할 때 쓴다.
2.할 수 있는 수준이나 정도를 나타낼 때 쓴다.

| 문·장·만·들·기 |

3 **–느라고**

앞 문장 때문에 뒤 문장을 할 수 없을 때 쓴다.

| 문·장·만·들·기 |

	어휘	의미	문장 만들기	비슷한 말/반대말
1	쏟다			비 엎지르다
2	알아보다			반 몰라보다
3	앞당기다			반 늦추다
4	애쓰다			비 고생하다
5	예측하다			비 추측하다
6	옹호하다			비 보호하다, 편들다
7	우승하다			비 승리하다, 제패하다, 이기다
8	운송하다			비 나르다, 수송하다

03 유형 활용하기

■ 빠르게 훑어 읽기(skimming) 연습

길잡이 빠르게 훑어 읽기 연습은 시간이 부족한 시험 상황에서 읽기를 하거나 많은 양의 글을 읽어야 할 때 필요한 방법입니다. 이 방법으로 글을 읽을 때는 처음에 제목을 먼저 보고, 이 글이 무엇에 대한 글인지를 추측합니다. 또 글의 처음이나 마지막을 먼저 읽고, 글의 주제를 생각해 볼 수도 있습니다.

※ 다음 글을 읽고 질문에 답해 봅시다.

지난달 미국의 경제 전문 잡지인 '블룸버그'에 따르면 아시아 지역과 태평양 지역의 코코아 원두 수요는 지난해까지 가장 낮은 수준이었으나 최근에 중국과 인도 등의 초콜릿 수요가 급증하면서 몇 년 뒤에는 세계 평균치의 두 배에 달하는 수준이 된다고 합니다. 실제로 지난 5년 동안 아시아에서 사용된 코코아 원료는 29% 이상 증가했습니다.

코코아 원료뿐만 아니라 초콜릿 제품의 판매량도 작년과 비교해서 큰 폭으로 늘었습니다. 작년과 비교해 4.5%가 증가했고, 이를 위해 세계 최대 코코아 제조사인 배리칼레보는 몇 년 사이 아시아와 태평양 지역의 생산 능력을 두 배로 늘렸습니다. 또 경제 전문지 파이낸셜타임스는 어제 런던에서 거래한 코코아 가격이 2011년 8월 이후 최고 가격으로 거래되고 있다고 보도하였습니다. 경제 전문가들은 앞으로도 코코아 수요가 늘어날 것이기 때문에 올해 말까지 최소한 10% 이상 코코아 원두 가격이 오를 것이라고 전망했습니다. 이런 상황이라면 2020년에는 100만 톤 이상의 공급 부족 사태가 벌어질 수 있다고 예측하기도 했습니다. 하지만 부족한 코코아 원두의 공급이 쉽게 해결될 것 같지는 않습니다. 전체 코코아 생산의 60%를 차지하고 있는 아프리카 가나와 코트디부아르의 농장 시설이 대규모 생산을 하기에 열악한 상황이기 때문입니다. 특히 해충이나 질병에 취약하기 때문에 대량 생산이 어렵고 젊은이들이 코코아 농사를 하지 않으려는 점도 공급 부족의 원인이 되고 있습니다.

　이러한 사태와 관련하여 세계코코아재단은 '코코아행동'(CocoaAction)이란 활동을 펼치고 있습니다. 이 활동은 공급 국가의 정부와 협력해서 코코아 농가의 부족한 시설을 보충하고, 지원하여 2020년까지 코코아 생산량을 100% 이상 늘리는 것을 목표로 하고 있습니다.

1.　이 글은 코코아의 (　　　　)에 관한 글이다.

　① 코코아의 효능　　　　　　② 코코아의 생산량 증가
　③ 코코아의 맛　　　　　　　④ 코코아의 가격 상승

2　코코아 공급량이 늘지 않는 이유는 무엇인가?

　(　　　　　　　　　　　　　　　　　　　　　　　　　　　)

3.　이 글에서 말한 사실 중 잘못된 것을 고르시오.

　① 앞으로 아시아의 원두 수요 증가는 세계 평균치의 두 배가 될 것이다.
　② 코코아 원두 가격은 앞으로 10% 이상 오를 것이다.
　③ 코코아를 가장 많이 생산하고 있는 국가는 미국이다.
　④ 코코아행동(CocoaAction)은 코코아 농가를 지원하는 활동이다.

09 글의 내용과 같은 것 고르기 2

'글의 내용과 같은 것 고르기' 유형은 선택지와 글의 내용을 비교해 보고 같은 것을 고르는 것입니다. 먼저 보기에 제시된 내용을 확인한 후에 글의 내용을 읽으면서 같은 내용을 찾는 것이 효율적입니다.

01 유형 이해하기

※ 다음 글의 내용과 같은 것을 고르십시오.

> 서울시와 문화재청은 설 명절 다음 주인 2월 23일부터 3월 1일까지 일주일 동안 '경복궁 봄맞이 야간 특별 개방'을 시행한다고 밝혔습니다. 이번 야간 개방은 '궁궐문화 바로 알기' 행사와 함께 운영되며, 혼잡함을 막고, 안전한 관람을 위해 일일 관람 인원을 5000명, 관람권 구매는 1인 4매로 제한하고 있습니다. 관람 시간은 오후 8시부터 10시까지이며, 주말에도 똑같은 시간에 개방을 하고 있습니다. 어린이는 혼자서 출입이 불가하니 반드시 어른들과 함께 출입할 수 있도록 주의해주시고, 쾌적한 관람을 위해 음식물 반입을 삼가고 있으니 유의하시기 바랍니다. 인터넷 예매는 상시 가능하며, 현장에서 입장권을 구입하는 것도 가능합니다. 미리 신청하면 궁의 역사를 알 수 있는 궁 해설을 지원하고 있으니 참고하시기 바랍니다.

① 관람권은 한 사람이 한 장만 구매할 수 있다.
② 경복궁 봄맞이 야간 특별 개방 행사는 설 명절부터 시작된다.
③ 어린이도 관람을 위해 혼자서 입장권을 사서 입장할 수 있다.
④ 입장권은 현장 구입뿐만 아니라 인터넷을 통한 예매도 가능하다.

이런 유형의 문제는 앞서 살핀 바와 같이 전체 글을 먼저 읽고, 보기를 읽으면서 하나씩 잘못된 내용을 지우는 방법으로 풀 수 있습니다. 주어진 글과 보기의 내용이 많이 다르지 않기 때문에 특히 보조사나 부사 등에 주의하여야 합니다. 예를 들어 '많이', '빨리', '무조건'과 같은 부사나 '최대한', '최고', '대부분'과 같은 명사, '도', '만', '야말로', '까지', '조차'와 같은 보조사가 들어가면 문장의 의미가 바뀔 수 있다는 것을 알고 있어야 합니다.

본문의 순서와 보기 문장의 순서가 거의 비슷하기 때문에 본문을 먼저 한 문장 보고, 보기를 하나 확인하는 방법도 도움이 될 수 있습니다.

 **유형 연습하기**

2.1. 해설이 있는 친절한 유형 연습

1 다음을 읽고 내용이 같은 것을 고르십시오.

> 주말 동안 가까운 캠핑장을 찾아 가족이나 친구들과 가까운 곳에 가서 고기를 구워 먹고 배드민턴도 치면서 시간을 보내는 사람들이 늘어나고 있다. 건강도 챙기고 마음의 여유를 찾을 수 있는 장점이 있기 때문이다. 그런데 아직 시설이 부족한 곳이 많아서 안전이나 환경 파괴 등을 걱정하는 목소리도 높다. 즐거운 시간을 보내러 간 것이니만큼 이웃에게 불편을 주거나 자연을 해치는 일 없이 안전하게 시간을 보내고 올 수 있도록 신경을 써야 할 것 같다.

① 캠핑장에서도 이웃에게 불편을 주지 않으려는 노력이 필요하다.

② 마음의 여유가 생기면 부족한 시설로도 즐거운 시간을 보낼 수 있다.

③ 가족과 함께 시간을 보내려면 고기를 먹거나 운동을 하는 것이 좋다.

④ 텔레비전을 보거나 컴퓨터를 하면서 주말을 보내는 사람들이 줄어들고 있다.

문제 풀이

정답은 ①번입니다. 4번째 줄과 5번째 줄에 있는 내용을 약간 다르게 표현한 것으로 정답입니다. ② 밖에 나가면 시설이 부족한 곳이 많다고 했고 마음의 여유가 생긴다고도 했지만 이 둘이 인과관계인지는 나와 있지 않습니다. ③ 가족과 함께 밖에 나가 시간을 보낼 때 고기를 먹거나 운동을 하게 되는 것입니다. ④ 본문에서는 텔레비전이나 컴퓨터에 대한 이야기는 본문에 나와 있지 않습니다

2 다음을 읽고 내용이 같은 것을 고르십시오.

> 힘들어 하는 친구에게 긍정적인 말 한 마디를 해 주거나 동조하는 말 한마디를 해주는 것으로도 큰 힘이 된다. 이러한 사실을 알면서도 자신의 감정을 표현하는 데 서툰 사람들은 걱정과 염려를 하다가 축하나 위로의 말을 해 줄 수 있는 순간을 놓치는 경우가 많다. 만약에 자신이 이런 사람에 속한다고 생각하면 일단 거울을 보고 웃어보자. 그런 다음 자기 자신에게 칭찬을 해 줄 수 있는 것이 무엇이 있는지 찾아보고 매일 한 가지씩 칭찬을 해 주는 연습부터 하자. 이렇게 하다 보면 점점 다른 사람에게 해야 할 말을 적당한 시기에 할 수 있게 될 것이다.

① 친한 사람을 걱정하는 것은 당연한 일이다.
② 친구가 힘들어 할 때는 말로 표현을 해야 한다.
③ 감정을 잘 표현하지 못하는 사람일수록 걱정이 많다.
④ 자기 자신에게 칭찬을 해주는 것도 남을 칭찬하는 연습이 된다.

문제 풀이

정답은 ④번입니다. 거울을 보고 칭찬을 해주는 연습을 하면 남의 장점도 눈에 잘 띈다는 표현을 통해 알 수 있습니다. ① 친한 사람을 걱정한다는 표현은 나와 있지 않습니다. ② 친구가 힘들어 할 때도 어떤 말을 하느냐에 따라 위로가 될 수도 있고 아닐 수도 있습니다. ③ 감정을 잘 표현하는 사람이 칭찬을 해 줄 수 있는 순간을 놓치는 경우가 많다는 문장은 있지만 걱정이 많은지는 알 수 없습니다.

1 다음을 읽고 내용이 같은 것을 고르십시오.

> 좋다, 기쁘다, 행복하다" 등의 긍정적인 감정을 나타내는 말과 "싫다, 나쁘다, 싫다." 등과 같이 부정적인 감정을 나타내는 말이 있다. 반면 뜨거워지다와 같은 말은 근본적으로는 감정을 담고 있는 말이 아니다. 그래서 핸드폰과 같은 단어와 같이 쓰여 "핸드폰이 뜨거워졌어요"와 같이 쓰이면 부정적인 의미를, "목욕물이 뜨거워졌어요"와 같이 쓰이면 긍정적인 느낌을 담게 된다. 이렇게 단어가 쓰인 문맥에 따라 긍정적인 감정을 담고 있는지 부정적인 감정을 담고 있는지를 분석하는 것을 '감성분석'이라고 하고 소비자들의 심리를 예측하고자 하는 사람들이 종종 사용한다.

① 사람만 감정을 나타낼 수 있는 것은 아니다.
② 핸드폰을 오래 사용하면 부정적인 느낌이 든다.
③ 뜨겁다는 말도 상황에 따라 다른 느낌을 줄 수 있다.
④ 긍정적인 감정을 담고 있는 말을 사용하면 긍정적인 일이 생긴다.

2 다음을 읽고 내용이 같은 것을 고르십시오.

> 기억을 잘 하려면 어떻게 생활해야 할까? 기본적으로 뇌를 꾸준히 사용하는 것이 중요하다. 매일 조금씩이라도 책을 읽고 중요한 부분을 메모해 두는 습관은 뇌를 좋게 만들어 기억력을 높일 수 있다. 또 이전에 읽었던 부분을 다시 떠올려야 할 때, 그 단어는 잘 기억이 나지 않지만 단어를 써 두었던 공책의 위치 등이 먼저 떠오르는 경우가 있는데 이처럼 우리는 문장보다 이미지를 더 잘 기억하는 특징이 있다는 것에 주의를 기울여야 한다. 그러니까 추상적이고 암기하기 어려운 숫자나 단어를 기억해야 한다면 구체적인 이미지와 연결시켜 기억하는 것도 좋은 방법이라 하겠다.

① 1004라는 숫자와 천사의 이미지는 관련이 있다.
② 기억을 잘 하는 사람들은 공책의 이미지를 기억한다.
③ 습관을 바꾸거나 훈련을 한다고 더 잘 기억하는 것은 아니다
④ 긴 숫자는 암기하기 쉬운 이미지와 연관 지어 기억하면 더 잘 기억할 수 있다.

3 다음을 읽고 내용이 같은 것을 고르십시오.

> 배우자와의 의사소통 만족도를 묻는 설문에 대체로 또는 매우 만족한다는 대답을 한 남성은 과반수가 넘는 54.5%임에 비해 여성은 47.6%만이 그렇다고 말하는데 그쳤다. 이 통계 결과에 대한 해석은 사람마다 조금씩 다를 수 있다. 그렇지만 같은 것 같으면서 다른 남녀의 차이를 숫자로 보여 주었다는 점에서 재미있는 결과라고 하겠다. 또 남자는 충분한 의사소통이 이루어졌다고 생각하는 순간에도 여자는 아직 더 이야기를 할 것이 남아 있다고 생각할 수도 있으므로 서로를 배려하려는 태도가 필요하다.

① 남성과 여성이 결혼한 후 배우자를 보는 심리는 매우 다르다.
② 서로를 얼마나 배려하는지에 따라 남성의 결혼 만족도는 높아집니다
③ 이 설문 결과를 통해 남자가 결혼 만족도가 더 높다는 것을 알 수 있다.
④ 배우자와 몇 시간이나 이야기하는지에 따라 남녀의 결혼 만족도가 달라진다.

4 다음을 읽고 내용이 같은 것을 고르십시오.

> 통계 지표들을 통해 자신이 국민 평균의 어디쯤에 속해 있는지 알 수 있다. 만약 자신이 25세의 평균 한국 여성이라면 키는 161cm, 몸무게 55kg으로 약 60.1년을 더 살 수 있고 평균적으로 아이는 1.1명이 있는 것으로 조사되었다. 그 외에 이 나이 또래의 여성의 평균 수면 시간은 8시간으로 여가 활동에 4시간 40분을 쓰고 있으며 보통 국내 여행 4.9회, 해외여행 1.4회이며 73.8%의 여성들이 경제 활동에 참여하고 있다고 답했다.

① 25세 여성은 국민의 평균에 해당한다.
② 여가 활동에는 봉사활동에 쓴 시간도 포함된다.
③ 25세 여성의 반 이상이 경제 활동에 참여하고 있다.
④ 25세 여성은 보통 해외여행을 국내 여행보다 많이 했다.

5 다음을 읽고 내용이 같은 것을 고르십시오.

> 해외에서 태어나 오랫동안 외국에서 생활을 하다가 최근 국내 고등학교로 전학을 온 김모 양은 전학 첫날 점심시간에 특별한 경험을 했다. 첫날이라 점심이 준비되어 있지 않은 김양을 위해 반 친구들이 밥과 반찬을 조금씩 덜어서 나누어 주고 숟가락과 젓가락까지 챙겨 주었기 때문이다. 처음에 친구들의 호의가 부담스러워 먹지 않겠다고 했던 김양도 곧 음식을 나누어 먹는 한국 문화에 익숙해지면서 과자를 사 와서 친구들과 나누어 먹는 등 학교생활에 적응하게 되었고 친구와의 우정도 더 깊어졌다고 한다.

① 친구들에게 음식을 나누어 주는 것이 좋다.
② 음식을 나누어 먹는 것은 한국에만 있는 문화이다.
③ 김양은 음식을 나누어 먹으면서 학교 친구들과 더 친해졌다.
④ 김양은 해외에서 태어났기 때문에 젓가락을 사용할 줄 모른다.

6 다음을 읽고 내용이 같은 것을 고르십시오.

> 우리가 꼭 지켜야 하는 정의가 있다고 생각하는 사람들도 그 정의에는 어떤 것들이 있냐고 물어보면 대답하기 어려울 수도 있다. 또 자신 있게 살인이나 폭력은 절대 행사해서는 안 된다고 대답하는 사람조차도 자신의 집에 강도가 들었을 때도 폭력을 사용하지 않겠느냐고 질문한다면 대답은 달라질 수 있다. 마찬가지로 어떤 문화에서는 정의롭다고 여기는 것이 다른 문화에서는 금기시될 수도 있다. 그러므로 어디서나 지켜지는 정의는 많지 않고 누구에게나 당연하다고 생각하는 정의조차도 상황에 따라 달라질 수 있다.

① 지킬 수 없는 것도 지키는 것이 정의이다.
② 절대적 정의가 존재한다고 믿는 사람들이 많다.
③ 정의는 문화에 따라 달라질 수 있는 상대적 개념이다.
④ 다른 사람을 때리는 것은 어느 경우에나 정의롭지 않다.

7 다음을 읽고 내용이 같은 것을 고르십시오.

> 건강보험심사평가원에 따르면 2008년 만성피로증후군 환자는 10만 명이 넘었다고 한다. 만성 피로 증후군이란 충분한 휴식을 취해도 피곤이 계속되는 상태에 있는 사람을 뜻한다. 그런데 드러나는 증상은 피로하다는 느낌뿐이어서 병원을 방문하지 않고 오랫동안 내버려 두는 경우가 많아 위장 질환이나 혈관에 이상이 생기기도 한다. 만성 피로의 주된 원인은 일에서 오는 과도한 업무 부담감일 경우가 많아서 가끔 우울증과 잘 구별되지 않은 경우도 있다. 그러므로 피곤이 계속됨에도 불구하고 시간이 지나면 자연히 해결될 거라고 막연히 생각하기 보다는 적극적으로 피로의 원인을 찾아서 해결하거나 원인이 분명치 않을 때는 병원에 가서 상담을 받아보는 것이 좋다.

① 피곤할 때는 푹 쉬는 것이 건강에 좋다.
② 업무 부담에서 오는 피로는 우울증으로 변하기 쉽다.
③ 병원에서 치료를 받아도 피곤한 느낌은 해결되지 않는다.
④ 이유는 모르지만 피곤하다는 느낌이 계속되면 병원에 가 보는 것이 좋겠다.

8 다음을 읽고 내용이 같은 것을 고르십시오.

> 도로 주변에 심는 나무를 가로수라고 하는데 보통 벚나무나 은행나무 등을 많이 심는다. 요즘에는 4월에 하얀 꽃을 피우는 이팝나무도 흔히 볼 수 있다. 이팝나무의 이팝은 이밥을 강하게 읽은 것이고 여기서 이밥은 하얀 쌀밥이라는 뜻이다. 봄철에 피우는 하얀 꽃은 하얀 쌀밥이나 흰 눈을 연상시키기도 하는데 그래서인지 이팝나무의 이름도 그 모양에서 유래가 되었을 것이라는 견해가 있다.

① 이팝나무와 이밥나무는 다른 나무이다.
② 봄철에는 벚나무를 가장 흔히 볼 수 있다.
③ 이팝나무는 하얀 눈이 내릴 때 가장 아름답게 보인다.
④ 도로 주변에서 볼 수 있는 나무 중에 이팝나무가 있다.

9 다음을 읽고 내용이 같은 것을 고르십시오.

> 우리가 사용하고 있는 물과 빗물 등은 결국 모두 바다로 흘러들어간다. 또한 여름철에 바다를 찾은 사람들도 쓰레기를 그대로 두고 오는 경우가 많다. 이렇게 버려진 쓰레기는 바다로 흘러들어간 경우 다시 회수하기가 어려운 바다의 쓰레기가 된다. 전 세계의 바다에 있는 쓰레기는 연간 700만 톤으로 추정되고 이로 인해 100만 마리의 바다 새가 목숨을 잃게 된다고 한다. 바다는 우리에게 무한에 가까운 자원이라는 점을 생각한다면 더럽히지 않는 것만으로도 우리의 미래를 밝게 하는 방법이 될 것이다.

① 바다로 들어간 쓰레기를 새들이 먹는다.
② 바다 새가 쓰레기로 인해 피해를 입고 있다.
③ 바다 쓰레기를 다시 가져오는데 연간 700만원이 든다.
④ 물과 빗물이 여름철에 바다를 더럽히는 주요 원인이다.

10 다음을 읽고 내용이 같은 것을 고르십시오.

> 최근 큰 영업실적을 내고 있는 한국 기업의 김 회장은 성공 비결로 두 가지를 들었다. 먼저, 자신이 진행하는 분야에 대해 1년 이상의 시간을 들여 공부하고 전문가를 불러 의견을 듣고 나서 일을 추진했다고 밝혔다. 그리고 의사를 결정하기 전에 직원들과 토론을 하면서 의견을 모으는 토론 중심의 경영 철학이 회사를 성공적으로 이끌 수 있었다고 말한다. 오랜 시간을 두고 꼼꼼하게 준비하는 과정에서 다양한 의견을 수렴하는 비결이 회사 발전이라는 긍정적인 효과를 불러 온 비결이라고 전했다.

① 회사가 이윤을 낸 것은 김 회장의 뛰어난 능력 덕분이다.
② 오랜 시간 회사를 위해 일하는 사람들을 전문가라고 부른다.
③ 회사를 경영할 때 혼자 결정하는 경우는 긍정적인 효과를 보기 어렵다.
④ 여러 사람들의 의견을 듣고 토론을 한 것이 김 회장의 성공 방법 중 하나이다.

11 다음을 읽고 내용이 같은 것을 고르십시오.

> 생일이나 기념일 명절 등에 선물을 주고받는 것은 매우 익숙한 풍경이다. 그래서 세계 보편적인 현상일 것이라고 생각하기 쉬운데 의외로 나라마다 조금씩 선물 문화가 다르다. 그러므로 외국에서 선물을 할 때에는 미리 그 나라의 사람들이 좋아하거나 싫어하는 선물을 알아두면 선물을 주고받는 기쁨이 두 배가 될 수 있을 것이다. 먼저, 중국인에게 선물을 주면 선뜻 받지 않는다고 한다. 이 때 거절을 한다고 그만두는 것이 아니라 한두 번 더 권해야 한다. 그리고 일본 사람들에게 칼을 선물하는 것은 좋지 않다. 또 꽃을 선물한다면 홀수로 선물하는 것이 좋다. 말레이시아에서는 선물을 줄 때 오른손으로 주고받아야 한다. 러시아 사람들은 선물 받는 것을 좋아하기 때문에 특별히 금기하는 물건은 없다. 그러므로 가능한 한 많은 기회를 만들어 자주 선물한다면 더욱 좋을 것이다.

① 일본 사람을 짝수로 선물을 받는 것을 좋아 한다.
② 선물을 받는 것은 어느 나라 사람이나 다 좋아한다.
③ 문화가 다른 경우 선물할 수 없는 물건이 무엇인지 알아보아야 한다.
④ 러시아 사람들은 큰 선물보다 작은 선물을 여러 번 받는 것을 좋아한다.

12 다음을 읽고 내용이 같은 것을 고르십시오.

> 면접을 보는 동안 긴장해서 자신의 장점을 잘 보여주지 못하는 경우가 있는데 몇 가지에 유의하면서 준비를 한다면 좀 더 자신감 있게 면접을 볼 수도 있을 것이다. 먼저 면접관은 보통 회사 임원이므로 그들이 어떤 부분에 관심이 있을지 미리 생각해 보고 내용을 정리해 두는 것이 필요하다. 또 간단한 자기소개 등을 미리 써두고 잘 기억할 수 있도록 거울을 보면서 준비하는 것도 도움이 될 것이다. 면접자가 자신 있게 이야기할 수 있는 부분으로 이야기가 자연스럽게 흘러갈 수 있다면 좋겠지만 그렇지 못하더라도 그때그때 상황에 자연스럽고 유연하게 대처하면서 성실하게 대답하면 더 좋은 인상을 줄 수 있다. 최상의 결과를 이끌어 내는 것은 최고의 노력이라는 교훈을 명심하자.

① 어느 곳에서나 노력하는 사람이 성공하는 사람이 될 수 있다.

② 큰 목소리로 자기소개를 자연스럽게 하면 좋은 인상을 줄 수 있다.

③ 면접 준비를 할 때는 면접에 적당한 특별한 옷차림에도 신경을 써야 한다.

④ 면접을 잘 보기 위해서 노력하면 더 좋은 결과를 이끌어 낼 수도 있을 것이다.

13 다음을 읽고 내용이 같은 것을 고르십시오.

> 도서관에서 책을 빌리고 싶을 때에는 다음과 같은 몇 가지 주의사항을 지켜야 한다. 먼저 책을 빌리기 위해서는 대출카드를 만들어야 한다. 대출카드를 만드는 기준은 도서관마다 조금씩 다르기 때문에 가까운 도서관에 문의해 보는 것이 좋겠다. 도서관에서 책을 빌린 후에는 일정한 기간 안에 책을 읽고 반납하여야 한다. 책을 정해진 기간에 반납하지 않으면 다른 사람이 책을 볼 수 없을 뿐 아니라 본인도 책을 다시 빌리는 것을 제한받으므로 꼭 기한 내에 다 읽고 반납하는 것이 좋다. 또 빌린 책을 반납할 때에는 반납기를 이용하면 도서관이 문을 닫은 이후에도 책을 반납할 수 있어서 편리하다.

① 도서관에서 책을 살 수도 있다.

② 사진이 없으면 도서관에서 책을 빌릴 수 없다.

③ 도서관이 문을 닫으면 책을 반납하기가 어렵다.

④ 몇 가지 주의사항을 지키면 도서관에서 편리하게 책을 빌릴 수 있다.

14 다음을 읽고 내용이 같은 것을 고르십시오.

> 해마다 전화기, 냉장고, 청소기, 자동차, 복사기 등 새로운 제품들이 시장에 나온다. 이런 신제품들을 만드는 사람들은 특별한 사람들이 아니라 조금만 노력을 한다면 누구나 할 수 있는 일이다. 우선 아주 작은 것이라도 생활을 편리하게 할 만한 아이디어가 있다면 공책에 자신의 생각을 꼼꼼하게 정리해 보도록 하자. 그 다음에 구체적인 제품을 만들어 보자. 자신의 힘만으로 부족하다면 이 단계에서 다른 사람과 협력하거나 전문가의 교육을 받을 수도 있을 것이다. 제품이 완성되고 나면 누구에게 필요한 물건인지 어떻게 다른 사람들에게 알릴 수 있을지 알아보자. 이 단계에서는 고유한 자신의 생각을 다른 사람과 함께 나눌 것인지 아니면 자신만의 아이디어로 특허를 신청할 것인지 결정할 필요도 있다.

① 전문가에게 협력을 요청하는 것은 꼭 필요한 과정이다.
② 자신의 생각이 구체적인 물건이 되어 나오기는 매우 어렵다.
③ 자신이 만들 물건을 어떻게 팔 것인지도 아이디어가 필요하다.
④ 신제품이 시장에 나오기까지는 아이디어 외에도 구체적 제품이 필요하다.

15 다음을 읽고 내용이 같은 것을 고르십시오.

> 우리 사회에 범죄가 단 한 건도 없다면 매우 이상적이겠지만 실제로는 그렇지 못하다. 오히려 매일 어디에선가는 범죄가 일어나고 그 중 일부는 피해자 또는 그 가족의 심정이나 사회적 도덕성에 비추어 보았을 때 용서하기 어려운 정도의 중한 범죄라 볼 수 있다. 그래서 우리는 이렇게 심한 죄를 지은 사람들을 무겁게 처벌하는 방법으로 사형 제도를 두고 있다. 그러나 사형은 인간이 인간을 벌하는 것이니만큼 죄를 짓지 않은 사람을 죄인으로 잘못 판단했을 때 돌이킬 수 없는 일이 발생한다. 또 비슷한 죄에 대한 어떠한 예방적 효과도 없다는 실험 결과도 있었다고 한다. 이런 이유 때문에 사형 제도를 유지하는 것에 대해서는 아직 찬반양론이 팽팽하게 맞서고 있다.

① 사형제도가 없어지려면 범죄가 먼저 없어져야 한다.
② 인간이 인간을 벌할 수 있는 방법은 사형 제도뿐이다.
③ 사형제도를 반대하는 사람이 많아서 사형이 실시되지 못하고 있다.
④ 사형제도에 대해서는 아직 찬반의 논의가 합의를 이끌어 내지 못했다.

2.3. 문형 공부하기

1

–(으)ㄴ/는/(으)ㄹ 듯하다

어떤 상황일 것이라고 추측할 때 사용한다.

| 문·장·만·들·기 |

2

–ㄴ 만큼, –는 만큼, –은 만큼

앞 문장의 내용과 비슷한 정도나 수량을 나타낼 때 사용한다.

| 문·장·만·들·기 |

3

–ㄹ 정도로, –을 정도로

앞 문장과 뒤 문장이 비슷한 정도를 나타내는 표현이다.

| 문·장·만·들·기 |

2.4. 어휘 공부하기

	어휘	의미	문장 만들기	비슷한 말/반대말
1	성공			비 성취 반 실패
2	세탁			비 빨래
3	소극적			반 적극적
4	승객			비 손님
5	시댁			반 친정
6	시력			반 청력
7	신입			반 고참
8	신체			비 육체

유형 활용하기

■ 공통점과 차이점 찾기

길잡이 공통점과 차이점 찾기는 비슷한 어휘와 형태를 가진 두 글에서 공통점과 차이점을 찾는 읽기 활동입니다. 이런 활동은 어휘의 의미를 분명히 알 수 있게 해주며, 공통점과 차이점 찾기를 통해 자연스럽게 글의 구조를 이해하는 데 도움을 줍니다.

〈글 1〉

사람과 같은 동물이나 식물 등 살아있는 생물에 기생하면서 살아가는 작은 미생물을 바이러스라고 합니다. 바이러스는 우리 몸속에 있는 세균보다 작기 때문에 일반 현미경으로도 볼 수 없다고 합니다. 바이러스는 혼자서는 살아갈 수 없고, 반드시 영양을 공급하는 생물(숙주)이 있어야 합니다. 현재 전세계적으로 바이러스의 종류는 약 5000개 이상이며, 최근에는 아프리카에서 에볼라 바이러스가 등장해 많은 사람들이 바이러스에 감염되어 죽기도 했습니다. 바이러스에 감염되면 우리 몸에서는 질병과 싸우는 반응이 일어나는데 이러한 반응을 면역 반응이라고 합니다. 사람들은 바이러스에 의한 질병을 막기 위해 백신을 맞기도 하며, 이러한 백신은 어렸을 때 주로 맞습니다.

〈글2〉

컴퓨터 바이러스란 컴퓨터 내에 들어와 컴퓨터 안의 자료를 손상시키거나 다른 프로그램을 작동하지 못하게 하는 프로그램의 하나입니다. 컴퓨터 바이러스에 감염된 컴퓨터는 사용자의 명령을 듣지 않으며, 다른 컴퓨터로 전염되기도 합니다. 보통 바이러스 프로그램은 독립적인 파일이 아니라 다른 파일과 함께 있기 때문에 찾는 것이 쉽지 않습니다. 1999년에 밀레니엄 바이러스는 은행과 같은 금융기관에 커다란 피해를 주기도 했습니다. 최근에는 바이러스를 치료하기 위한 프로그램도 많이 개발되고 있으며, 이렇게 바이러스를 치료하는 프로그램을 백신 프로그램이라고 합니다. 컴퓨터 바이러스를 예방하기 위해서는 백신 프로그램을 이용해서 자주 컴퓨터를 점검하는 것이 필요합니다.

질문

1. 〈글1〉에 나오는 바이러스와 〈글2〉에 나오는 바이러스의 공통점은 무엇입니까?

( )

2. 〈글1〉에 나오는 바이러스와 〈글2〉에 나오는 바이러스의 차이점은 무엇입니까?

( )

3. 우리 몸의 바이러스를 치료하는 방법과 컴퓨터의 바이러스를 치료하는 방법은 어떻게 다릅니까?

( )

▶ **더 찾아보기**

−우리 몸을 병들게 하는 바이러스와 컴퓨터 바이러스에 대해 더 찾아보세요.
−백신의 종류에 대해 더 찾아보세요.

괄호 넣기

16~19번과 28~31번, 그리고 45번과 49번 문제 유형은 괄호 넣기 유형입니다. 세부 내용을 파악해서 괄호에 문장을 넣는 유형은 바뀌기 이전 시험에서도 계속해서 출제되었던 유형으로 전체 문항 가운데 가장 많은 비중을 차지하는 유형 중의 하나입니다. 이러한 유형은 독해 능력을 파악하는 전통적인 문제 형태로, 제시된 글 전체의 의미와 연결 관계의 문장을 잘 파악하는 것이 중요합니다.

01 유형 이해하기

※ 다음을 읽고 (   )에 들어갈 내용으로 가장 알맞은 것을 고르십시오.

> 때로는 사람들을 만나서 대화를 하는 것보다 자기 자신과 대화를 하는 것이 중요할 때가 있다. 다른 사람의 이야기만 듣다보면 자기가 정말로 무엇을 좋아하는지 모르는 경우도 있다. 지나치게 다른 사람의 이야기만 듣는 것은 자기 자신의 가치관을 만드는 데에도 도움이 되지 않는다. 스스로 생각하는 일은 (   ) 그렇기 때문에 더 신중하게 일을 처리하는 것에도 도움이 된다.

① 생각하는 일이 어렵다는 것을 알고 쉽게 포기하게 만든다.
② 혼자서 판단하는 능력을 길러주고, 책임감도 키워 줄 수 있다.
③ 자기 자신에게 스트레스가 될 수도 있기 때문에 위험한 일이다.
④ 다른 사람을 무시하거나 다른 사람의 의견을 존중하지 않는 것이다.

※ 다음을 읽고 (   )에 들어갈 내용으로 가장 알맞은 것을 고르십시오.

> 주말 동안 가까운 공원을 찾아 가족이나 친구들과 산책도 하고, 배드민턴도 치면서 시간을 보내는 사람들이 늘어나고 있다. 건강도 챙기고 마음의 여유를 찾을 수 있는 장점이 있기 때문이다. (   ) 사람들이 늘면서 쓰레기 문제나 소음 등 발생하는 문제점도 적지 않다. 즐거운 시간을 보내러 간 것이니만큼 이웃에게 불편을 주거나 자연을 해치는 일 없이 안전하게 시간을 보내고 올 수 있도록 신경을 써야 할 것 같다.

① 마침 　　　　　② 그리고 　　　　　③ 반면 　　　　　④ 오히려

첫 번째 유형을 풀 때는 먼저 전체 글에서 말하고자 하는 주제를 먼저 파악하는 것이 필요합니다. 예를 들어 예시 문제에서 이 글의 주제는 '다른 사람의 말도 중요하지만 나 자신과의 대화도 중요하다.'입니다. (   )에 들어갈 문장을 먼저 생각하지 말고, 전체 주제를 찾은 뒤 보기에 제시된 문장을 하나씩 살펴보는 순서로 푸는 것이 좋습니다. 이런 방식은 '주제 찾기' 유형을 위해서도 꼭 필요한 연습 방법입니다. 전체 글을 읽고, 주제를 찾았다면 괄호 앞과 뒤 문장을 한두 번 더 읽어보는 것이 중요합니다. 다른 괄호 넣기 문제와 마찬가지로 보기를 보고 고르기 전에 머릿속으로 들어갈 내용을 먼저 추측한 뒤 보기를 보는 것이 좋습니다.

02 유형 연습하기

2.1. 해설이 있는 친절한 유형 연습

1 다음을 읽고 (   )에 들어갈 내용으로 가장 알맞은 것을 고르십시오.

> 사람은 말로 이야기를 하지만 몸으로도 많은 이야기를 한다. 가령 미국에서 사과를 할 때 눈을 보지 않고 이야기하면 이상한 사람으로 오해 받기 쉽다. 그렇지만 한국에서는 사과를 할 때 그 사람의 눈을 계속 보면 사과를 할 마음이 없는 것으로 생각하는 사람들이 많다. 태국 사람들은 공적인 자리에서 실수나 잘못을 했을 때 웃는 경우가 많은데 이 역시 한국에서는 자신의 실수를 대충 넘기려는 행동으로 오해 받을 수 있다. 물론 시간이 지나면서 (   ) 웃으면서 넘어갈 수 있는 것이지만 서로의 문화를 모를 때에는 큰 오해를 불러일으킬 수도 있다.

① 오해한 것을 알게 되면　　　　② 모든 것을 잊고 싶으면

③ 눈을 보면서 이야기하면　　　　④ 서로의 문화를 알고 싶으면

문제 풀이

정답은 ①번입니다. 사람은 말로만 이야기를 하는 것은 아니고 몸으로도 이야기를 하게 되는데 이를 소홀히 하다보면 오해하기 쉽다는 내용입니다. 그러나 시간이 지나고 문화의 차이 때문이라는 것을 이해하게 되면 자연히 넘어갈 수 있는 문제라는 내용을 담고 있습니다.

2.2. 실전 연습

1 다음을 읽고 (   )에 들어갈 내용으로 가장 알맞은 것을 고르십시오.

> 지난번에 지방을 한 달 동안 돌아다닌 적이 있다. 여행지에서 다른 여행지로 여행을 하는 동안 늘 오늘 밤은 어디서 잘까 하는 고민을 했었다. 어떤 날은 쉽게 잠자리를 구할 수 있었지만 어떤 날은 본래 자려고 한 호텔이 발 디딜 틈도 없이 붐벼서 못 잔 적도 있다. 밤도 늦었고 근처에 다른 호텔도 없어서 아침까지 호텔 로비에 있는 소파에서 새우잠을 자기도 했다. 이렇게 여행 중에는 (   ). 꼼꼼하게 여행 리스트를 만들고 예약을 하면 이런 일들을 줄일 수 있겠지만 갑자기 생기는 많은 일들도 재미있는 추억이 된다. 이런 것이 여행의 참맛이 아닌가 싶다.

① 예약을 많이 해야 한다.　　　　② 기록을 하면서 다녀야 한다.
③ 편안하게 잠을 잘 수가 없다.　　④ 예상치 않은 많은 일들이 생긴다.

2 다음을 읽고 (   )에 들어갈 내용으로 가장 알맞은 것을 고르십시오.

> 밤에도 더운 날씨가 계속되는 열대야 현상 때문에 간단한 도시락이나 음료 등을 준비하여 한강 주변을 찾는 사람들이 많다. 특히 아름답기로 유명한 반포 대교 부근에는 다리에서 무지개 빛깔의 분수가 뿜어져 나오는 광경을 보러 나온 연인들과 가족들 그리고 사진작가들이 (   ) 한 여름 밤의 더위도 식히고 있다. 이에 따라 매점뿐 아니라 근처 식당에서 중국 음식까지 배달시켜서 먹는 등 새로운 풍속들이 속속 등장하고 있어서 한강을 놀러온 사람들에게 색다른 재미를 주고 있다고 한다.

① 즐거운 시간도 보내고　　　　② 어울려 테니스를 치고
③ 분수에 들어가 놀기도 하면서　④ 열대야 현상에 대해 이야기하며

3 다음을 읽고 (   )에 들어갈 내용으로 가장 알맞은 것을 고르십시오.

> 오늘은 서울로 이사를 하는 날이었다. 이사하기 한 달 전부터 달력에 적어 놓고 준비를 잘 한다고 했는데도 이사 당일이 되어서야 이사를 담당하는 분들에게 이야기가 잘못 전달되었다는 것을 알게 되었다. 분명히 3월 셋째 주라고 말씀드렸는데 담당자분은 넷째 주가 아니냐고 하면서 지금은 예약이 되어 있지 않다는 말만 되풀이했다. 여기저기 다른 이삿짐센터에 전화를 해서 10시가 넘어서야 짐을 싸기 시작했고 6시가 넘어서야 이사가 끝났다. 미처 제 자리를 찾지 못한 짐들도 아직 (   ). 앞으로 다시 이사를 하게 된다면 담당자 분을 미리 만나서 이야기를 해야겠다는 생각이 들었고 주변에 물어서 믿을 만한 이삿짐센터에서 이사를 하고 싶다.

① 여기저기에 쌓여 있다.　　　　② 냉장고에 넣지 못했다.
③ 이삿짐센터에 가야한다.　　　　④ 이곳저곳을 찾아서 놓아두었다.

4 다음을 읽고 (   )에 들어갈 내용으로 가장 알맞은 것을 고르십시오.

> 요즘 국어를 잘 하는 외국인을 흔히 볼 수 있게 되었다. 시장에서 물건 값을 깎거나 식당에서 반찬을 더 달라고 하는 외국인은 물론 학교나 직장에서 또는 거리에서 한국인들과 이야기를 나누거나 토론을 하는 외국인들도 이제 그리 낯선 풍경이 아니다. 그런데 이렇게 한국말을 잘하는 외국인들조차 거절해야 하는 상황에서는 어려움을 겪게 되거나 심지어 거절을 못 해서 원하지 않던 일을 (   ). 가령 한국 회사에 다니고 있는 흐엉 씨의 경우는 직장 동료가 자기의 일을 거들어 달라고 했는데 거절을 못해서 도와주고 나니 정작 자신의 일은 잘 하지 못했다고 한다. 거절하기는 한국 사람조차 쉬운 일이 아님을 생각하면 이들이 겪는 고충이 더 크게 느껴질 수 있을 것이다. 상대방에게 부담감을 주지 않으면서 부드럽게 거절하는 방법을 익히는 것도 한국 생활을 즐겁게 할 수 있는 한 방법이 될 것이다.

① 거절하는 일이 흔히 있다고 한다.
② 하게 되는 경우조차 있다고 한다.
③ 거들어 주는 동료가 있어야 한다고 말한다.
④ 불평과 불만을 혼자 이야기하는 습관이 있다고 한다.

5 다음을 읽고 (   )에 들어갈 내용으로 가장 알맞은 것을 고르십시오.

> 요즘 우리 사회 현상을 잘 드러내는 말 중에 '스펙'이라는 말이 있다. 영어 단어에서 온 말이지만 2004년에 신조어로 등록되었을 만큼 구직자들 사이에서 흔히 쓰이는 말이다. 스펙에 들어가는 것은 학력, 학점, 영어 점수와 자격증 등인데 회사에서는 신입 사원을 뽑을 때 이력서나 자기소개서에 기록된 스펙을 보면서 직원을 뽑게 된다. 그런데 문제는 회사에서 필요한 인재는 경쟁력이 있어야 할 뿐만 아니라 동료들과도 화합할 수 있는 사람이어야 한다는 것이다. 그래서 요즘에는 스펙 외에도 작은 모임으로 나누어 함께 과제를 해결하거나 술을 마시는 등 다양한 면접 방식을 도입해 (   ).

① 우리 사회의 문제점을 나타내고 있다.
② 좋지 않은 직장 문화를 이어가고 있다.
③ 스펙을 모두 갖추었는지 살펴보고 있다.
④ 회사가 원하는 참된 인재를 뽑으려고 노력하고 있다.

 다음을 읽고 (   )에 들어갈 내용으로 가장 알맞은 것을 고르십시오.

> 공부를 많이 한 사람이 대우를 받기 시작한 지는 인류의 역사에서 볼 때 긴 시간이 아니다. 오히려 계급이나 계층에 대한 인식인 분명했던 조선시대까지는 보통 사람이 공부를 한다는 것은 쉬운 일이 아니었다. 그들은 공부를 계속할 만큼 여유로운 삶을 살지 못했고 또 공부를 많이 했다고 해서 자신의 신분이나 지위가 바뀔 수 있다고 기대하기는 어려웠다. 또 어려운 여건을 이겨내고 훌륭한 업적을 남겼음에도 불구하고 (   ) 한글에 기억, 니은 등의 이름을 붙인 최세진 역시 이런 사람 중에 한 명이다. 그는 중국어에 능통하여 통역관으로 큰 역할을 했음에도 불구하고 비난을 받아 자신의 자리에서 물러나야 하는 일이 한 두 번이 아니었다고 한다. 그래서인지 그는 자신을 능가할만한 제자를 키우지 못했고 중국과 외교적인 문제를 해결할 때도 어려움을 겪었다.

① 비난을 받는 경우조차 있었다.

② 중요한 역할을 하고 싶어 하지 않았다.

③ 늘 중요한 역할을 맡아 능력을 발휘했다.

④ 신분이나 지위를 바꾸지 못하는 경우가 많았다.

7 **다음을 읽고 (   )에 들어갈 내용으로 가장 알맞은 것을 고르십시오.**

> 고혈압은 혈압이 정상보다 높은 증상으로 여름보다는 추운 겨울에 더 위험하다고 한다. 또 짠 음식이나 고기를 많이 먹을수록 병이 생길 확률이 더 높다. 고혈압인 사람은 음식을 싱겁게 먹거나 야채를 많이 먹고 하루에 30~40분 정도 운동을 하는 것이 좋다. 운동을 할 때는 추운 겨울이나 이른 아침을 피해 걷거나 수영과 같은 (   ). 또 병원에 가거나 약을 먹는 것만으로 안심하기보다는 매일매일 자신의 건강을 스스로 관리하는 습관을 만드는 것이 좋다.

① 운동은 도움이 되지 않는다.

② 운동을 통해 검사를 해야 한다.

③ 운동을 하면 고혈압에 매우 해롭다.

④ 가벼운 운동을 꾸준히 하는 것이 필요하다.

8 다음을 읽고 (   )에 들어갈 내용으로 가장 알맞은 것을 고르십시오.

> 작은 모임을 운영하거나 큰 기업을 경영하거나 하면 많은 것을 결정 내려야 한다. 그렇다 보니 아무리 객관적이고 합리적인 판단을 내리려고 해도 그 결정이 쉽지 않을 때도 있다. 이럴 때는 전문가의 조언이 필요한데 다른 사람의 의견을 들을 때에는 자신의 편견을 버리고 그 사람의 입장에서 진심으로 생각해야 한다. 이런 방식으로 생각의 방향을 바꿔 봄으로써 (   ).

① 결론을 예상할 수 있게 된다.
② 조언에 반대할 수 있게 된다.
③ 전문가가 모임을 운영하게 된다.
④ 사고에 변화를 이끌어 낼 수 있다.

9 다음을 읽고 (   )에 들어갈 내용으로 가장 알맞은 것을 고르십시오.

> 인터넷에서 쇼핑을 하는 사람들이 많다. 이렇게 인터넷 쇼핑을 선호하는 이유로는 먼저 이곳저곳을 다니면서 힘들게 물건 값을 비교하지 않아도 쉽게 가격을 비교하고 저렴하게 물건을 구입할 수 있기 때문이다. 또한 집까지 구입한 물건을 배달해 주기 때문에 매우 편리하다. 반면에 직접 물건을 보고 구입하는 것이 아니기 때문에 주문을 하기 전에 물건의 크기나 용도 또는 후기 등을 꼼꼼히 살펴보아야 (   ). 물론 이런 경우에도 물건을 반품할 수 있지만 물건을 돈으로 되돌려 받을 때도 일정 정도의 수수료를 내야 하므로 이런 부분까지 미리 고려하여 구입하여야 한다.

① 물건이 제 때에 배달될 수 있다.
② 후회하지 않는 구입이 될 것이다.
③ 똑같은 물건을 구입하지 않게 된다.
④ 인터넷 쇼핑의 가장 큰 장점이 된다.

10 다음을 읽고 (   )에 들어갈 내용으로 가장 알맞은 것을 고르십시오.

> 춥고 먹을 것이 없는 상황에서 겨울을 나야하는 동물들이 겨울을 나는 방법에는 여러 가지가 있다. 그 중에 대표적인 것 중 하나가 겨울잠이다. 개구리나 뱀과 같이 밖에 기온이 내려가면 자신의 체온도 내려가면서 겨울잠을 자는 동물도 있고 곰과 같이 음식을 많이 먹은 후 쌓여 있는 지방을 이용해 겨울을 나는 동물도 있다. 그밖에 작은 다람쥐와 같은 동물은 먹을 음식을 보관해 둔 후에 겨울잠을 자는 틈틈이 깨어나서 그 음식을 먹는다고 한다. 즉 (   ) 깊이 겨울잠을 자는 동물과 얕게 겨울잠을 자는 동물로 나뉜다.

① 개구리나 뱀이 어디에서 사느냐에 따라

② 겨울에는 먹을 음식이 매우 부족하기 때문에

③ 음식을 먹기 위해 중간에 깨어나는지, 그렇지 않은지에 따라

④ 모두 똑같이 겨울잠을 자더라도 잠을 자는 동물의 크기에 따라

11 다음을 읽고 (   )에 들어갈 내용으로 가장 알맞은 것을 고르십시오.

> '다 된 밥에 숟가락만 얹어 놓는다'는 말이 있다. 남이 미리 어느 정도 해둔 일에 도움을 받을 때 주로 쓰는 말이다. 가령, 정부에서 전국에 어르신들을 위한 시설을 설치한다고 할 때 세금을 많이 낸 사람뿐만 아니라 세금을 내지 못한 사람도 그 혜택을 입게 된다. 이런 경우는 그 사회에 속한 사람 모두가 조금씩 사회의 어려움을 나누어 갖는다는 점에서 정의롭다고 생각하는 사람이 많을 것이다. 그러나 작은 집단에서도 똑같이 생각할까? 가령 5명 중 1명은 매우 열심히 일하고 2명은 거의 일하지 않았는데도 이익을 똑같이 나눈다면 (   ).

① 이 또한 혜택을 정의롭게 나눈 것이다.

② 어쩔 수 없다고 체념할 수밖에 없을 것이다.

③ 이 또한 정의롭지 못하다고 생각할 수 있다.

④ 기회를 공평하게 주지 않았다고 생각해야 할 것이다.

12 다음을 읽고 (   )에 들어갈 내용으로 가장 알맞은 것을 고르십시오.

> 직장 상사의 심한 말, 고객으로부터 끊임없이 걸려오는 불평 전화 등은 스트레스를 유발한다. 이런 상황이 계속 되면 일에 대한 자신감이 떨어지고 심한 경우 우울증까지 걸릴 수 있다. 이럴 때는 속으로 화를 내기 보다는 입장을 바꿔서 생각해 보는 연습이 도움이 된다. 즉, (   ) 등 타인의 감정을 자신의 감정처럼 받아들임으로써 스트레스를 어느 정도 줄일 수 있을 것이다.

① 다른 생각을 하거나 못 들은 척하는

② 타인이 화를 내면 같이 화를 내거나 소리를 지르는

③ 상대방에게 들은 안 좋은 말을 잊어버리려고 노력하는

④ 상대방의 요구를 정확히 이해하려는 노력이나 고객의 입장에서 생각해 보기

13 다음을 읽고 (   )에 들어갈 내용으로 가장 알맞은 것을 고르십시오.

> 도시에서 사는 사람들이 색다른 휴가를 즐기기 위해 시골로 떠나고 있다. 이들은 주말 농장이나 봉사활동 등을 통해 농촌 생활을 직접 경험하려고 한다. 땀을 흘린 후에 휴식이 주는 달콤함이나 직접 키운 유기농 야채를 먹을 수 있다는 설렘 등으로 몇 시간이나 일해야 하는 고통도 마다하지 않고 즐길 수 있다고 입을 모은다. 또 심는 시기나 관리하는 방법 등 정보를 공유하고 이웃과 서로 도와주면서 일하는 것을 통해 (   )을 경험할 수 있다.

① 농사가 아니라도 얻을 수 있는 정보

② 이웃이 불편하게 하지 않는 생활

③ 도움이 없다면 잘 할 수 없는 농사일

④ 도시 생활에서 경험하기 어려운 연대감

14 다음을 읽고 (   )에 들어갈 내용으로 가장 알맞은 것을 고르십시오.

> 문화란 무엇일까? 사전적 정의로는 문화란 자연 상태에서 벗어나 삶을 풍요롭고 편리하고 아름답게 만들어 가고자 사회 구성원에 의해 습득, 공유, 전달이 되는 행동 양식이다. 즉 사람이 이룬 모든 것을 문화라고 할 수 있는 것이다. 그런데 이 문화는 그 사회에 속한 사람들이 오랫동안 함께한 것이라서 그 안에 속해 있는 사람들은 모두 받아들이고 있지만 서로 다른 집단에 속한 사람들은 각자의 문화를 이해하고 적응하는 것은 쉽지 않다. 그래서 (   ). 이런 과정을 통해서 다르게만 느껴졌던 다른 나라의 문화에 담겨 있는 지혜를 배우고 적용할 수 있을 것이다.

① 원래부터 다른 사람들이라고 생각하고 체념해야 한다.

② 늘 지혜로운 사람을 찾아가서 조언을 구하는 것이 좋다.

③ 부당하다고 느꼈을 때는 자신의 의견을 주장해야 한다.

④ 의식적으로 다른 나라의 문화를 이해하려는 노력이 필요하다.

15 다음을 읽고 (   )에 들어갈 내용으로 가장 알맞은 것을 고르십시오.

> 교사는 가르치는 재능이 있는 사람이고 의사는 다른 사람을 치료하는 재능이, 그리고 가수는 노래를 잘 부르는 재능이 있는 사람들이다. 요리사, 운동선수 컴퓨터 프로그래머 등 거의 모든 직업이 우리 사회에 꼭 필요한 재능을 필요로 한다. 그런데 우리 사회에는 가정 형편이 어려워서 의료 혜택이나 문화, 지식을 배우기 어려운 사람들이 많이 있다. 이런 사람들을 위해 (   ) 것을 재능기부라고 한다.

① 재능을 쉽게 베푸는 것을

② 무료로 자신의 재능을 나누어 주는

③ 쉽게 배우기 어려운 지식을 배우는 것을

④ 각기 자신의 직업에서 열심히 일하는 것을

2.3. 문형 공부하기

1 ┃ **–다고 하다**

앞 문장을 간접적으로 인용할 때 사용하는 표현이다

| 문·장·만·들·기 |

---

2 ┃ **–ㄹ수록, –을수록**

앞 문장이 계속 되풀이되면서 점점 정도가 심해짐을 나타내는 표현이다.

| 문·장·만·들·기 |

---

3 ┃ **–ㄴ 듯, –는 듯, –은 듯**

동사, 형용사, 이다/아니다, 있다/ 없다와 결합하여 짐작이나 추측을 나타내는 표현이다. '–(으)ㄴ/는 것 같다'와 동일한 자리에서 활용한다

| 문·장·만·들·기 |

2.4. 어휘 공부하기

	어휘	의미	문장 만들기	비슷한 말/반대말
1	객관적			반 주관적
2	검진			비 진찰
3	결정			비 결단, 판정
4	경력			비 이력, 경험
5	경영자			비 운영자
6	고객			비 손님
7	고혈압			반 저혈압
8	구입			비 구매 반 판매

03 유형 활용하기

■ 글쓴이에게 질문하기[5]

길잡이 글쓴이에게 질문하기 방법은 단순히 글쓴이를 이해하고, 질문하는 것에서 끝나는 것이 아닙니다. 문제에서 제시한 질문 외에도 여러분은 보기의 글을 읽으면서 몇 가지의 새로운 질문을 만들 수 있습니다. 또 읽은 내용에 대해 다른 사람과 토론과 토의를 해 볼 수도 있습니다. 중요한 것은 토의나 토론 이후에 다시 한 번 이 글을 읽어보는 것입니다.

※ 다음 글을 읽고 질문에 답하고, 새로운 질문도 만들어 보십시오.

좋은 친구 세 사람만 있다면 세상을 다 가진 것과 같다는 말이 있다. 인생에서 그만큼 자신과 잘 맞는 친구를 만나는 일이 쉽지 않다는 의미일 것이다. 우리는 학교를 다니거나 직장 생활을 하면서 많은 사람을 만나고, 그 사람들과 새로운 관계를 맺는다. 하지만 모든 사람들과 좋은 관계를 맺는 것은 아니다. 오히려 새로운 관계로 인해 더 많은 고민과 걱정이 생기기도 하니 새로운 사람을 만나고 관계를 맺는 것을 어려워하는 사람도 있다.

사람들과의 관계가 어렵고, 모든 사람들과 가깝게 지내기 어려운 이유는 무엇일까? 그것은 내가 바라는 다른 사람의 모습이 누구에게나 있기 때문이다. 직장에 들어가서 직장 상사로서 만나는 사람에게 우리는 보통 이런 기대를 하게 된다. '가족처럼 따뜻하게 대해주면 좋겠다.', '일을 잘 가르쳐주면 좋겠다.', '모든 일에 친절하게 대해주면 좋겠다.', '불필요한 일을 시키지 않으면 좋겠다.' 등 우리가 상사에게 바라는 상사의 모습은 여러 가지 모습이 있을 수 있다. 하지만 정말 회사에 들어갔을 때 우리가 바라던 상사의 모습만 있는 것은 아니다. 오히려 회사에서 단체 생활을 하다보면 우리가 생각했던 상사의 모습과는 정반대의 모습을 더 많이 경험할 수도 있다. 친구를 대할 때나 선생님을 대할 때, 선배나 후

---

5 Isabel Berk & Margaret McKeown (2006), Questioning the Author 참조

배를 대할 때도 마찬가지이다. 우리가 생각하는 친구나 선생님의 모습과 실제 그 사람의 성격은 다를 수도 있다. 아니 어쩌면 다른 것이 맞는 것일 수도 있다. 세상에는 다양한 사람들이 살고 있고, 모든 사람이 내가 생각하는 것과는 다를 수 있다는 것을 우리는 종종 잊어버리곤 한다.

　사람들과의 관계를 좋게 하는 특별한 방법이 있는 것이 아니다. 내가 가지고 있는 선입견을 버리고, 내가 만나는 그 사람의 있는 모습 그대로를 인정해 주는 것부터 시작할 수 있다. 그럴 때 그 사람의 단점이나 내가 좋아하지 않는 부분도 이해하고 받아들일 수 있는 것이다. 물론 그렇다고 모든 사람과 잘 지낼 수 있는 것은 아니다. 하지만 있는 그대로 그 사람을 바라보는 행동을 통해서 최소한 그 사람을 오해하거나 내 기준으로 판단하는 일은 하지 않게 될 것이다.

글쓴이의 의도를 알기 위한 질문

1. 이 글의 글쓴이는 사람들과의 관계가 어려운 이유에 대해 어떻게 설명하고 있습니까?

2. 이 글의 글쓴이는 좋은 관계를 위해 무엇이 필요하다고 설명하고 있습니까?

토론과 토의를 위한 질문

1. 인생에서 사람들과의 관계가 중요한 이유는 무엇입니까?

2. 이 글에서 말하는 방법 외에 사람들과의 관계를 위해 필요한 일은 무엇이 있습니까?

3. (새로운 질문을 만들어 보세요)

4. (새로운 질문을 만들어 보세요)

 **주제 또는 중심 생각 고르기**

'주제 또는 중심 생각 고르기' 유형은 제시된 글에서 나타내고자 하는 가장 중점적인 내용을 파악하는 것입니다. 먼저 빠르게 훑어 읽기를 하면서 전체적인 내용을 파악한 후에 선택지를 보며 주제나 중심 생각을 파악하는 것이 효율적입니다.

 **유형 이해하기**

주제와 중심 생각을 찾는 문제는 꾸준히 책이나 읽기 자료를 보면서 연습을 하는 것이 가장 좋은 방법이며, 문제만 푸는 것은 크게 도움이 되지 않습니다. 주제와 중심 생각 찾는 문제는 앞서 살핀 것과 같은 '생각 고르기' 유형과 보기 성격이 다릅니다. 문제를 푸는 학생들이 보기를 보고, 맞는 것을 그냥 고르는 경우가 있는데 '주제 또는 중심 생각 고르기' 문제의 보기는 대부분 본문의 내용과 일치하는 내용이기 때문에 주의할 필요가 있습니다. 본문과 일치하는 내용을 고르는 것이 아니라 본문의 주제를 찾아야 한다는 점을 반드시 기억하시기 바랍니다.

※ 다음 글의 주제로 가장 알맞은 것을 고르십시오.

> 대학을 졸업하고 취업을 하기 위해서는 반드시 이력서를 써야 한다. 이력서는 자기가 졸업한 학교, 경력 등을 다른 사람이 알아보기 쉽게 적는 글을 말한다. 이력서를 쓰는 일은 다른 사람에게 나를 평가받기 위해서 쓰는 것이지만 내가 살아온 과정을 살펴보는 일이 되기도 한다. 현재 나에게 필요한 것이 무엇이고, 앞으로 무엇을 더 준비해야 하는지 알게 해준다. 취업을 위해 필요한 서류 역할도 하지만 앞으로 무엇을 더 준비해야 하는지 알 수 있게 해주는 나침반 역할을 하기도 한다. 그렇기 때문에 서류를 제출하기 위해서만 이력서를 쓰지 말고 가끔씩 자기 자신을 알기 위해 이력서를 쓰는 것도 필요하다.

① 사람들은 보통 취업을 하기 위해 이력서를 쓴다.

② 이력서에는 자신의 학력이나 경력 등을 적는다.

③ 이력서를 통해 다른 사람이 나를 평가하기도 한다.

④ 이력서를 쓰는 일은 앞으로의 계획과 준비에도 도움이 된다.

예시 문제에서도 정답은 ④번이지만 ①번이나 ②번, ③번도 틀린 것은 아니기 때문에 문제를 풀 때 주의할 필요가 있습니다. 보기 가운데 본문과 다른 내용을 먼저 찾아서 제외하고, 같은 내용의 보기 중에서 전체 주제에 더 적합한 대표 문장을 찾는 것이 중요합니다.

 **유형 연습하기**

2.1. 해설이 있는 친절한 유형 연습

1 이 글의 중심 생각을 고르십시오.

> 스트레스와 환경오염이 심해짐에 따라서 탈모로 고민하고 있는 사람들이 많아지고 있다. 보통 머리카락은 하루에 40~50개 정도 빠지는데, 80개~100개 정도가 빠진다면 탈모가 진행되고 있는 것으로 볼 수 있다. 평소에 모발 건강에 효과적인 식품을 꾸준히 먹다 보면 비싼 발모제를 사용하지 않아도 탈모를 예방할 수 있다. 호두, 계란, 검은콩 등이 탈모를 예방할 수 있는 식품이다. 그리고 탈모가 더 심해질까 걱정돼서 머리를 잘 안 감는 것보다는 머리를 감아 깨끗한 두피를 유지하도록 하는 것이 좋다. 마지막으로 하루에 5분 정도 세 번씩 손가락 끝부분을 이용해 머리를 가볍게 두드리거나 눌러주는 두피 마사지를 하면 효과적이다.

① 탈모 때문에 요즘 현대인들은 고민이 많다.
② 탈모와 스트레스, 환경오염은 관련성이 적다.
③ 탈모가 일어나면 효과적인 발모제를 사용한다.
④ 탈모를 예방하기 위해서 평소에 노력해야 한다.

문제 풀이

정답은 ④번 '평소에 탈모를 예방하기 위해서 노력해야 한다.'입니다. 글의 내용을 보면 요즘 많은 사람들이 스트레스와 환경오염으로 인해서 탈모를 고민하고 있는데 평소에 탈모에 좋은 식품 섭취하거나 두피 마사지 등을 통해서 탈모를 예방하는 생활습관을 갖는 것이 중요하다는 것에 대해서 말하고 있습니다.

2 다음 글의 주제로 가장 알맞은 것을 고르십시오.

> '도서정가제'란 출판사가 판매를 목적으로 도서를 발행하는 경우 도서에 정가를 표시하고, 판매자는 최종 소비자에게 표시된 정가대로 판매하도록 하는 제도를 말한다. 현재 도서정가제는 프랑스·독일·스위스·일본 등 16개 국가가 시행하고 있다. 시행 목적은 저렴한 책이 베스트셀러가 되는 등 가격 중심의 왜곡 현상이 발생하는 것을 막고, 혼탁한 출판 시장을 안정시키기 위해서다. 인터넷 서점을 중심으로 이뤄지는 지나친 가격 경쟁을 막겠다는 취지다. 그리고 할인을 전제로 비교적 높게 책정된 '책값 거품'을 걷어내겠다는 뜻도 담겨 있으며, 영업 위기에 내몰린 동네의 영세한 서점을 보호하기 위한 의미도 있다.

① '도서정가제'를 시행함으로써 출판사는 다양한 도서를 출판할 수 있다.
② '도서정가제'를 시행하면 더 이상 저렴한 가격에 책을 구입할 수 없다.
③ '도서정가제'는 다른 여러 선진국과 같이 시행해야 책값을 표준화할 수 있다.
④ '도서정가제'는 책값을 안정화하고 영세한 서점의 위기를 살리기 위해 필요하다.

문제 풀이

정답은 ④번 '도서정가제는 책값을 안정화하고 영세한 서점의 위기를 살리기 위해 필요하다.'입니다. 글의 내용에서 '도서정가제'를 실시하면 가격 중심의 왜곡 현상을 막는다, 책값 거품을 걷어내겠다, 영업 위기에 내몰린 동네의 영세한 서점을 보호하겠다 등을 보면 이 글에서 말하고자 하는 주제는 '도서정가제'가 책값의 안정화와 영세 서점을 살리는 데 필요한 제도라는 것을 알 수 있습니다.

2.2. 실전 연습

1 이 글의 중심 생각을 고르십시오.

> 최근 한글날을 앞두고 대학생을 대상으로 맞춤법에 대한 설문조사를 실시한 결과, 90%가 넘는 대학생들이 맞춤법 사용에 큰 어려움을 겪고 있다고 답했다. 요즘 우리의 맞춤법의 사용 실태를 살펴보면 인터넷 채팅, 휴대폰 문자 등 온라인에서 틀린 맞춤법을 사용하는 경우가 많다. 그리고 청소년 또래 집단에서는 올바른 맞춤법 사용을 오히려 꺼려하는 문화가 생겨나고 있다. 하지만 올바른 맞춤법을 사용하지 않으면 정확한 의사를 표현하거나 전달하기 어렵고 아름답고 과학적인 우리말 한글을 간직할 수 없다. 올바른 맞춤법 사용을 위해 맞춤법 사용 방법을 익혀야 한다. 그리고 올바른 맞춤법을 사용하려는 문화를 정착시켜야 한다.

① 맞춤법을 바르게 사용하기 위해서는 컴퓨터 사용을 줄이는 것부터 해야 한다.

② 맞춤법을 바르게 사용할 수 있도록 사용 방법을 배우는 문화를 자리 잡게 해야 한다.

③ 맞춤법을 올바르게 사용을 하지 않더라도 의사를 정확하게 전달하는 데는 문제가 없다.

④ 맞춤법을 올바르게 사용하는 것에 대해 청소년들보다 성인들이 꺼리는 문화가 정착되었다.

2 이 글의 중심 생각을 고르십시오.

> 　문화란 한 사회나 집단이 가지고 있는 독특한 생활 방식을 말한다. 각 나라의 문화에 따라 인사법이나 식사 예절, 아름다움을 보는 기준 등 사람들의 생각이나 행동이 다양하다. 하지만 문화의 다양함은 '어떤 문화가 더 우수하고 그렇지 않은가'가 아니라 '차이'일 뿐이다. 각 나라의 모든 문화는 오랜 역사를 두고 만들어져 온 유산이기 때문에 그 자체로서 존중받아야 한다. 다른 문화를 존중할 수 있어야 우리 문화도 존중 받을 수 있다. 이를 위해 다양한 문화를 직접 또는 간접적으로 경험해 본 후에 다른 나라의 문화를 배우고 좋은 점을 받아들이려는 노력과 자세가 필요하다. 그래야 다른 나라의 사람들도 우리나라의 문화에 관심을 가지고 좋은 점을 배우려고 할 것이다.

① 문화는 직접 경험해 봄으로써만이 우수성을 알고 배우려고 할 것이다.
② 문화를 다른 나라와의 교류의 한 방편으로 여기고 서로 받아들여야 한다.
③ 문화는 나라마다 다르므로 어떤 문화가 우수한지에 대한 파악도 필요하다.
④ 문화는 나라마다 다르므로 좋은 점은 배우고 받아들이는 자세가 바람직하다.

3 이 글의 중심 생각을 고르십시오.

요즘 집에서 애완동물을 기르는 사람들이 부쩍 늘었다. 하지만 이들 중에는 애완동물을 애지중지 기르다가 귀찮아지거나 동물이 병이 들면 내다버리는 사람들도 있다. 이렇게 버려진 동물들을 위해 서울시가 동물이 버림받기 전에 주인에게 넘겨받아 직접 보호하는 '반려동물 인수제도'를 도입할 계획이다. 이 제도는 버려진 동물들을 위한 일종의 '동물 고아원'을 만드는 것이다. 그런데 이 제도의 시행을 두고 찬·반 의견이 갈리고 있다. "주인에게 버려진 채 고통 받는 동물이 줄어들 것"이라는 찬성 쪽과 "이런 시설이 생기면 사람들이 동물을 더 쉽게 버릴 것"이라는 반대 쪽이 팽팽히 맞서고 있다고 한다. 이런 제도를 시행하여 동물을 보호하는 것도 필요하겠지만 우선 애완동물을 함부로 여기는 사고방식부터 개선해 나가야할 것이다.

① '반려동물인수제도'를 시행하더라도 버려지는 동물의 수를 줄일 수는 없다.
② '반려동물인수제도'의 시행을 두고 찬·반 의견이 갈리는 것은 당연한 일이다.
③ '반려동물인수제도'는 애완동물을 기르는 사람들의 요구로 시행 계획을 세웠다.
④ '반려동물인수제도'를 시행하기 전에 동물을 소중히 여기는 마음을 가져야 한다.

4 이 글의 중심 생각을 고르십시오.

> 수면 부족은 우리의 건강과 생활에 큰 문제를 불러일으킨다. 먼저 잠을 충분히 자지 못하면 두뇌가 제대로 활동하기 어렵다. 그리고 다음날 생활에 지장을 줄 뿐만 아니라 건강에도 문제를 가져온다. 전문가들은 하루 7~9시간은 자야 한다고 말한다. 이 시간보다 적게 자고 있다면 수면 부족이라고 볼 수 있다. 하지만 많이 자는 것보다 중요한 것은 잘 자는 것이다. 잠을 자기 직전까지 스마트폰을 사용하거나, 텔레비전을 보거나, 야식을 먹으면 깊이 잠들기 어렵다. 문제는 많은 사람들이 수면 부족의 심각성을 모른다는 것이다. 밤에 되도록 일찍 잠자리에 들고 잠자기 전에는 스마트폰이나 텔레비전을 멀리하는 습관을 들이는 것이 좋다.

① 수면 부족으로 인해서 생활에 지장을 받는 경우가 많다.

② 사람들은 수면 부족의 심각성은 알지만 쉽게 고치지 못한다.

③ 건강을 위해서는 잘 자는 수면 습관을 가지는 것이 바람직하다.

④ 바람직한 수면 습관은 잘 자는 것도 중요하지만 충분히 자는 것이다.

5 이 글의 중심 생각을 고르십시오.

> 제주도의 경우 유네스코 문화유산에 기록되면서 세계 여러 나라 사람들이 아름다운 제주도의 자연적 가치를 높이 평가하고 실제로 외국 관광객의 숫자도 증가하였다. 우리나라 사람들도 문화유산에 오른 제주도를 자랑스러워하고 보존하려고 보다 더 적극적으로 노력하고 있다. 이처럼 유네스코에 기록되면 학술적 가치와 보존 가치를 인정받고 지구의 땅을 연구하는 데 도움이 되며 관광자원적인 가치를 지니게 된다. 따라서 소중한 우리의 유산을 보호하기 위해서는 유네스코에 기록하는 등 유산의 가치를 인정받아 보존, 연구할 수 있는 방법을 적극 활용해야 한다. 또한 문화유산의 지속적인 홍보를 통하여 유산의 가치를 국민들이 알고 보호하는 마음을 갖도록 해야 할 것이다.

① 유네스코 문화유산에 제주도가 기록되면서 관광객의 수가 증가하였다.

② 문화유산을 보호하고 가치를 알려고 하는 마음을 가지는 것이 필요하다.

③ 유네스코 문화유산에 기록된 문화재는 더욱 더 관심을 가져야 할 것이다.

④ 문화유산을 홍보하기 위해서는 유네스코 문화유산에 기록하여 올리는 방법이 좋다.

6　다음 글의 주제로 가장 알맞은 것을 고르십시오.

　　예전부터 책을 많이 읽는 것은 우리 생각의 폭도 넓혀주고 지식도 쌓을 수 있기 때문에 좋다고 하였다. 그래서인지 요즘 좋은 책을 많이 읽으려는 움직임이 보이고 있다. 특히 가을은 독서의 계절이라는 말 때문인지 다른 계절에 비해서 가을에 서점의 매출이 증가한다고 한다. 하지만 아직까지 책과 친해지지 못하고 시간이 없다는 핑계로 책과 점점 멀어지고 있는 사람들도 있다. 독서를 하면 얻을 수 있는 장점으로는 사고력과 상상력이 길러지고, 다양한 간접적인 경험을 통해 이해력이 높아진다. 또한 지식과 새로운 정보를 얻을 수 있을 뿐만 아니라 자기 개발도 할 수 있다. 독서를 언제 해야겠다는 마음을 먹는 것보다는 평소에 독서를 습관화 하면 좋을 것이다.

① 독서를 하면 얻을 수 있는 것이 많으므로 습관화 하는 것이 좋다.

② 가을에는 책을 읽는 사람들이 증가하므로 서점의 매출도 증가한다.

③ 독서는 장점도 많이 있지만 단점도 많으므로 책을 잘 선별해야 한다.

④ 예전에 비해서 요즘 사람들이 책을 많이 읽는 현상은 매우 바람직하다.

7 다음 글의 주제로 가장 알맞은 것을 고르십시오.

우리 주변에는 불굴의 의지로 장애를 극복하고 자신의 꿈을 이룬 사람들이 많다. 이들의 경우를 살펴보면 장애란 단지 불편에 지나지 않음을 알 수 있다. 장애를 가졌으니 "못 할 거야", "부족할 거야"가 아니라는 것을 보여준 많은 인물들은 우리에게 더 큰 감동을 준다. 우리는 길을 가다가 우연히 장애인을 보게 되면 "불쌍하다", "너무 안됐다" 등의 생각을 먼저 하게 된다. 심한 경우에는 장애인을 일부러 피해서 가는 사람들도 있다. 그런 사람들은 장애인에 대한 편견을 가졌기 때문에 이런 생각을 하는 것이다. 우리가 장애인과 함께 어우러지는 사회를 만들기 위해서 장애인은 우리와 다른 사람들이 아니라 몸이 조금 불편한 사람이라는 생각을 가지고 편견 없이 대하는 자세를 가지는 것이 바람직 할 것이다.

① 장애를 극복하고 성공한 사람들을 본받아야 한다.
② 장애인을 보면 적극적으로 돕는 자세를 가져야 한다.
③ 장애인에 대한 편견을 버리고 함께 어울리는 사회를 만들어야 한다.
④ 장애인은 몸이 불편한 사람이므로 늘 안쓰러운 마음을 가져야 한다.

8 다음 글의 주제로 가장 알맞은 것을 고르십시오.

> 요즘 우리 주변에서 다문화 가정을 이루고 사는 사람들을 흔히 볼 수 있다. 그러나 여전히 우리 사회에는 다문화 가정 아이들을 대할 때 색안경을 끼고 보는 경우가 많다. 이와 같은 시각은 다문화 가정의 아이들의 마음을 멍들게 하고 우리 사회에 적응할 수 있는 자신감을 잃게 만든다. 다문화 가정의 아이들은 아버지와 어머니의 나라가 다르기 때문에 다른 문화 속에서 살아가고 있다. 더군다나 한국 문화에도 적응해야 하기 때문에 여러 가지로 많은 고민을 안고 살아가고 있다. 앞으로 다문화 가정의 아이들도 우리 사회의 일원이라는 생각을 가지고 색안경을 끼고 보는 자세부터 버려야 할 것이다.

① 다문화 가정의 아이들을 위해서 적극적인 지원을 해야 한다.
② 다문화 가정의 아이들은 다양한 문화를 수용하고 배워야 한다.
③ 다문화 가정의 아이들도 우리 사회의 일부분이므로 동등하게 대해야 한다.
④ 다문화 가정의 아이들은 사회의 일원으로서 어디서나 자기의 몫을 다 한다.

9 다음 글의 주제로 가장 알맞은 것을 고르십시오.

> 점점 가면 갈수록 사람들이 걷기를 싫어해서 비만해지는 경우가 많아지고 있다. 질병관리본부가 지난해 약 22만 명에게 설문조사한 결과, 하루 30분 이상 걷기 운동을 일주일에 5일 이상 실천한 사람은 전체 중 38.2%에 그쳤다. 2008년 50.6%, 2010년 43.0%, 2012년 40.8%와 비교하면 갈수록 걷기 운동을 하는 사람이 줄고 있음을 보여준다. 살을 빼기 위해서는 걷기처럼 일상생활에서 쉽게 할 수 있는 운동을 꾸준히 해야 하는 것은 누구나 알고 있는 사실이다. 비만의 원인은 섭취하는 열량에 비해 사용하는 에너지가 적은 운동 부족에 있다. 따라서 에너지 사용이 많은 운동이나 이와 관련된 취미 생활을 규칙적으로 할 수 있도록 해야 한다. 또한 패스트푸드처럼 칼로리는 높으나 영양소가 적은 음식, 기름기가 많은 음식은 피하고 녹색 채소류와 해조류, 버섯류 등이 들어간 음식을 섭취해야 비만을 피하고 건강한 몸을 유지할 수 있다.

① 비만에서 벗어나기 위해서 가장 좋은 방법은 걷기를 생활화하는 것뿐이다.
② 비만을 일으키는 원인은 너무나 다양해서 벗어날 수 있는 방법은 아직 없다.
③ 비만은 건강에 안 좋으므로 적절한 운동과 식이요법으로 건강을 지켜야 한다.
④ 비만인 사람은 운동시간을 최대한 늘리고 음식의 양을 최대한 줄여야만 한다.

10 다음 글의 주제로 가장 알맞은 것을 고르십시오.

> 요즘 각 가정마다 청소년 자녀의 지나친 스마트폰 사용 때문에 갈등을 겪지 않는 곳이 거의 없을 정도이다. 지나친 스마트폰의 사용으로 인해서 가족 간의 유대관계가 점점 무너지고 있다는 것을 느낄 수 있다. 집에 들어서면서도 스마트폰을 하느라 인사를 대충 한다거나, 식사 도중 부모님과 눈도 마주치지 않고 스마트폰만 들여다보는 경우도 많다. 청소년 스마트폰 중독이 일으키는 가장 심각한 문제는 인간관계의 갈등인데 주로 채팅이 문제를 일으킨다. 스마트폰 이용을 막으려는 부모와의 갈등, 채팅을 통한 또래 간 갈등이 청소년에게 주는 상처는 매우 심각하다. 스마트폰을 안 하고는 살아갈 수 없다면 현명하게 이용하는 방법을 익혀야 한다. 스마트폰을 꼭 필요할 때만 사용하기로 결심하고 사용 시간을 점점 줄여나가는 것도 좋은 방법이 될 것이다. 그리고 가족끼리의 대화 시간을 늘리고 가족이 함께 할 수 있는 취미 생활 등을 찾아서 하는 것도 바람직하다.

① 가족 간의 유대관계와 청소년들의 스마트폰 사용량과의 관계는 무관하다.

② 스마트폰의 사용을 줄인다고 하더라도 가족과의 관계를 회복하기는 어렵다.

③ 스마트폰을 마음대로 사용하면서도 가족과의 관계를 얼마든지 회복할 수 있다.

④ 스마트폰의 사용을 줄이고 가족과의 시간을 늘려서 유대관계를 좋게 해야 한다.

11 다음 글의 주제로 가장 알맞은 것을 고르십시오.

> 요즘 동네에 있는 개인 병원 중에 폐업을 하는 곳이 늘어나고 있다. 하지만 대학 병원과 같은 종합 병원을 가보면 어느 곳이나 환자들로 붐비는 것을 쉽게 볼 수 있다. 이처럼 사람들이 동네에 있는 개인 병원을 찾지 않고 대학 병원이나 종합 병원에 가는 이유는 여러 진료과에서 의사의 진찰을 받을 수 있기 때문이다. 동네에 있는 개인 병원에 사람들이 외면하지 않고 다시 찾아오게 하기 위해서는 대책을 시급히 강구해야 한다. 환자들이 어떤 진료와 치료를 원하는지에 대해 조사를 하고 그들이 원하는 다양한 의료 서비스를 제공할 수 있도록 노력해야 할 것이다. 환자들이 신뢰할 수 있는 전문의끼리 모여서 세부적인 질환까지도 진찰하고 치료할 수 있도록 의료진을 구성하는 것도 하나의 방법이 될 것이다. 이런 노력들을 하지 않는다면 앞으로도 환자들은 동네 개인 병원을 찾는 일이 점점 줄어들 것이고 대학병원이나 종합병원은 환자들로 포화 상태가 될 것은 불 보듯 뻔 한 일이기 때문이다.

① 개인 병원은 살아남기 위해서 다양한 대책을 강구해야 한다.
② 질환이 심하지 않은 경우에는 개인 병원부터 가는 것이 좋다.
③ 개인 병원, 대학병원, 그리고 종합병원은 서로 협력해야 한다.
④ 사람들은 종합 병원이 무조건 좋은 것은 아니라는 사실을 알아야 한다.

12 다음 글의 주제로 가장 알맞은 것을 고르십시오.

가족력이란 한 가족 안에서 어떤 질병이 집중적으로 발생되는 경우를 말한다. 그래서 의사들은 가족력 질환의 주요 원인을 유전적인 것으로 보는 경우가 많다. 예를 들면 가족 중에 암에 걸렸던 경우가 있으면 가족 중에서 또 다른 사람이 암에 걸릴 확률이 그렇지 않은 경우에 비해서 2배 이상 높아진다고 한다. 심장병의 경우도 부모가 모두 심장에 이상이 없는 경우에 그 자녀가 심장병에 걸릴 확률은 5% 미만에 불과하다. 하지만 부모 중 어느 한쪽이 심장병일 경우에 그 자녀가 심장병에 걸릴 확률은 30%이상이 된다고 한다. 그렇다고 해서 모든 병의 원인을 유전적인 것에서 찾아야 한다는 것은 아니다. 가족력에 의한 유전적 요인이 있더라도 적당한 운동과 올바른 식습관 등을 생활화 한다면 유전적인 원인에 의해 병에 걸릴 수 있는 확률을 낮출 수 있다.

① 가족력이 있으면 같은 병에 걸릴 확률은 매우 높다.
② 가족력은 부모와 자녀 사이에만 관련이 있는 것이다.
③ 가족력이 있는 경우에는 병에 걸릴 수 있는 확률을 낮추기 어렵다.
④ 가족력이 있다고 하더라도 병에 걸릴 수 있는 확률을 낮출 수 있다.

13 다음 글의 주제로 가장 알맞은 것을 고르십시오.

한 연구 결과에서 밝혀진 바에 의하면 사람이 충분한 휴식을 취하지 못 했을 경우에 색을 구별하는 능력이 떨어지는 현상이 나타난다고 한다. 이 연구를 진행하는 동안 실험에 참가한 사람들은 매우 피로한 상태에서 회색을 보고 흐린 녹색이라고 답을 했다고 한다. 그리고 이 사람들을 충분한 휴식을 취하게 한 후에 피로하지 않은 상태에서 똑같은 회색을 보여주자 정확하게 회색이라고 답을 했다고 한다. 이렇게 사람이 정신적으로나 육체적으로 몹시 피로할 때 나타나는 현상은 여러 가지가 있지만 색을 구별하는 능력이 떨어지는 경우가 있는 것이다. 따라서 매일 보던 색이 조금 다르게 보인다거나 색 구분이 명확하게 되지 않는 경우가 있다면 내 몸 상태가 몹시 피로하여 휴식을 필요로 하는 것은 아닌지 생각해 볼 필요가 있다.

① 색 구분이 명확하게 안 될 때 쉰다고 해서 좋아지는 것은 아니다.
② 색 구분이 명확하게 안 된다면 몸이 휴식을 원하는지 생각해 봐야 한다.
③ 시력에 문제가 없는 사람은 피로한 상태에서도 색을 구분하는 능력이 있다.
④ 시력에 문제가 있는 사람은 피로한 상태에서 색을 구분하지 못하는 증상을 보인다.

14 다음 글의 주제로 가장 알맞은 것을 고르십시오.

> 요즘 아이 스스로 공부를 하게 한다는 '자기 주도 학습'에 관심이 많아지고 있다. 하지만 대부분의 학부모들은 자기 주도 학습을 해봤는데 처음 며칠은 뭔가 하는 것 같더니 갈수록 공부에 흥미를 잃는 것 같다고 말했다. 그래서 결국 부모가 아이의 공부에 또다시 간섭을 하게 되었다는 것이다. 하지만 이런 결과는 학부모들이 자기 주도 학습에 대해서 잘못 생각하고 있기 때문에 나타난 것이다. 자기 주도 학습이라는 것은 아이 마음대로 공부를 하라고 하는 것이 아니다. 오히려 처음에는 이 학습법에 익숙해지도록 부모님이나 선생님의 지도가 반드시 필요하다. 아이는 스스로 공부의 목표를 정하고, 계획을 세우고, 그에 맞춰서 실천해 나가는 것이 자기 주도 학습이다. 사실 이렇게 하는 것은 성인들에게도 매운 어려운 일이다. 하지만 자기 주도 학습이 이루어질 때까지 훈련을 받고 꾸준히 한다면 원하는 성과를 거둘 수 있을 것이다.

① 자기 주도 학습은 공부에 대한 흥미를 잃게 할 수도 있다.

② 자기 주도 학습은 어른들의 지도와 훈련을 통해 성과를 거둘 수 있다.

③ 자기 주도 학습은 아이 스스로 공부를 하게 한다는 점에서 긍정적이다.

④ 자기 주도 학습을 아이들에게 하도록 강요하는 것은 바람직하지 못하다.

15 다음 글의 주제로 가장 알맞은 것을 고르십시오.

차를 타고 고속도로나 지방의 국도를 가다보면 야생동물이 길에 쓰러져서 죽어 있는 것을 종종 볼 수 있다. 지난밤에 도로를 가로질러 가다가 달리던 차에 치인 것이다. 야생동물이 무참히 차에 치어 죽는 것도 문제지만 이로 인한 2차 사고가 일어나서 인명피해까지 일어난다는 것도 문제다. 얼마 전 갑자기 도로로 뛰어나오는 야생동물을 피하려다가 교통사고가 나서 사람들이 크게 다쳤다는 기사를 본 적이 있다. 이뿐만 아니라 도로에 쓰러진 야생동물을 치우려다가 뒤에서 오던 차에 치어 사람이 사망한 사고도 일어난 적이 있었다. 이처럼 야생동물로 인해 사고가 빈번히 일어나는 것을 줄이기 위해서 정부는 대책을 마련해야 한다. 야생동물이 도로로 뛰어들지 못하도록 안전벽을 설치한다든지, 새로 짓는 도로에 동물들이 다닐 수 있는 생태이동통로를 마련한다든지 등에 대한 여러 가지 방안을 강구해서 이런 사고가 줄어들 수 있도록 노력해야 할 것이다.

① 야생동물로 인해 피해를 입었을 경우 정부에서 책임을 져야 한다.
② 야생동물로 인한 피해를 줄이기 위해 다양한 방안을 마련해야 한다.
③ 야생동물을 보호하는 차원에서라도 사고가 나지 않게 조심해야 한다.
④ 야생동물로 인한 2차 사고가 일어나지 않도록 신속히 처리해야 한다.

1   **–(으)ㄴ/는 편이다**

어떤 일이 대체로 어떤 상황에 가깝다는 것을 나타낼 때 쓴다.

| 문·장·만·들·기 |

2   **–(으)ㄹ 뿐이다**

앞문장의 사실 이외에 다른 것은 없다는 것을 나타낼 때 쓴다.

| 문·장·만·들·기 |

3   **–(으면) –(으)ㄹ수록**

앞문장의 행동이나 상황이 계속됨으로 인해서 뒷문장의 정도가 더해지는 것을 나타낼 때 쓴다.

| 문·장·만·들·기 |

2.4. 어휘 공부하기

	어휘	의미	문장 만들기	비슷한 말/반대말
1	귀하다			비 소중하다, 값지다 반 천하다
2	꼼꼼하다			비 빈틈없다
3	낯설다			비 어색하다 반 친숙하다
4	냉정하다			비 몰인정하다
5	단순하다			비 단조롭다 반 복잡하다
6	답답하다			비 갑갑하다 반 후련하다
7	대담하다			비 대범하다
8	독특하다			비 특이하다 반 평범하다

유형 활용하기

■ 스스로 질문하고 답하기[6]

길잡이 '스스로 질문하고 답하기' 읽기 방법은 어려운 정보를 찾거나 글을 완전하게 이해해야 할 때 사용하는 방법입니다. 먼저 제시된 글을 앞서 살펴본 '빠르게 훑어 읽기(skimming) 연습'을 통해 빨리 살펴봅니다. 다음에는 각 단락의 첫 번째 문장을 '질문' 형태로 바꾸고 다시 한 번 글을 천천히 읽습니다. 읽은 후에는 자신이 미리 바꾼 질문에 답하고, 답이 올바른지 다시 한 번 글을 읽어 봅니다. 이 방법은 여러 번 글을 읽고 스스로 질문을 만들어 답하는 과정을 통해 글을 완전하게 이해할 수 있게 도움을 줍니다.

※ 다음 글을 읽고 질문에 답하고, 새로운 질문도 만들어 보십시오.

예시)

① 먼저 빠르게 글을 훑어 읽기 합니다.

대중문화는 대중매체를 이용해 정보와 이야기를 제공하는 것으로, 이전에 일부의 사람들만 누렸던 문화를 많은 사람들이 함께 나누는 것이라 할 수 있다. 현대 사회에서 대중문화는 많은 사람들의 생각을 반영하고, 이를 바탕으로 사람들을 이끌어 가는 역할을 하고 있다. 이제 대중문화는 현대인의 삶에서 떼려야 뗄 수 없는 관계라고 할 수 있다.

대중문화가 대중매체를 이용해 현대인의 여가 생활을 풍족하게 하고, 즐겁게 하는 것은 대중문화의 긍정적인 영향으로 볼 수 있다. 또한 모두가 누릴 수 있는 문화를 만드는 데 대중문화가 크게 기여했다는 점도 부정할 수 없다. 하지만 TV를 보지 않고는 친구들과 이야기할 수 없고, 여가 시간의 대부분을 TV 앞에서 보내는 것이나 대중문화를 이용해 소비자들의 불필요한 소비를 부추기는 모습 등은

---

6 이 방법은 전통적인 읽기 전략 중 하나인 SQ3R 학습 방법을 응용하였다.

대중문화의 부정적인 영향이라고 볼 수 있다. 특히 다양한 문화를 받아들이지 못하고 한 가지 유행만 따라하는 현상은 청소년에게 악영향을 줄 수도 있다.

그렇기 때문에 대중문화를 받아들일 때는 자기 자신의 주체적인 태도가 필요하다. 자신에게 필요한 것과 필요하지 않은 것을 구분하고, 다양한 가치를 존중하는 태도가 필요하다. 이런 태도를 갖추기 위해서는 '문화'와 '예술'에 대한 교육이 먼저 이루어져야 한다고 생각한다. 다양한 문화의 가치를 배우고, 창의적인 자신만의 생각을 갖기 위해서는 '문화'와 '예술' 교육을 어렸을 때부터 시작해야 한다고 생각한다.

② 각 문단의 첫 번째 문장을 질문으로 바꿔 봅니다.

대중문화는 대중매체를 이용해 정보와 이야기를 제공하는 것으로, 이전에 일부의 사람들만 누렸던 문화를 많은 사람들이 함께 나누는 것이라 할 수 있다.
→ 대중문화는 많은 사람들과 문화를 함께 나눌 수 있습니까? 또는 대중문화는 무엇입니까?

대중문화가 대중매체를 이용해 현대인의 여가 생활을 풍족하게 하고, 즐겁게 하는 것은 대중문화의 긍정적인 영향으로 볼 수 있다.
→ 대중문화의 영향은 무엇인가? 또는 대중문화의 긍정적인 영향과 부정적인 영향은 무엇인가?

그렇기 때문에 대중문화를 받아들일 때는 자기 자신의 주체적인 태도가 필요하다.
→ 대중문화를 받아들일 때 필요한 태도는 무엇인가? 또는 대중문화를 받아들일 때 무엇이 필요한가?

③ 다시 한 번 제시된 글을 천천히 읽으면서 답을 찾아봅니다.
④ 질문에 스스로 답을 합니다. (②번에서 바꾼 질문에 대해 스스로 답을 찾습니다.)
⑤ 찾은 답이 정확한지 다시 한 번 글을 읽어 봅니다.

▶ **다음에 제시된 글을 읽고 스스로 질문하고 답을 찾아보세요.**

내가 생각하는 진정한 행복은 내가 이루고자 하는 꿈을 이루고, 내가 가진 것에 만족하면서 사는 것이다. 어떤 사람은 행복의 조건을 물질적인 만족에 두기도 하고, 어떤 사람은 정신적인 가치를 더 중요하게 생각하기도 한다. 나는 물질적인 욕구와 정신적인 욕구가 서로 조화를 이루고, 자신이 이루고자 하는 꿈과 목표가 있을 때 행복한 삶이 찾아온다고 생각한다.

하지만 현대 사회에서는 물질적인 가치를 중요하게 여기다 보니 사람과 사람의 관계를 소홀하게 되고 공공의 이익과 발전보다는 개인과 특정집단의 이익을 앞세우기도 한다. 과거에 비해 물질적으로 풍족한 삶을 살고 있지만 현대인은 늘 부족하다는 생각과 더 가지고 싶다는 욕심으로 인해 자신이 불행하다는 생각을 하게 된다. 다시 말해 물질적인 가치를 우선하고, 다른 사람과의 관계를 소중하게 생각하지 않는다. 그렇기 때문에 현대인은 행복한 삶을 살기가 어렵다고 생각한다.

나는 행복한 삶을 살기 위해서는 두 가지가 필요하다고 생각한다. 첫째, 목표가 없는 삶은 불행해질 수밖에 없다. 행복한 삶을 위해서는 자신만의 꿈과 목표가 있어야 하고, 그것을 이루기 위해 노력해야 한다. 단순히 돈을 많이 버는 것보다 내가 하고 싶은 일을 하는 것이 행복한 삶이라고 생각한다. 둘째, 사람은 혼자서는 살 수 없다. 다른 사람과의 관계를 소중히 여기고 함께 살아가는 삶이 필요하다. 내 욕심을 비우고 다른 사람과 나누는 삶이 행복한 삶을 사는 데 꼭 필요하다고 생각한다.

① 먼저 전체의 글을 빨리 읽어 보세요

② 각 문단의 첫 번째 문장을 질문으로 바꿔 보세요.
내가 생각하는 진정한 행복은 내가 이루고자 하는 꿈을 이루고, 내가 가진 것에 만족하면서 사는 것이다.

→

현대 사회에서는 물질적인 가치를 중요하게 여기다 보니 사람과 사람의 관계를 소홀하게 되고 공공의 이익과 발전보다는 개인과 특정집단의 이익을 앞세우기도 한다.

→

행복한 삶을 살기 위해서는 두 가지가 필요하다고 생각한다.

→

③ 다시 한 번 제시된 글을 천천히 읽으면서 답을 찾아봅니다.
④ 질문에 스스로 답을 합니다. (②번에서 바꾼 질문에 대해 스스로 답을 찾습니다.)

첫 번째 질문에 대한 답:

두 번째 질문에 대한 답:

세 번째 질문에 대한 답:

⑤ 찾은 답이 정확한지 다시 한 번 글을 읽어 봅니다.

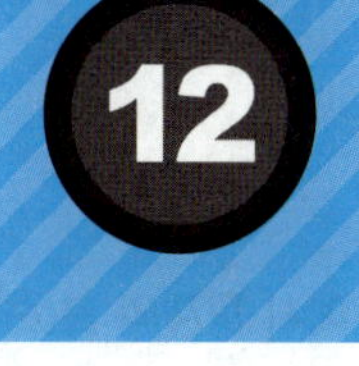

글 단위의 관계를 추론하여 주어진 문장을 적절한 곳에 넣기

'글 단위의 관계를 추론하여 주어진 문장을 적절한 곳에 넣기' 유형은 여러 곳의 괄호 중에서 보기에 제시된 문장이 들어가기에 가장 적절한 곳을 찾는 문제입니다. 주어진 글의 구조를 이해하고, 괄호 앞뒤 문장과의 관계를 정확히 알아야 풀 수 있는 유형입니다.

 **유형 이해하기**

※ 다음을 읽고 물음에 답하십시오.

> 경제 상황이 안 좋을 때 여성들이 입는 미니스커트나 빨간 립스틱이 더 잘 팔린다는 말이 있다. ㉠ 미니스커트가 옷감이 적게 들기 때문에 상대적으로 가격이 저렴하고, 빨간 립스틱은 워낙 색상이 강하기 때문에 다른 화장품을 적게 발라도 큰 효과가 있어 여성들이 더 많이 선호한다는 것이다. ㉡ 또 중고 제품을 거래하는 중고 사이트를 찾는 사람이 많아지거나 거리에 자신이 사용하던 물건을 팔거나 그것을 구매하기 위해 '시장'이 열리기도 한다. ㉢ 경제적인 상황에 영향을 받아 개인이 구매하고자 하는 물건의 값이나 종류가 바뀌는 것은 어쩌면 당연한 일일지도 모른다. ㉣

다음 문장이 들어가기에 가장 알맞은 곳을 고르십시오.

> 〈보기〉 경제적인 부분이 개인의 구매 성향에도 영향을 끼치기 때문이다.

① ㉠   ② ㉡   ③ ㉢   ④ ㉣

유형을 이해하기 위해 예시 문제를 통해 살펴보도록 하겠습니다. 먼저 예시 문제의 본문을 천천히 읽으면서 전체의 주제를 파악합니다. 중심 내용은 '경제적인 상황에 따라 물건을 고르는 기준이 달라지거나 품목이 바뀌기도 한다.'는 것입니다. 전체 내용을 파악한 뒤에는 보기에 제시된 문장을 살펴봅니다. 보기에 제시된 문장을 볼 때도 제시된 표현을 정확하게 이해하는 것이 중요합니다. 보기에 '상대적으로 가격이 저렴하다'나 '더 많이 선호한다', '중고 제품을 거래한다.' 같은 내용을 봤을 때 이 문장의 뒤에는 이런 현상에 대한 이유가 들어가는 것이 좋을 것이고, 보기의 문장 뒤에는 보기 문장에 대한 추가 설명이 들어갈 것입니다. 특히 보기 문장이 들어간 뒤 문장은 보기 문장이 들어가지 않으면 쓸 수 없는 표현들이 나오기 때문에 잘 살피는 것이 중요합니다.

이런 유형에서는 보기의 문장을 모든 부분에 넣은 뒤 앞뒤 문장과 잘 이어지고 있는지를 꼭 살펴봐야 합니다. 또 앞에서 미리 공부했던 '담화 표지어'를 잘 기억하고 있다면 문장을 올바른 곳에 넣는 데 도움을 받을 수 있습니다.

02 유형 연습하기

2.1. 해설이 있는 친절한 유형 연습

1 다음 글에 서 〈보기〉의 문장이 들어가기에 가장 알맞은 것을 고르십시오.

> 한 회사에서 불필요한 야근을 없애 생산성을 높이기 위한 개선안을 내놓았다. (㉠) 이 회사는 저녁 7시 30분이면 강제 소등을 실시하여 더 이상 일을 하지 못하도록 했다. (㉡)소등을 실시한 첫 날에는 많은 직원들이 퇴근을 미루면서 자리를 떠나지 않았지만 시간이 지나면서 정시에 퇴근하게 되었다. (㉢) 지금은 회사가 정시 퇴근에 대한 강력한 의지가 있다는 것을 알고 직원들은 회사에 대한 신뢰가 높아져 생산성도 높아지게 되었다. (㉣)

> 〈보기〉 이는 장시간 업무를 개선하는 것은 물론 개인적인 삶의 질을 높이기 위한 목적으로 시행된 것이다.

① ㉠   ② ㉡   ③ ㉢   ④ ㉣

정답은 ②번입니다. 이 문제를 풀기 위해서는 문단의 논리적인 관계에 대해 알아야 합니다. 문단은 보통 7문장 이내로 구성됩니다. 문단은 하나의 주제로 이루어져 있습니다. 이 주제를 말하는 문장이 주제 문장입니다. 주제 문장을 구체적으로 보여주기 위해 설명 문장과 이유 문장이 사용됩니다. 설명 문장은 주제 문장이나 이유 문장을 구체적으로 설명합니다. 따라서 문단 안에서 문장들이 어떤 순서로 배열되어 있는지를 찾아야 합니다.

이 문단에서 첫 번째 문장이 주제 문장입니다. 다음 문장에는 '이는'을 통해 개선안에 대해 자세하게 설명합니다. 그리고 다음 문장에서는 어떤 방법으로 시행되었는지를 설명하고 마지막 문장에서는 첫 번째 주제 문장과 같은 의미로 주제 문장을 다시 정리해 주고 있습니다.

2 다음 글에 서 〈보기〉의 문장이 들어가기에 가장 알맞은 것을 고르십시오.

> 한 나라의 경제 성장과 경제 규모를 나타내는 지표로 'GDP'가 사용된다. (㉠) 이는 한 나라 안에 사는 사람이 외국인이든 국적에 상관없이 한 나라 안에서 이루어진 모든 생산 활동에 대한 총합이다. (㉡) GDP가 높다는 것은 그 나라의 경제 성장률이 높다는 것을 의미한다. (㉢) 보통 한 나라의 1인당 GDP가 높을 경우에 그 나라가 잘 산다고 말한다. 그래서 신흥국에서는 개인당 GDP를 높이기 위해 노력하고 있다. (㉣)

> 〈보기〉 하지만 GDP가 높다고 그 나라가 잘 산다고는 말할 수 없다.

① ㉠   ② ㉡   ③ ㉢   ④ ㉣

정답은 ③번입니다. 여러분이 이런 유형의 문제에서 답을 구할 때에는 문단에 '그렇지만, 그러나, 그런데, 하지만, 반면에' 등이 있는지를 먼저 살펴보아야 합니다. 우선 보기를 보면 '하지만'이라는 부사가 보입니다. 이는 앞 문장과 반대되는 내용을 말할 때 쓰입니다. 앞 문장과 반대되는 내용을 표현할 때 쓰는 '그러나. 하지만, 반면' 등이 나오면 그 문장이 주제 문장이 되는 경우가 많습니다. 그리고 그 다음 문장은 앞 문장에 대한 설명이 나타납니다. 마지막 문장은 결론 문장으로 '하지만'이 있는 문장과 같은 의미로 다시 한 번 정리하고 있다는 것을 알면 답을 쉽게 찾을 수 있습니다.

2.2. 실전 연습

1 다음 글에서 〈보기〉의 문장이 들어가기에 가장 알맞은 것을 고르십시오.

> 은퇴를 하거나 예비 퇴직자, 육아와 가사로 경력이 단절된 여성, 취업난에 허덕이는 청년층까지 창업에 대한 열기가 뜨거워지고 있다. (㉠)통계청 자료에 따르면 경제 인구 5명중 1명이 창업 준비를 하는 것으로 나타났다. (㉡)그러나 신규 창업자 약 99만 명 중 84만 명이 폐업해 창업 성공률은 약 15%밖에 되지 않는다고 한다. 이러한 창업 시장에서 점포가 없이 창업을 하는 종목이 인기를 끌고 있다. (㉢) 결국 처음에 일을 시작할 때 드는 자금이 적게 들어간다는 점은 소자본 창업의 최대 장점이기도 하다. (㉣)

> 〈보기〉 임대료 등 고정비 부담을 없애 위험 요소가 적다는 것이 창업 준비자들의 부담감을 덜어 준다.

① ㉠　　　　　② ㉡　　　　　③ ㉢　　　　　④ ㉣

2 다음 글에서 〈보기〉의 문장이 들어가기에 가장 알맞은 것을 고르십시오.

> 법의 정신과 법의 존엄성을 높이기 위하여 제정된 '법의 날'이 50회를 맞이하였다. (㉠) 이러한 법의 날이 국제적으로 처음 주장되는 것은 1963년 7월 그리스에서 개최된 제1차 '세계법률가대회'이다. (㉡)법의 날을 최초로 제정한 나라는 미국이며 한국은 1964년부터 5월 1일로 정하여 기념해 왔다. (㉢)하지만 5월 1일이 노동절과 같은 날이라 2003년부터 4월 25일로 바꾸어 기념하고 있다. (㉣) 법이 현실의 변화를 제대로 반영하고 공정한 법 적용을 통해 법과 정의가 살아있는 사회를 확립하여야 할 때이다.

> 〈보기〉 법의 날에는 기념식은 물론 법정 견학, 모의재판, 무료 법률 상담 등 다양한 행사가 진행된다.

① ㉠   ② ㉡   ③ ㉢   ④ ㉣

3 다음 글에서 〈보기〉의 문장이 들어가기에 가장 알맞은 것을 고르십시오.

> 요즘 부동산 시장은 전세에서 월세로의 전환이 빠르게 진행되고 있다. (㉠)금리가 낮은 상황에서 집주인은 전세금을 올려 은행에 맡기는 것보다 월세로 전환하면 수익이 크기 때문이다. (㉡) 게다가 전세금을 월세로 낼 때 적용하는 이자율을 뜻하는 '전월세 전환율'이 시중 금리보다 높아 세입자들은 더욱 무거운 짐을 지고 있다고 생각한다. (㉢) 또한 부동산업계에서도 보증금을 내고 월세로 사는 경우의 전월세 전환율을 최대한 낮춰야 한다고 주장한다. 월세 입자들은 정부가 직접 나서서 월세 부담을 줄일 수 있는 방안을 마련해 줄 것을 원하고 있다. (㉣)

> 〈보기〉 그러나 세입자는 전세에서 월세로 바뀌는데 따른 경제적 부담이 커지는 현실에 부담감을 호소한다.

① ㉠   ② ㉡   ③ ㉢   ④ ㉣

4 다음 글에서 〈보기〉의 문장이 들어가기에 가장 알맞은 것을 고르십시오.

> 대입 수험생 및 학부모를 대상으로 대학 입시 설명회와 해외 유학 박람회가 잇따라 개최되고 있다. (㉠)해외유학 박람회 및 대입 설명회는 대학수학능력시험을 마친 학생들에게 가채점 결과를 바탕으로 개개인에 맞는 입시 전략을 짤 수 있도록 전문가의 조언을 얻을 수 있는 자리이다. (㉡) 또 다른 학부모는 자녀의 가채점 결과가 좋지 않아 대학 진학을 할 수 있을까 걱정했는데 설명회를 다니다 보니까 다양한 정보를 얻을 수 있어 안심했다고 한다. (㉢) 미래를 결정하는 중요한 시기에 진학 관련 서적을 찾아보고 검색을 하면서 다양한 정보를 찾아보기도 하고 설명회에 참석하는 경험도 좋을 것이다. (㉣)

> 〈보기〉　한 학부모는 자녀의 지원 가능한 대학을 알아보는 김에 유학도 알려보려고 나왔다면서 기대감을 표시했다.

① ㉠　　　　　② ㉡　　　　　③ ㉢　　　　　④ ㉣

5 다음 글에서 〈보기〉의 문장이 들어가기에 가장 알맞은 것을 고르십시오.

> 부천시의 한 고등학교는 '학교 토론 문화 활성화'를 위한 취지로 '교내 독서 논술 토론 대회'를 열었다. (㉠) 전교생을 대상으로 학년별로 실시한 예선전을 거쳐 선발된 학생들이 2인 1조가 되어 한 학년 당 총 4팀으로 나눠서 승자가 진출하는 방식으로 진행되었다. 토론자들은 지정 도서를 읽고 '사회 질서를 위해 폭력은 정당한가'라는 안건을 가지고 토론을 벌였다. (㉡) 최종 우승자인 이소영 학생은 토론 대회를 통해 독서 능력이 향상됨은 물론 다양한 생각과 의견을 존중하는 자세를 배울 수 있었다고 우승 소감을 전했다. (㉢) 교장 선생님은 참가자들이 모두 우수해서 우승자를 가려내기 힘들었다면서 탈락한 친구들도 다음 기회에 다시 도전해 보라며 격려했다.(㉣)

> 〈보기〉　토론에 대한 올바른 이해를 바탕으로 우리 사회의 문제와 갈등을 해결해 나갔으면 하는 바람도 전했다.

① ㉠　　　　　② ㉡　　　　　③ ㉢　　　　　④ ㉣

6 다음 글에서 〈보기〉의 문장이 들어가기에 가장 알맞은 것을 고르십시오.

> 수상 스키는 일반적으로 어렵고 위험해 보인다는 인식이 있다. (㉠)그러나 수영을 할 줄 몰라도 30분 정도의 기초 교육만 받으면 누구든지 안전하게 즐길 수 있는 스포츠이다. (㉡) 이렇듯 종류가 다양한 수상 스키는 물살을 가르며 달릴 때 몸에 부딪히는 물보라가 몸을 마사지해서 신경통이 있는 사람들에게 효과가 있다고 한다. 모터보트에 달린 맨 줄에 이끌려 별로 힘들 것 같지 않지만 의외로 체력소모가 많은 편이다. (㉢)또한 팔, 다리, 허리, 관절 등을 많이 사용해 전신운동이 되는 장점이 많은 수상 스포츠이다. (㉣)하지만 운동량이 많으므로 1회에 10분을 넘지 않도록 주의해야 한다.

> 〈보기〉　수상 스키의 종류로는 투스키, 원스키, 트릭 스키, 점프 스키, 맨발 스키가 있다.

① ㉠　　　　　② ㉡　　　　　③ ㉢　　　　　④ ㉣

7 다음 글에 서 〈보기〉의 문장이 들어가기에 가장 알맞은 것을 고르십시오.

> 자연과 환경, 건강을 생각하는 휴게소라는 콘셉트로 조성된 영동고속도로의 덕평자연휴게소가 한국건축대상 대통령상을 수상하였다. (㉠)이곳은 패트릭 도허티의 작품인 '길벗'이란 주제로 조성된 조형물을 중심으로 러브가든, 달려라 코코, 덕평 숲 길 등 다양한 산책로와 휴식 공간으로 구성되어 있다. (㉡) 여행지로서도 손색이 없는 이 휴게소에는 특별히 개를 사랑하는 사람들과 애완견을 위한 박물관 겸 카페가 조성되어 있다. (㉢) 이곳을 찾는 여행객들에게 높은 호응을 얻고 있는 이유는 애완견과 함께 여행을 하는 사람들에게 편의를 제공하고 깨끗한 환경을 조성하기 위해 애완견 위생 배변 봉투가 곳곳에 설치되어 있기 때문이다. (㉣)

> 〈보기〉　그래서 날로 증가하는 애견인에게는 더할 나위 없이 좋은 장소로 꼽혀 인기가 높아지고 있다.

① ㉠　　　　　② ㉡　　　　　③ ㉢　　　　　④ ㉣

8 다음 글에서 〈보기〉의 문장이 들어가기에 가장 알맞은 것을 고르십시오.

'달레 달레 달레'는 경쾌한 멕시코 민요로 크리스마스 때 흥겨운 놀이를 하면서 부르는 노래다. (㉠) 즐겁게 노래를 부르면서 하는 놀이의 이름은 '피나타'이다. '피나타'를 쉽게 떠올리려면 (㉡) '피나타'는 아이들이 눈을 가리고 긴 막대를 휘둘러 상자를 부수는 놀이인데 이 상자의 이름이 바로 '피나타'이다. '피나타'의 모양은 아이들이 좋아하는 캐릭터, 별, 인형 등 어떤 것이든 상관없다. 상자 안에는 장난감이나 사탕 등 선물을 넣고 막대기로 쳐서 그 안의 선물들이 나오면 갖게 된다. (㉢) 보통 '피나타'는 부서지기 쉬운 재료로 만들어 높은 곳에 매달아 놓고 긴 막대기로 쳐서 포장을 벗기면 된다. 선물에 대한 감동과 기쁨이 배가 되는 이 놀이는 어린이뿐만 아니라 어른들에게도 인기가 많다. (㉣) 멕시코는 물론 남아메리카 지역에서도 인기 있는 이 놀이는 재미를 더하기 위해 눈을 가리고 인형을 치기도 한다.

〈보기〉 한국의 박 터트리기와 거의 비슷한 놀이라고 생각하면 된다.

① ㉠　　　　② ㉡　　　　③ ㉢　　　　④ ㉣

9 다음 글에 서 〈보기〉의 문장이 들어가기에 가장 알맞은 것을 고르십시오.

최대의 생산성을 달성하기 위해 시간을 낭비하지 않고 일정을 관리하는 것을 시간 관리라고 한다. (㉠) 습관적으로 낭비되는 시간을 찾아서 한 번에 하나씩 효과적인 습관을 갖는 것이 중요하다. (㉡) 짧은 시간에 해야 할 일이 너무 많을 때는 효율적으로 시간을 관리할 수 없기 때문에 우선 순위를 정하는 것이 좋다. (㉢) 또한 열심히 했으나 실패할 것이라는 두려움은 시간을 효율적으로 관리할 수 없게 만드는 요소이다. (㉣)시간은 한정되어 있으며 되돌릴 수 없다는 것을 알고 목표를 세우고 계획하여 실천한 후에는 반드시 평가를 해야 한다.

〈보기〉 사람들이 시간을 관리할 때 자주 실패하게 만드는 요소로는 습관, 혼란, 지체가 있다.

① ㉠　　　　② ㉡　　　　③ ㉢　　　　④ ㉣

10 다음 글에 서 〈보기〉의 문장이 들어가기에 가장 알맞은 것을 고르십시오.

> 한국의 기업 문화는 개인적이기보다는 공동체적이다. (㉠) 그래서 한국의 기업들은 개인을 공동체의 조직 구성원으로 만드는 데 많은 노력을 기울인다. 함께 식사를 하거나 술을 마시면서 서로 다른 배경의 차이를 인정하고 이해하면서 가족과 같은 관계로 발전시킨다. (㉡) 이렇게 가족과 같은 관계를 중시하는 것이 한국 기업의 문화이지만 반면에 위계를 철저히 구분하여 사람들을 대한다. (㉢) 이러한 기업 문화는 가족적이면서도 공동체의 질서를 유지할 수 있게 만들고, 동료 간의 단합을 최대한 발휘할 수 있도록 한다. (㉣) 개인의 권한과 한계를 명확하게 나누기보다는 공동체 안에서 조화와 화합을 중시하는 기업문화가 오랫동안 자리를 잡아온 것이다.

> 〈보기〉 즉 대리, 과장 등 직책을 기준으로 서로에게 예의를 갖추는 것이다.

① ㉠　　　② ㉡　　　③ ㉢　　　④ ㉣

11 다음 글에 서 〈보기〉의 문장이 들어가기에 가장 알맞은 것을 고르십시오.

> 지구상의 물은 눈이나 비, 얼음, 수증기 등 모습을 달리하면서 우리 생활과 밀접한 관계를 맺고 있다. (㉠) 이 물은 하늘과 땅, 바다를 순환하면서 우리에게 중요한 자원이 된다. (㉡) 비나 눈이 오면 지층의 표면으로 흡수된 물이 땅속으로 들어가 지하수가 되고 나머지는 하천으로 흘러간다. (㉢) 지하수는 생활용수, 공업용수, 농업용수 등으로 쓰이고 물이 필요한 곳에서 다양한 형태로 활용되고 있다. 세계 민물의 30%를 차지하는 지하수가 오염되는 것을 막기 위해서는 학교나 가정 등에서 나오는 생활 폐수나 공장에서 나오는 화학물질이 땅으로 스며들지 않도록 해야 한다. (㉣)

> 〈보기〉 무엇보다 더욱 중요한 것은 물을 절약해서 쓰는 마음 자세이다.

① ㉠　　　② ㉡　　　③ ㉢　　　④ ㉣

12 다음 글에서 〈보기〉의 문장이 들어가기에 가장 알맞은 것을 고르십시오.

> 오방색은 오방정색이라고도 하며, 노란 색, 파란 색, 흰 색, 빨간 색, 검은 색인 5가지 색을 말한다. (㉠). 이 다섯 가지 색에는 방위가 따르는데, 중앙과 사방을 기본으로 삼아 노란 색은 중앙, 파란 색은 동쪽, 흰 색은 서쪽, 빨간 색은 남쪽, 검은 색은 북쪽을 뜻한다. (㉡) 특히 노란 색은 우주의 중심이라 생각하여 가장 고귀한 색으로 취급되어 임금의 옷을 만들 때 사용했다. (㉢)흰 색은 결백과 진실, 삶, 순결 등을 뜻하고 있어서 우리 민족은 예로부터 흰 옷을 즐겨 입었다. 파란 색은 봄의 색, 귀신을 물리치고 복을 비는 색으로 쓰였다. 빨간 색은 생성과 창조, 정열과 애정, 적극성을 뜻한다. 검은 색은 인간의 지혜를 나타낸다고 생각했다. (㉣) 오늘날에도 오방색은 우리의 생활과 밀접한 관계를 맺고 있다.

> 〈보기〉 그런 까닭에 옛사람들은 오방색을 적절히 사용해야 우주의 질서를 유지하고 평화를 얻는다고 생각했다.

① ㉠　　　　② ㉡　　　　③ ㉢　　　　④ ㉣

13 다음 글에서 〈보기〉의 문장이 들어가기에 가장 알맞은 것을 고르십시오.

> 직업에 관한 일이나 가사·학업 등의 일상생활에 소요되는 시간을 뺀 나머지의 자유 시간을 여가라 한다. (㉠) 여가는 정신적, 신체적, 사회적으로 높은 가치가 있다. 정신적으로는 (㉡) 감정을 순화시켜 기분을 맑게 하고 정신적 스트레스와 피로를 풀어주면서 정서적인 안정을 찾게 해준다. 신체적으로는 몸을 튼튼하게 할 수 있고 체력도 길러지고 운동 기능이 향상된다. 사회적으로는 (㉢) 여가 생활을 스스로 계획하여 실천 할 때 더욱 큰 보람을 느끼고 즐거움을 얻을 수 있다. (㉣)

> 〈보기〉 다른 사람과 어울리면서 원만한 대인 관계를 만들고 상대에 대한 배려를 기를 수 있다.

① ㉠　　　　② ㉡　　　　③ ㉢　　　　④ ㉣

14 다음 글에서 〈보기〉의 문장이 들어가기에 가장 알맞은 것을 고르십시오.

(㉠) 알베르트 아인슈타인은 하나의 목적에 자신이 온 힘과 정신을 다해 몰두하는 사람만이 진정 탁월한 사람이라고 했다. 세종대왕은 무엇이든 넓게 생각하고 깊이 파고들어 스스로를 귀한 존재로 만들라고 했다. (㉡)자기 계발은 자기 자신이 갖고 있는 재능 혹은 능력을 스스로 나타내는 것이다. (㉢) 누구나 빛나는 재능과 능력이 있다. 하지만 재능과 잠재된 능력을 어떻게 계발하느냐에 따라 나중의 모습을 달라질 것이다. (㉣) 꿈을 이루기 위해 목표를 세우고 꾸준히 해야 할 일을 생각하면서 자신만의 자기 계발 방법을 찾아보도록 하자.

〈보기〉　자기 계발이 삶에서 매우 중요하다는 명사들의 조언을 들어보자.

① ㉠　　　　② ㉡　　　　③ ㉢　　　　④ ㉣

15 다음 글에서 〈보기〉의 문장이 들어가기에 가장 알맞은 것을 고르십시오.

(㉠) 1982년 범죄학자 제임스 윌슨과 조지 캘링이 주장한 사회 무질서 이론이 있다. (㉡) 만일 길거리에 있는 상점에 어떤 이가 돌을 던져 유리창이 깨졌을 때 귀찮아서 그냥 놔두면 그다음부터는 '해도 된다.'는 생각에 훨씬 더 큰 피해가 발생할 수 있다는 것이다. 즉 낙서나 유리창 파손 등 일상생활에서 흔히 발생하는 사소한 무질서를 그대로 놔두면 결국 더 큰 문제로 이어질 가능성이 높다는 의미를 담고 있다. (㉢) 국내에서 '깨진 유리창 이론'을 기업 경영에 접목하는 현상이 활발하다. (㉣)기업가들은 경영전략 수립에는 많은 투자를 하지만 정작 작지만 중요한 것을 소홀히 해 고객을 잃지 않겠다는 투철한 기업 정신을 가져야 한다고 강조한다.

〈보기〉　'깨진 유리창 이론'이라 불리는 이 이론은 깨진 유리창 하나를 방치해 두면 그 지점을 중심으로 범죄가 퍼져나가기 시작한다는 것이다.

① ㉠　　　　② ㉡　　　　③ ㉢　　　　④ ㉣

2.3. 문형 공부하기

1

─(으)ㄹ까 보다

아직 확실히 결정된 것은 아니지만 그렇게 할 마음이나 생각이 있음을 나타낸다.

| 문·장·만·들·기 |

2

─(으)ㄴ/는김에

계획한 어떤 상황에 이어서 계획하지 않은 일이나 행동을 함께 할 때 쓴다.

| 문·장·만·들·기 |

3

─든지

1. (누가, 어디, 무엇과 함께) 어떤 것이어도 괜찮음을 나타낼 때 쓴다.
2. ─든지 ─든지의 형태로 쓰여 그 어느 것을 선택하여도 상관이 없을 때 쓴다.

| 문·장·만·들·기 |

	어휘	의미	문장 만들기	비슷한 말/반대말
1	미루다			비 연기하다 반 당기다
2	신흥국			반 선진국
3	창업			비 개업
4	호소			비 하소연
5	안정			반 불안정, 불안
6	실력			비 능력
7	안건			비 제안
8	취지			비 목적, 의도
9	탈락			비 낙선, 낙오 반 합격, 통과
10	우수			비 우월 반 열등
11	가려내다			비 골라내다
12	흡수			비 흡입 반 배출
13	절약			비 절감 반 낭비
14.	조언			비 충고

03 유형 활용하기

■ 질문을 먼저 보고 읽기

[길잡이] '질문을 먼저 보고 읽기'는 읽기를 통해 비슷한 사실 가운데 진실을 고르거나 자신에게 필요한 정보와 필요하지 않은 정보를 구별해서 읽기 위해 필요한 방법입니다. 또한 먼저 찾아야 할 정보를 보고 글을 읽기 때문에 짧은 시간에 정보를 찾아야 하는 읽기에서 필요한 방법입니다.

※ 다음의 질문을 먼저 보고 아래의 글을 읽어 보세요.

1. 어린이비만은 어떤 질병을 유발(생기게 하는 것)할 수 있습니까?

   →

2. 비타민D가 부족한 아이들은 일반 아이들에 비해 어떤 위험이 있습니까?

   →

3. 비타민D를 꾸준히 보충하기 위해서 필요한 일은 무엇입니까?

   →

4. 비만예방을 위해 운동은 하루에 몇 시간, 일주일에 몇 회가 적당합니까?

   →

어린이비만은 성장호르몬 분비량 감소, 고지혈증, 고혈압 등 어린이 성장에 치명적인 질병들과 관계가 깊다. 또한 최근의 연구 결과에 따르면 비타민 결핍이 아이들의 비만과 고지혈증을 일으키는 원인이 될 수 있다는 발표도 나왔다. 한국대학병원 교수팀에서 최근 1000명의 아이들을 대상으로 조사한 결과 비타민D가 부족한 아이들이 일반 아이들에 비해 복부비만은 3배, 비만은 2.6배, 당뇨 1.1배 등 다양한 질병에 걸릴 위험도가 훨씬 높은 것으로 나타났다. 이렇게 다양한 질병이 3가지 이상이 있는 경우를 대사증후군이라고 하는데 이러한 질병은 각종 성인병의 원인이 될 수도 있다. 특히 복부비만은 지방이 몸에 쌓여 더 큰 질병으로 이어질 수 있다는 연구 결과도 있었다.

한국대학병원의 연구진은 청소년들에게 비타민D가 부족하면 나중에 어른이 되어서 더 심각한 질병이 발생할 수 있기 때문에 운동 등을 통해 꾸준히 몸을 관리하고, 실외활동을 늘려 비타민D를 보충하는 것이 필요하다고 당부했다. 비만을 예방하기 위해서는 운동과 함께 올바른 식습관을 갖는 것이 중요하다. 무조건 조금 먹는 것보다는 골고루 알맞게 먹고, 식사 시간에 맞춰 먹는 것이 중요하다. 운동은 1회 30분에서 1시간 정도 주 3회 이상 꾸준히 하는 것이 좋다.

※ **질문을 먼저 보고, 글을 읽으면서 질문에 대한 답을 찾았나요?**

길잡이 질문을 보고 글을 읽으면서 질문에 해당하는 부분은 밑줄을 긋거나 (　)표시를 하면 다 읽은 후 질문에 대한 답을 확인할 때 훨씬 더 정확하게 확인할 수 있습니다.

CHAPTER 2

모의고사

1회 모의고사

TOPIK II 읽기(1번~50번)

※ [1~2] (   )에 들어갈 가장 알맞은 것을 고르십시오. (각 2점)

1. 우리가 아무 생각 없이 사용하는 (   ) 수질 오염의 주범이다.

① 샴푸나   ② 샴푸만이

③ 샴푸 탓에   ④ 샴푸야말로

2. 오늘이 27일이니까 이번 달도 거의 다 (   ).

① 지나간 셈이다   ② 지나갈 뿐이다

③ 지나갈 만하다   ④ 지나가는 법이다

※ [3~4] 다음 밑줄 친 부분과 의미가 비슷한 것을 고르십시오. (각 2점)

3. 저녁 시간에는 가게에 사람이 <u>많을지도 몰라서</u> 예약을 해 두었다.

① 많을 텐데   ② 많을까 봐

③ 많더라도   ④ 많은 이상

4. 공부하는데 휴대전화가 계속 <u>울리는 통에</u> 집중할 수 없었다.

① 울리더니   ② 울리느라고

③ 울리다 보면   ④ 울리는 바람에

※ **[5~8] 다음은 무엇에 대한 글인지 고르십시오. (각 2점)**

5.

> 시골에서 막 딴 것 같은 신선한 과일을 집에서도 맛보세요.
> 더 넓어진 보관 공간을 누려 보세요!

① 정수기   ② 제습기   ③ 냉장고   ④ 에어컨

6.

> 별이 빛나는 여름밤의 낭만을
> 아름다운 선율과 함께 느껴 보세요.

① 책   ② 연극   ③ 영화   ④ 음악회

7.

> 페이스북에서 늘 사람들에게 감동을 주던 글들을 서점에서 만나 보실 수 있습니다.
> 〈 너는 내 사람 〉, 〈 그리고 만남 〉의 김한국 시인의 최신작
> **"언제나 나무 아래에서"**
>
> ―어릴 때 부르던 노래처럼 아름다운 시입니다. 이은수 시인
> ―메마른 마음에 뿌려지는 단비 같은 글들. 김하연 씨

① 도서 광고   ② 자연 보호   ③ 수업 소개   ④ 서점 안내

8.

> 눈과 호흡기에 닿지 않도록 조심하십시오.
> 6개월 미만의 유아에게는 가급적 사용을 자제하십시오.

① 사용 방법   ② 모집 안내   ③ 주의 사항   ④ 문의 방법

※ **[9~12] 다음 글 또는 도표의 내용과 같은 것을 고르십시오. (각 2점)**

9.

한국 병원 주차 안내	
주차 대 수	195대 가능
운영 시간	월~금 오전 8시 ~ 오후 6시 토~일 오전 7시 ~ 오후 9시
이용 요금	진료를 받으시는 환자는 1시간에 500원 (접수증 필요) 병문안을 온 방문객은 1시간에 1,000원 수술을 받으시는 환자, 입원한 환자는 최대 3일간 무료

*주차 카드를 꼭 뽑아 가십시오.

*주차하실 때는 반드시 운영 시간을 지켜야 합니다.

① 주말에는 주차장 운영 시간이 평일보다 짧다.

② 수술을 받은 환자들은 주차 카드가 필요 없다.

③ 어머니가 입원한 경우 아들은 무료로 주차할 수 있다.

④ 감기에 걸려서 의사를 만나는 환자는 접수증을 받아야 한다.

10.

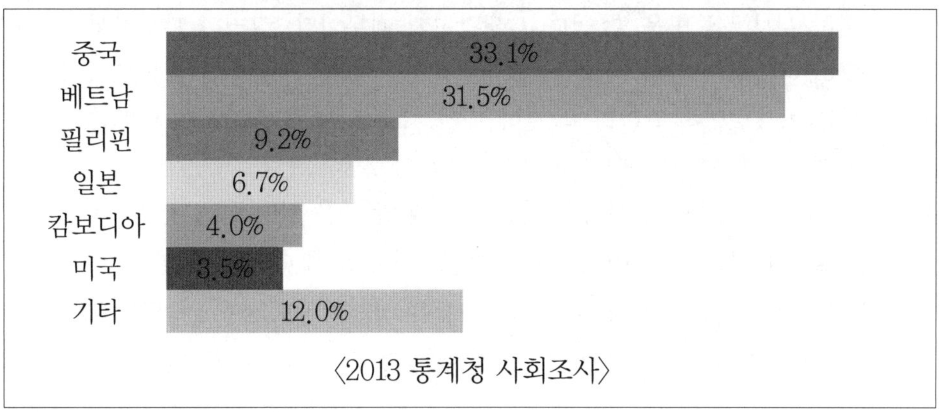

① 베트남 여성과 결혼한 한국 남성의 수가 가장 많다.

② 한국 남성과 결혼한 외국 여성의 절반 이상이 기타 국가에서 왔다.

③ 일본 여성과 결혼한 한국 남성이 필리핀 여성과 결혼한 한국 남성보다 적다.

④ 미국 여성과 결혼한 한국 남성이 캄보디아 여성과 결혼한 한국 남성보다 많다.

11.

　　정부는 지난 10일 고속도로를 통과하는 버스에서 입석을 전면 금지시키겠다고 발표했다. 이에 따라 광역버스의 대부분은 입석 금지되었으며 일부 버스는 노선이 변경되었다. 그러나 실제로 시행해 본 결과 출퇴근 시간에 버스를 탈 수 없어서 불편해하는 사람이 많았다. 시민들의 인터뷰에 따르면 아침 8시에 버스정류장에 도착했는데 기다리는 사람이 너무 많아서 30분이 지나도록 버스를 타지 못했다고 한다. 많은 사람들이 출퇴근 시간만이라도 입석을 가능하게 해야 한다고 주장했다.

① 대부분의 버스가 입석 금지 때문에 노선을 바꿨다.

② 시민들의 불만으로 인해 현재 입석 금지가 풀렸다.

③ 출퇴근 시간에는 버스가 별로 없어서 앉아서 가는 사람이 많다.

④ 출퇴근 시간에 입석을 금지하는 것은 비합리적이라고 생각하는 사람이 많다.

12.

> 　부모로부터 신체적, 정신적 폭력을 당한 아이들은 어린이집이나 유치원에 가면 선생님에게 부모에 대해 좋은 이야기만 한다. 그렇게 해야 부모의 폭력을 피하고 사랑을 받을 수 있다고 생각하기 때문이다. 그러나 부모로부터 폭력을 당하지 않고 충분한 사랑을 받은 아이들은 다른 사람들에게 부모의 장단점을 모두 스스럼없이 말한다. 부모에 대한 신뢰가 잘 형성되어 있기 때문이다.

① 부모에게 폭력을 당한 아이들은 부모의 안 좋은 점만 말한다.
② 모든 아이들은 어린이집이나 유치원에서 부모에 대해 욕을 한다.
③ 부모와 신뢰관계가 잘 형성된 아이들은 선생님과도 좋은 관계를 맺는다.
④ 부모에게 폭력을 당하지 않은 아이들은 부모의 단점도 자유롭게 이야기한다.

※ [13~15] 다음을 순서대로 맞게 배열한 것을 고르십시오. (각 2점)

13.

> (가) 왜냐하면 가을이 되자마자 한국의 큰 명절인 추석이 있기 때문이다.
> (나) 한국은 가을이 되면 많은 과일을 먹을 수 있지만 싸게 먹기는 힘들다.
> (다) 그래서 추석이 되면 제사 때문에 과일 값이 오르게 된다.
> (라) 한국인들은 추석에 제사를 드리는데 제사상에는 반드시 과일을 올리게 되어 있다.

① (나) – (가) – (라) – (다)　　② (나) – (가) – (다) – (라)
③ (라) – (가) – (다) – (나)　　④ (라) – (가) – (나) – (다)

14.

> (가) 그러나 이런 교육방법이 꼭 바람직한 것만은 아니다.
>
> (나) 우리는 아이들에게 흔히 어른들 말을 잘 들으라고 가르친다.
>
> (다) 무조건 어른들 말을 잘 들으라고 하면 독립적인 사고능력이 발달하지 못한다.
>
> (라) 따라서 일방적인 복종보다는 스스로 생각해서 판단하는 능력을 길러주어야 한다.

① (나)-(가)-(다)-(라) ② (나)-(다)-(가)-(라)
③ (다)-(나)-(가)-(라) ④ (다)-(가)-(나)-(라)

15.

> (가) 그러나 저축을 많이 하는 것이 정말 경제에 좋다고는 할 수 없다.
>
> (나) 가게들이 문을 닫으면 실업자가 늘어나기 때문에 결국 경제가 나빠지게 되는 것이다.
>
> (다) 저축을 많이 하게 되면 그만큼 돈을 적게 쓰게 되고 사람들이 돈을 적게 쓰면 문을 닫는 가게들이 생긴다.
>
> (라) 많은 사람들이 돈을 모으는 가장 좋은 방법으로 저축을 꼽는다.

① (다)-(나)-(가)-(라) ② (라)-(가)-(다)-(나)
③ (다)-(가)-(라)-(나) ④ (라)-(나)-(가)-(다)

※ [16~18] 다음을 읽고 (   )에 들어갈 내용으로 가장 알맞은 것을 고르십시오. (각 2점)

16.

> 겨울철에 실내 벽이나 유리에 이슬이 맺히는 것을 결로현상이라고 한다. 이런 현상은 실내와 외부의 온도 차이 때문에 생기는데, 결로현상을 오랫동안 방치하면 건물에 곰팡이가 생길 수 있다. 결로현상을 예방하기 위해서는 환기를 자주 시킬 필요가 있다. 따라서 (   ) 환기를 위해 잠깐씩 창문을 열어 두는 것이 좋다.

① 겨울철에는 난방을 충분히 하고
② 정기적으로 집안 대청소를 하면서
③ 실내에 빨래를 널어서 습도를 조절하고
④ 겨울에 춥다고 항상 창문을 닫고 사는 것보다

17.

> 본격적인 여름이 되면서 곰팡이 문제로 고민을 하는 주부들이 많다. 곰팡이는 햇볕이 들지 않거나 환기가 되지 않아 (   ) 곳에 생긴다. 곰팡이를 제거하려면 전문가를 통해 원인을 파악하고 공사를 해야 하지만 실제로 곰팡이 때문에 공사까지 감행하는 집은 별로 없다. 요즘에는 벽에 발라 벽을 건조시키는 페인트 제품도 많이 나와 있으므로 이용해 보기를 추천한다. 그러나 이런 방법은 습기를 없애는 방법은 아니라서 자주 창문을 열어 놓는 등 꾸준한 노력이 필요하다.

① 따뜻해지는   ② 건조해지는
③ 습기가 차는   ④ 금방 얼어붙는

18.

> 　요즘 한국인들이 생각하는 이상적인 외모에서 가장 두드러진 특징은 크고 쌍꺼풀이 있는 눈이다. 쌍꺼풀 수술은 이제 한국에서 가장 대중적인 성형수술 중의 하나라고 해도 과언이 아니다. 그러나 (　　) 관상학적으로 가장 이상적인 눈매로 여겨 왔다. 이렇듯 외모에 대한 한국인의 인식 중에는 과거와 현대가 판이하게 다른 경우가 있다.

① 전통적으로는 가늘고 긴 눈을
② 과거에도 서구적으로 생긴 눈을
③ 성형외과 의사들은 서구적인 눈을
④ 외국인들은 작고 쌍꺼풀이 없는 눈을

※ [19~20] 다음을 읽고 물음에 답하십시오. (각 2점)

19. (　　)에 들어갈 알맞은 것을 고르십시오.

> 　실업급여란 직장을 잃은 사람이 다시 취업을 하려고 하는 기간에 돈을 지급하여 생활의 안정을 도와주는 제도이다. 국가는 실업급여로 실직자가 다시 취업을 할 기회를 지원해 준다. (　　) 실업급여는 받기가 매우 까다롭고 절차가 복잡하여 불편하고 받으면 안 되는 사람들이 받는 등 문제가 심각하다. 최근에는 일할 때보다 실업 후에 더 많은 실업급여를 불법으로 받은 사람들이 대거 적발되었다. 정부는 실업급여를 낮추겠다고 했지만 그것은 근본적인 해결방법이 될 수 없다.

① 또는　　　　　　② 그러나　　　　　　③ 만약에　　　　　　④ 그래서

20. 이 글의 내용과 같은 것을 고르십시오.

① 실업급여를 불법으로 받는 사람들에 대한 정부의 처벌이 약하다.
② 실업급여는 받기가 쉽지만 받을 수 있는 사람의 수가 정해져 있다.
③ 실업급여를 낮추었기 때문에 불법으로 급여를 받는 사람들이 생겼다.
④ 실업 급여는 직장을 잃은 사람들이 다시 취업을 준비하는 동안 받는 돈이다.

※ **[21~22] 다음을 읽고 물음에 답하십시오. (각 2점)**

> 타인에게 신뢰를 주는 사람이 되기 위해서 가장 중요한 것은 자기가 한 말에 대해 끝까지 책임을 지는 것이다. 깊이 생각하지 않은 말을 쉽게 하거나 상황에 따라 (   ) 자신의 태도를 바꾸는 사람은 믿음직스럽지 않다. 오늘날처럼 짧은 시간동안 많은 사람들과 만나고 헤어지며 생활하는 사회에서는 단 한 번의 실수나 경박한 언행도 자신의 신뢰도에 큰 타격을 줄 수 있다. 따라서 작은 일에도 진심과 성의를 다하는 마음가짐으로 임할 필요가 있다.

21. (   )에 들어갈 알맞은 것을 고르십시오.

① 손발이 닳도록   ② 손바닥 뒤집듯이
③ 눈 깜짝할 사이   ④ 고생 끝에 낙이 오는 것처럼

22. 이 글의 중심 생각을 고르십시오.

① 현대사회에서는 사교적인 성격이 필수적이다.
② 자신의 언행에 책임을 지는 태도가 필요하다.
③ 진심이 담긴 행동은 상대방에게 감동을 준다.
④ 어떤 일에도 섣불리 결정을 내려서는 안 된다.

나는 혈액형에 관심이 많은 편이라서 새로운 사람을 만나자마자 혈액형이 무엇인지 물어보거나 맞추는 것이 취미이다. 지금 내가 일하는 직장에는 유독 A형들이 많다. 나는 A형과는 성격이 맞지 않아서 너무 불편하다. A형들은 소심해서 조금만 강하게 말해도 기가 죽고 너무 꼼꼼해서 일을 처리하는 데에 걸리는 시간이 길다. 게다가 결정도 제대로 못 한다. 최근에 입사한 신입사원인 김민수 씨가 그렇다. 그래서 나는 김민수 씨가 A형이라고 생각하고 있었다. 한번은 잘못을 지적했더니 고개를 푹 숙이면서 "네, 죄송합니다, 죄송합니다."라고 사과를 하고 하루 종일 내 쪽을 쳐다보지도 못했다. 게다가 가게에서 모든 사람이 음식을 골랐는데도 혼자 고르지 못해서 내가 골라 주었다. 내가 화를 내면서 "김민수 씨 A형이에요?"라고 물어봤더니 "아니요, B형인데요."라고 대답했다. 나는 그만 <u>나도 모르게 입을 떡 벌리고 말았다.</u>

23. 밑줄 친 부분에 나타난 나의 심정으로 알맞은 것을 고르십시오.

　① 당황하다　　　　② 섭섭하다　　　　③ 화가 나다　　　　④ 실망하다

24. 이 글의 내용과 같은 것을 고르십시오.

　① 나는 김민수 씨와 같은 시기에 입사한 입사 동기이다.
　② 나는 A형들은 소심하지만 꼼꼼해서 대하기 편하다고 생각한다.
　③ 김민수 씨는 자주 실수하기 때문에 옆에서 꼭 챙겨줘야 하는 사람이다.
　④ 나는 혈액형별 성격을 잘 안다고 자만했지만 혈액형이 모두 맞는 것은 아니었다

※ **[25~27] 다음은 신문 기사의 제목입니다. 가장 잘 설명한 것을 고르십시오. (각 2점)**

25.

> 보험 관련 민원 큰 수로 늘어나, 확실한 대책 마련 시급해

① 보험 문제에 대한 해결 방법은 점점 다양해지고 있다.
② 보험 문제를 해결할 때에는 빨리 하는 것이 중요하다.
③ 보험 문제가 만족스럽게 해결된 이유는 빠른 해결 덕분이다.
④ 보험 문제에 불만을 가진 사람들이 많으므로 해결 방법이 필요하다.

26.

> 항공기 추락, 원인 아직 밝혀지지 않아

① 항공기의 사고 원인을 아직 알아내지 못했다.
② 항공기가 어떻게 추락했는지 알 수 있게 되었다.
③ 항공기의 사고 장소에 현장 조사를 나가기로 했다.
④ 항공기의 추락 원인에 대해 전문가들이 의견을 내놓았다.

27.

> 갑작스런 태풍으로 인한 예상치 못한 피해 수습, 정부가 발 벗고 나서

① 태풍으로 인해 정부가 피해를 많이 입었다.
② 태풍으로 인한 피해에 돈이 많이 들어 정부의 도움이 필요하다.
③ 태풍으로 인한 피해가 생각보다 커서 정부가 곤란해 하고 있다.
④ 태풍으로 큰 피해를 입은 사람들을 정부가 있는 힘껏 돕고 있다.

※ [28~31] 다음을 읽고 (   )에 들어갈 내용으로 가장 알맞은 것을 고르십시오.
(각 2점)

28.

> 공중화장실에서 많이 볼 수 있는 손건조기는 휴지 사용을 줄이고 자원을 절약하자는 취지에서 사용되기 시작했다. 그런데 제대로 관리하지 않은 손건조기로 손을 말리면 (   ) 결과가 나왔다. 손건조기 내부의 필터를 깨끗하게 청소하지 않거나 정기적으로 필터를 교체하지 않을 경우, 건조기에서 나오는 바람이 세균 덩어리나 마찬가지이기 때문이다.

① 오히려 피부에 안 좋은 영향을 미친다는
② 오히려 손에 세균이 더 많이 검출된다는
③ 손을 건조시키는 데 시간이 더 오래 걸린다는
④ 손에 남아 있는 물기가 제대로 마르지 않는다는

29.

> 준거집단이란 기준이 되는 집단을 말한다. 예를 들면 시험에서 똑같이 70점을 받아도 '점수가 70점이나 된다.'라고 말하는 사람이 있고 '70점밖에 안 된다.'라고 말하는 사람이 있다. 두 사람은 준거집단이 다르기 때문에 높은 점수에 대한 기준이 다른 것이다. 그런데 요즘에는 대부분의 사람들이 (   ) 준거집단의 수준도 자신의 실력보다 높은 경우가 많다. 그 결과 사람들은 어떤 일을 성취하고도 성취감을 느끼지 못하는 경우가 많다.

① 실력이 좋아졌기 때문에
② 성취감을 느낄 수 없기 때문에
③ 모두 준거집단이 다르기 때문에
④ 자기 능력보다 기대치가 높기 때문에

30.

> 모든 일에는 원인이 있지만 일의 원인이 하나뿐인 것은 아니다. 원인은 다양하다. 그러므로 생각보다 많은 사람들이 자기도 모르는 사이에 원인 제공자가 된다. 그런데 원인 제공자가 저지른 잘못은 (　　) 누구나 작은 잘못을 저지르고 그냥 넘어간 적이 있을 것이다. 이렇게 되면 대부분의 사람이 잠재적 원인 제공자가 된다.

① 누구나 하는 습관적인 행동에 불과하다
② 그냥 넘어갈 수 없는 문제일 때가 많다.
③ 우리가 자주 하는 사소한 잘못일 수도 있다.
④ 누구나 저지를 수 있는 평범한 실수는 아니다.

31.

> 벽화 마을이 늘어나고 있다. 벽화 마을은 오래되거나 퇴색돼 도시의 미관을 해치는 골목길의 담장과 벽에 예술적인 벽화나 미술 장식을 조성해 거주민과 통행 주민들에게 (　　) 기획된 것이다. 그 중 유명한 벽화 마을이 있는 곳은 서울, 부산, 통영, 청주 등이다. 이화동은 서울 구석에 위치해 있던 평범한 마을이었다. 이화마을 골목을 따라 걷다보면 다양한 벽화들을 만날 수 있는데 알려진지는 오래되지 않았다. 예술가들이 이곳의 주민들에게 소소한 행복을 주기 위해 힘을 모아 그림을 채워 넣었다. 부산 사하구 감천동에 위치한 벽화 마을은 부산시의 지원과 사하구의 적극적인 추진으로 예술가들의 작품들이 설치되고 각종 환경미화사업들을 통해 2010년부터는 부산 관광의 필수 코스가 되었다. 이 곳은 뮤직비디오나 드라마에 여러 번 나와서 사람들이 자주 찾는 관광 명소가 되어 지역 경제에도 도움이 되고 있다.

① 고대의 그림들을 보존하고자
② 개발을 하려는 계획을 알리고자
③ 볼거리 제공과 경쟁력 있는 도시를 만들고자
④ 지역 주민이나 예술가들의 일자리를 만들고자

※ [32~34] 다음을 읽고 내용이 같은 것을 고르십시오. (각 2점)

32.

> 색을 구분하지 못하는 것을 색맹이라고 하는데 보통 선천적이다. 색맹에는 부분적으로 색을 구분하지 못하는 색맹과 모든 색을 구분하지 못하는 색맹이 있다. 부분적으로 색을 구분하지 못하는 색맹에는 빨간색과 녹색을 구분하지 못하는 색맹과 파란색과 노란색을 구분하지 못하는 색맹이 있다. 가장 많이 발견되는 색맹은 빨간색과 녹색을 구분하지 못하는 색맹인데 보통 남자들에게서 많이 나타난다. 반면에 파란색과 노란색을 구분하지 못하는 색맹은 남녀가 비슷한 비율로 발견된다고 한다.

① 색맹은 후천적인 요인으로 인해 나타난다.

② 부분적으로 색을 구분하지 못하는 색맹에는 세 가지 종류가 있다.

③ 빨간색과 녹색을 구분하지 못하는 색맹은 남자에게서 더 많이 발견된다.

④ 가장 흔히 볼 수 있는 색맹은 파란색과 노란색을 구분하지 못하는 색맹이다.

33.

> 지난 봄에는 일기예보에서 연일 '미세먼지'에 대해 경고했다. 눈에 보이지 않는 작은 먼지들은 기관지에 안 좋은 영향을 끼친다. 미세먼지가 심할 때에는 사망률이나 기형아가 태어날 확률까지 높아진다고 한다. 미세먼지에 대처하는 좋은 방법이라고 할 만한 것은 없다. 하지만 미세먼지가 많은 날에는 외출을 하지 않거나 창문을 닫고 공기청정기를 가동하는 것이 좋다. 또한 황사방지용 마스크는 세탁 후에는 모양이 변형되어 황사를 막아주지 못하므로 일회용으로 사용해야 한다.

① 한국은 미세먼지에서 안전한 나라가 될 것이다.

② 미세먼지가 심하면 아기들의 사망률이 높아진다.

③ 미세먼지가 많은 날에는 환기를 하는 것이 좋지 않다.

④ 황사방지용 마스크는 빨아서 다시 쓰는 것이 건강에 좋다.

34.

> 운전자 10명 가운데 4명이 여성일 정도로 최근에 여성 운전자들이 크게 늘었다. 이렇게 여성 운전자들이 늘어남에 따라 여성 운전자들을 공략한 자동차들이 출시되고 있다. 유모차를 접지 않고 넣을 수 있는 공간이나 아이를 위한 좌석을 설치한 자동차는 아이와 함께 외출을 할 때 매우 유용하다. 화장품이나 신발을 두는 수납공간이 있거나 양손에 물건을 든 상태에서도 쉽게 여닫을 수 있게 만든 트렁크도 여성 운전자들의 편의를 고려한 사항이다.

① 운전자의 절반 이상이 여성이다.

② 여성 운전자들은 옷이나 신발을 트렁크에 넣어둔다.

③ 아이를 위해 따로 자리를 만들어 놓은 자동차가 나왔다.

④ 여성들이 좋아하는 디자인의 자동차들이 출시되고 있다.

※ **[35~38] 다음 글의 주제로 가장 알맞은 것을 고르십시오. (각 2점)**

35.

> 지난달, 한국중학교에서 직업체험의 날 행사가 진행되었다. 이날 25가지의 다양한 직업의 수업이 준비되어 1,2학년 학생들은 자신이 원하는 직업 수업을 선택하여 들을 수 있었다. 각 직업 수업은 실제 직업 종사자가 와서 자신의 직업에 대해 소개하고 그 직업을 갖는 방법과 그 직업이 하는 일을 설명해주며 학생들이 자신의 진로에 대해 더 자세한 정보를 얻을 수 있도록 도와주었다. 학부모들은 학교에서 자녀들이 진로에 대한 정보를 얻고 확신을 가지며 자신의 꿈에 다가갈 수 있는 기회를 많이 갖고 적성을 찾는데 도움을 주어야 한다고 목소리를 높였다.

① 학교는 학생들이 적성을 찾도록 도와주어야 한다.

② 많은 학생들이 적성을 찾기 위해서 노력하고 있다.

③ 직업 체험은 적성을 찾는 데에 도움이 되지 않는다.

④ 중요 과목 위주의 공부는 적성을 찾는 데에 도움이 된다.

36.

> 　한국의 출산율은 1.17명으로 세계적으로 최하위 수준에 해당한다. 이와 같은 저출산 현상이 지속될 경우 생산가능인구의 감소로 국가 경쟁력에도 큰 타격을 줄 것으로 전망된다. 한국의 저출산 현상은 젊은 세대의 취업난, 임신과 출산에 따른 여성의 경력 단절, 남성 중심의 사회 분위기 등 여러 가지 사회문화적 요소가 원인으로 작용한다. 따라서 단편적인 출산 장려정책만으로는 해결하기 어렵다. 저출산 문제를 해결하기 위해서는 사회적으로도 남녀가 대등한 가족 및 직장 문화를 이루기 위한 노력을 기울여야 할 것이다.

① 출산율이 낮은 이유는 개인주의의 확산 때문이다.
② 전통적인 가치관을 부활시켜서 출산율을 높여야 한다.
③ 정부에서는 이미 충분한 정도의 출산 지원 정책이 실시하고 있다.
④ 저출산 현상을 해결하기 위해서는 가부장적 사회 분위기가 바뀌어야 한다.

37.

> 　서구화된 식습관으로 인해 암으로 죽는 한국인들이 점점 늘어나고 있다. 동시에 암에 대한 관심이 높아지고 있다. 특히 암을 일으키는 발암물질, 암을 예방하는 항암물질에 대한 관심이 많다. 대표적인 발암물질이었던 커피는 최근에 항암물질로도 쓰일 수 있다고 판명됐다. 그러나 모든 사람들이 커피로 암을 예방할 수는 없다. 개개인이 카페인에 어떤 영향을 받는지 먼저 개인적인 차이를 알아야 하며 가급적이면 설탕이나 프림을 넣지 않은 커피를 마셔야 한다.

① 커피를 많이 마시면 오래 살 수 있다.
② 암을 예방하기 위해 발암물질을 피해야 한다.
③ 한국 사람들은 발암물질과 항암물질을 구분해야 한다.
④ 커피는 항암물질로 쓰일 수도 있으니 잘 알고 마셔야 한다.

38.

> 　요즘 들어 과거에는 남성들만 주로 했던 근력운동을 즐기는 여성들이 늘어
> 나고 있다. 근력운동을 꾸준히 하면 체중이 많이 줄지 않아도 탄력 있고 건강
> 한 몸매를 갖게 된다. 무엇보다도 나이가 들수록 근육량이 줄어들고 뼈가 약해
> 지는 여성들에게 근력운동은 체형관리뿐만 아니라 건강관리에도 아주 효과적
> 이라고 한다. 예전에 무조건 마른 청순가련형 여성이 미인의 대명사였다면 요
> 즘은 운동으로 다져진 탄탄한 몸매에 건강하고 활기차 보이는 여성이 새로운
> 미인형으로 각광을 받고 있다.

① 근력운동은 여성들에게 적합하지 않다.

② 나이가 들수록 운동을 게을리 하는 사람이 많다.

③ 체형 관리와 건강을 위해 근력운동을 하는 것이 좋다.

④ 현대사회의 미인형은 지나치게 마르고 가녀린 여성이다.

※ **[39~41] 다음 글에서 〈보기〉의 문장이 들어가기에 가장 알맞은 곳을 고르십시
오. (각 2점)**

39.

> 　태교란 임산부가 태아에게 좋은 영향을 주기 위하여 마음을 바르게 하고 언
> 행을 아름답게 하는 것을 말한다. (㉠) 태교를 잘 해야 태어날 아이의 성격이
> 좋아진다는 말 때문에 많은 예비 엄마들은 태교에 신경을 많이 쓴다. (㉡) 하
> 지만 태교의 목적은 아이를 건강하게 낳는 것이기 때문에 스트레스를 받으면
> 서 태교를 할 필요가 없다. (㉢) 직장에 다니는 엄마는 즐거운 마음으로 일
> 을 하면서 아기를 기다리는 것이 제일 좋은 태교이다. (㉣)

> 〈보기〉　그런데 태교에 대한 책들을 읽어 보면 지켜야 할 일들이 너무 많아서
> 　　　　　임산부들은 스트레스를 받게 된다.

① ㉠　　　　　　② ㉡　　　　　　③ ㉢　　　　　　④ ㉣

40.

예전에는 여자가 남자보다 나이가 많은 '연상녀–연하남 커플'이 그리 흔한 경우가 아니었다. (㉠) 그런데 최근에 서울시에서 실시한 조사에 따르면 서울에 거주하는 초혼 부부 가운데 약 15%가 연상녀–연하남 커플이라고 한다. (㉡) 이는 20년 전에 비해 6% 이상 증가한 수치다. (㉢) 이것은 여자가 남자보다 한두 살 많은 경우조차 흔히 볼 수 없었던 예전의 드라마와는 분명히 달라진 모습이다. (㉣)

〈보기〉 요즘에는 텔레비전 드라마에도 연상녀–연하남 커플이 많이 등장할 뿐만 아니라, 극중 남녀의 나이가 10살 이상 차이 나는 경우도 있다.

① ㉠   ② ㉡   ③ ㉢   ④ ㉣

41.

PC방에 가면 교복을 입은 청소년들이 게임에 몰두하고 있는 광경을 자주 볼 수 있다. (㉠) 학생들이 게임을 하는 이유는 재미있기 때문이다. (㉡) 그런데 왜 게임이 재미있을까? (㉢) 한국의 교육은 학생들의 수준을 무시하고 점점 어려워지고 있지만 게임은 간단하고 누구나 쉽게 도전할 수 있다. (㉣) 이와 같은 모습은 요즘 같은 경쟁사회에서는 보기 힘든 일이다.

〈보기〉 게다가 작은 일을 해결해도 상을 주고 함께 협력해서 문제를 해결하기도 한다.

① ㉠   ② ㉡   ③ ㉢   ④ ㉣

※ **[42~43] 다음을 읽고 물음에 답하십시오. (각 2점)**

한국에 온 지 반년이 되었다. 6개월 전 한국으로 오는 비행기를 탔을 때를 생각하면 아직도 심장이 뛴다. 지금은 한국 생활에 익숙해져서 큰 두려움이 없지만 비행기를 타기 전에는 한국말도 전혀 하지 못했다. 심지어 성격까지 소심해서 누군가가 말을 걸면 얼굴이 빨개지는 일이 잦았던 나였다. 게다가 20살이 될 때까지 부모님과 한 번도 떨어져 지낸 적이 없어서 외로움에 대해서는 생각도 못했다. 입맛도 까다로운 편이라서 매운 음식이나 짠 음식은 먹지를 못했다. 한국어도 못하고 성격도 소심하고 입도 짧은 내가 한국 유학 생활 6개월 만에 내 자신도 놀랄 만한 사람이 되었다. 지난주에 부모님이 오셔서 학교 근처에 있는 가장 맛있는 음식점으로 가게 되었다. <u>부모님은 한국 음식점에 들어가지 말자고 내 손을 잡았지만</u> 나는 당당하게 음식점으로 들어가서 한국어로 음식을 주문했다. 그 모습을 본 부모님은 정말 대견스러워하셨다. 한국으로 유학을 보낼 때 걱정이 많으셨던 부모님께 성장한 내 모습을 보여 드리는 것이 정말 자랑스러웠다.

42. 밑줄 친 부분에 나타난 인물의 태도로 알맞은 것을 고르십시오.

　① 불안하다　　　② 행복하다　　　③ 놀랍다　　　④ 지루하다

43. 이 글의 내용과 같은 것을 고르십시오.

　① 부모님은 나를 억지로 유학을 보냈다.
　② 부모님은 나를 이해하지만 한국 유학은 반대하셨다.
　③ 나는 소심한 사람이었지만 유학을 통해 적극적인 사람이 되었다.
　④ 나는 입맛이 까다롭고 성격이 조용한 편이어서 유학 생활이 힘들다.

※ **[44~45] 다음을 읽고 물음에 답하십시오. (각 2점)**

> 한국인들은 자신의 감정을 타인에게 솔직하게 표현하는 것을 어려워하는 편이다. 이런 기질 탓에 우울할 때 주변에 힘들다고 말하거나 도움을 청하는 일이 흔하지 않다. 다시 말하면 한국인들은 우울 증세를 잘 표현하지 못하고 속으로 삭이다가 병을 키우는 일이 많다는 것이다. 심지어 자신의 우울 증세를 스스로 알아차리지 못할 때도 있는데, 겉으로는 전혀 우울해 보이지 않지만 다양한 신체 증상이 우울증을 말해 주는 경우가 많다. 두통이나 어깨 통증, 소화불량, 불면증 등으로 일상생활에도 큰 불편을 겪지만 막상 병원에 가서 검사를 해 보면 아무 문제가 없다는 진단을 받는 경우가 그러한 예다. 생활에서 즐거움을 전혀 느끼지 못한다거나, 식욕이 없고 잠을 제대로 잘 수 없는 일이 지속적으로 반복될 경우 (   ). 무엇보다 평소에 우울증을 예방하는 것이 중요한데, 이를 위해 자신의 부정적인 감정을 솔직하게 인정하고 적절하게 표현하면서 스트레스가 너무 많이 쌓이지 않도록 하는 것이 좋다.

44. 이 글의 주제로 알맞은 것을 고르십시오.

　① 정기적인 건강검진을 통해 우울증을 예방할 수 있다.
　② 한국인들은 감정을 표현하는 데 익숙한 편에 속한다.
　③ 우울한 감정을 무조건 참거나 숨기는 것은 건강에 좋지 않다.
　④ 원만한 사회생활을 위해서는 조금 우울할 때라도 참아야 한다.

45. (   )에 들어갈 내용으로 알맞은 것을 고르십시오.

　① 곧바로 병원에서 건강검진을 받도록 해야 한다
　② 마음속에 쌓인 우울한 감정을 해소하는 것이 좋다.
　③ 티 나지 않는 우울증은 아닌지 의심해볼 필요가 있다
　④ 주변 사람들에게 도움을 청해 보는 것도 좋은 방법이다

※ [46~47] 다음을 읽고 물음에 답하십시오. (각 2점)

심리 치료, 음악 치료 등 놀이 치료의 한 가지인 미술 치료는 최근에 급부상하고 있는 치료법이다. 미술 치료에서는 그림을 그리는 행위를 통해 스트레스나 정신적 외상을 진단한다. (㉠) 동시에 예술 행위를 통해 스트레스를 이완시키고 나아가 극복할 수도 있다. 실제로 그림을 그리는 것을 통해 사람들은 기분 전환을 할 수 있다. (㉡) 그런데 미술 치료의 장점은 이것만 있는 것이 아니다. (㉢) 주의력이 떨어지는 아이나 자폐증 환자부터 시작하여 성인까지 거의 모든 사람들에게 미술 치료가 가능하며 효과적이기까지 하다. (㉣) 아이들은 자신의 스트레스를 말로 표현하기가 어려운데 미술치료를 통해서 자신의 마음을 표현하면서 심리도 치료할 수 있다. 그리고 자신의 감정을 표현하는 데에 서툰 성인들도 더 유용하게 치료를 받을 수 있다.

46. 다음 문장이 들어가기에 가장 알맞은 곳을 고르십시오.

미술치료의 또 다른 장점은 치료 대상의 폭이 넓다는 점이다.

① ㉠　　　② ㉡　　　③ ㉢　　　④ ㉣

47. 이 글의 내용과 같은 것을 고르십시오.

① 미술 치료는 일석이조의 효과가 있다.
② 미술 치료를 통해 자폐증 환자의 완치가 가능해졌다.
③ 미술 치료는 비전문가도 할 수 있는 간단한 치료이다.
④ 미술 치료는 성별에 따라 다양한 방법으로 이루어진다.

※ **[48~50] 다음을 읽고 물음에 답하십시오. (각 2점)**

유엔 북한인권조사위원회에서는 최근 북한 실향민에게 고향으로 돌아갈 권리가 있다는 보고서를 제출했다고 한다. 한국전쟁 후에 고향으로 돌아가지 못하고 가족을 그리워하며 살아가고 있는 많은 실향민들이 고령으로 인해 세상을 떠나고 있는데 유엔에서는 이러한 실향민들에게 이동의 자유가 있다고 발표한 것이다. 지금까지 이산가족 상봉은 1985년부터 시작하여 2014년까지 총 19차례 진행되었으나 <u>헤어진 가족과 몇 시간 동안의 만남은 너무 짧게 느껴진다.</u> 겨우 30kg에 제한을 둔 선물을 주고받으며 눈물을 펑펑 쏟는 어른들을 보며 그 만남을 가볍게 여길 만한 사람들이 몇이나 되겠는가? 그러나 유엔의 이러한 발표는 국제법에 의거한 것은 아니다. 유엔에서는 (   ) 고령 세대의 바람에 대해 존경하는 마음으로 이산가족 상봉을 지체하지 말아야 하지 않겠느냐고 주장했다. 문제는 남한과 북한의 정치적 대립일 뿐이다.

48. 필자가 이 글을 쓴 목적을 고르십시오.

   ① 헤어진 가족을 만나는 법을 제정하기 위해
   ② 헤어진 가족이 자주 만나는 일에 찬성하기 위해
   ③ 헤어진 가족을 찾는 일을 망설이지 않게 하기 위해서
   ④ 헤어진 가족의 인구조사를 통해 고령화의 상황을 살피기 위해

49. (   )에 들어갈 내용으로 알맞은 것을 고르십시오.

   ① 국제법에 대해 설명하면서
   ② 비록 법에 따른 의무는 아니지만
   ③ 실향민에게 이동의 자유를 주는 대신에
   ④ 남과 북의 중립적인 입장을 무시하고

50. 밑줄 친 부분에 나타난 필자의 태도로 알맞은 것을 고르십시오.

   ① 실향민과 자신을 동일시하고 있다.
   ② 실향민들에 대해 안타까워하면서 슬퍼하고 있다.
   ③ 북한에서 남한까지 오는 시간을 아까워하고 있다.
   ④ 이산가족 상봉 시간이 줄어드는 것에 분노하고 있다.

2회 모의고사

TOPIK II 읽기(1번~50번)

※ [1~2] (   )에 들어갈 가장 알맞은 것을 고르십시오. (각 2점)

1. 두 사람은 연인(   ) 서로에 대해 잘 모르는 편이다.

   ① 만큼
   ② 치고는
   ③ 이나마
   ④ 이야말로

2. 부모님을 모시고 여행을 (   ) 날씨가 나빠서 취소했다.

   ① 가더니
   ② 갔지만
   ③ 가는 바람에
   ④ 가려다가

※ [3~4] 다음 밑줄 친 부분과 의미가 비슷한 것을 고르십시오. (각 2점)

3. 도서관에 <u>가는 김에</u> 이 책 좀 반납해 주세요.

   ① 가는 길에
   ② 가고 나서
   ③ 가는 대로
   ④ 가는 반면에

4. 길이 막혀서 택시를 <u>타나마나</u> 약속에 늦을 것 같다.

   ① 타더라도
   ② 타고 나면
   ③ 타거든
   ④ 타기만 하면

※ **[5~8] 다음은 무엇에 대한 글인지 고르십시오. (각 2점)**

5.

> 가벼운 무게, 세련된 디자인,
> 깊은 산에서 불어오는 듯한 자연스러운 바람
> 저렴한 전기 요금으로 시원한 여름을!

① 선풍기　　　② 가습기　　　③ 냉장고　　　④ 정수기

6.

> 콧물이 나오는 감기! 그런데 꼭 병원에 가야 할까요?
> 퇴근길에 들러서 가벼운 건강 상담을 받고 싶으십니까?
> 여러분 가까이에 있습니다.

① 병원　　　② 커피숍　　　③ 약국　　　④ 체육관

7.

> 국내는 물론 해외까지,
> 신속하고 정확한 특급 우편 서비스로 찾아 가겠습니다.

① 병원　　　② 은행　　　③ 우체국　　　④ 도서관

8.

> 작품은 눈으로 감상해 주세요.
> 사진을 찍을 수 없습니다.
> 입장 시간은 9시부터 5시까지이며 6시까지 관람할 수 있습니다.

① 상품 안내　　　② 모집 안내　　　③ 전시 안내　　　④ 사용 안내

※ **[9~12] 다음 글 또는 도표의 내용과 같은 것을 고르십시오. (각 2점)**

9.

<table>
<tr><td colspan="2" align="center">안동 국제 탈춤 축제
기간: 9월 20일 ~ 10월 5일</td></tr>
<tr><td align="center">구분</td><td align="center">요금</td></tr>
<tr><td align="center">성인(18세~24세)</td><td align="center">8,000원</td></tr>
<tr><td align="center">학생(초중고)</td><td align="center">6,000원</td></tr>
<tr><td align="center">경로(65세 이상)</td><td align="center">5,000원</td></tr>
</table>

※ 30인 이상 단체할인
※ 미취학 아동 무료입장

① 학생 요금이 가장 싸다.

② 이 행사는 약 열흘 동안 열린다.

③ 스무 명 이상이 가면 단체 할인을 받을 수 있다.

④ 유치원에 다니는 아이들은 요금을 내지 않아도 된다.

10.

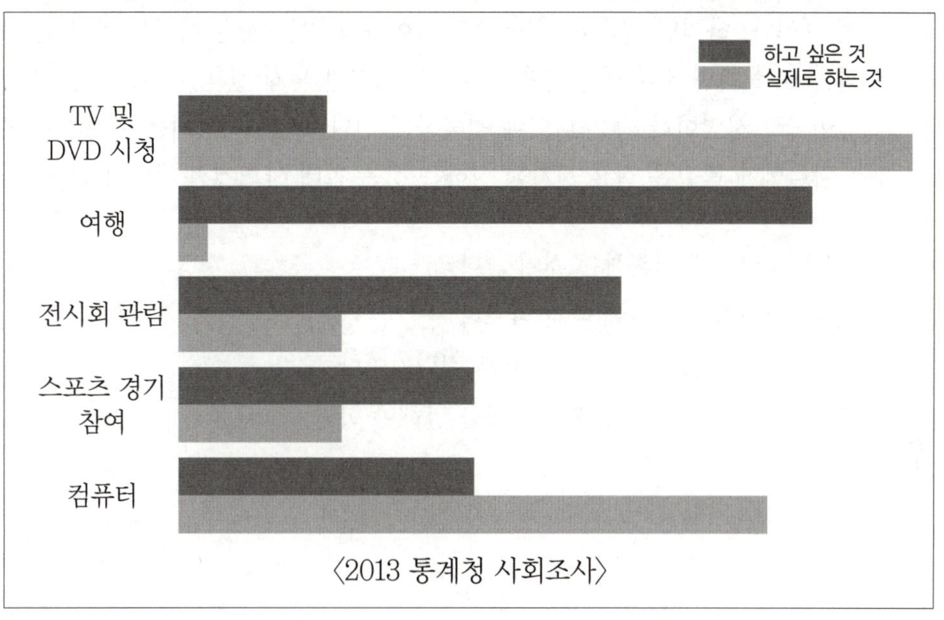

① 취미로 스포츠 경기를 즐기는 사람들이 많다.
② 여가 시간에 컴퓨터를 사용하는 사람들이 가장 많다.
③ 여가 시간에 밖에서 취미 생활을 즐기는 사람이 많다.
④ 여가 시간에 여행을 가고자 하는 사람들이 가장 많다.

11.

한국 사람들은 외국인이 조금만 한국어로 말해도 "한국말을 잘하시네요."라고 칭찬을 하는 경우가 많다. "안녕하세요", "감사합니다"처럼 아주 간단한 말에도 그 외국인의 한국어 실력에 감탄을 한다. 그러나 어떤 외국인들은 이런 칭찬에 대해 상당히 어색하게 생각한다. 간단한 인사말을 하는 것만으로도 한국어를 잘한다고 칭찬하는 것은 칭찬의 진정성이 없다고 생각하기 때문이다.

① 한국인들은 다른 사람을 칭찬하는 데에 인색한 편이다.
② 점점 더 많은 외국인들이 한국어를 배우러 한국에 온다.
③ 외국인들은 한국인들이 자신의 한국어 실력을 칭찬할 때 좋아한다.
④ 몇몇 외국인들은 한국인들이 자신을 쉽게 칭찬하는 것을 이상하게 생각한다.

12.

> 결혼을 하기에 가장 좋은 나이를 결혼 적령기라고 한다. 대부분의 남녀가 28~32살 사이에 결혼하므로 이 나이를 결혼 적령기라고 표현하는 것이 적절해 보인다. 하지만 결혼에 가장 좋은 나이를 따지는 것은 어려운 일이다. 하고 싶은 일을 하면서 자신의 실력을 갈고 닦으려면 늦게 결혼할 수는 것은 당연한 일이므로 사람마다 다른 나이에 결혼하게 된다. 결혼 적령기를 고집하여 모든 사람들에게 똑같은 결혼 시기를 정하는 것은 현대 사회에서 무리가 있다.

① 결혼 적령기에 결혼하는 것이 좋다.
② 결혼 적령기는 개인에 따라 다르다.
③ 하고 싶은 일을 하는 나이가 결혼 적령기이다.
④ 명절에 미혼 남녀는 결혼하는 날을 말해야 한다.

※ **[13~15] 다음을 순서대로 맞게 배열한 것을 고르십시오. (각 2점)**

13.

> (가) 이 사고로 운전자 김모 씨를 포함하여 3명이 사망했다.
> (나) 어젯밤 부천시 한 터널에서 승용차 두 대가 충돌하는 사고가 발생했다.
> (다) 또한 사고 차량에서 발생한 화재로 인해 한동안 터널 진입이 통제되었다.
> (라) 경찰은 운전자의 혈중 알코올 농도로 음주 운전을 사고 원인으로 보고 있다.

① (나)-(라)-(가)-(다)　　② (나)-(가)-(다)-(라)
③ (라)-(나)-(가)-(다)　　④ (라)-(가)-(나)-(다)

> (가) 또한 침실이 너무 밝으면 음식을 소화하는 것에도 문제가 생기기 때문에 살이 찌게 된다.
>
> (나) 그 이유는 사람이 보통 밝을 때에 일하기 때문에 밝으면 몸에서 잠을 잘 때 좋은 호르몬이 나올 수 없기 때문이다.
>
> (다) 따라서 다이어트를 하는 사람들은 늘 침실을 어둡게 하는 것이 좋다.
>
> (라) 영국 연구팀의 조사에 따르면, 침실이 밝으면 밝을수록 비만일 가능성이 높다고 한다.

① (나)-(가)- (다)-(라) 　② (나)- (다)-(가)-(라)
③ (라)-(가)- (나)-(다) 　④ (라)- (나)-(가)-(다)

15.

> (가) 지하철의 노약자석은 노인과 장애인, 임산부를 위한 전용석이다.
>
> (나) 심지어 노인이나 장애인, 임산부가 없을 때에도 노약자석은 거의 항상 비어 있다.
>
> (다) 그래서 일반적으로 신체 건강한 일반인들은 노약자석에 앉으면 안 된다고 생각한다.
>
> (라) 그만큼 한국인들의 의식 속에는 노약자석에 일반인이 앉으면 안 된다는 생각이 강한 것이다.

① (가)-(라)-(나)-(다) 　② (가)-(다)-(나)-(라)
③ (나)-(라)-(다)-(가) 　④ (나)-(다)-(가)-(라)

※ **[16~18] 다음을 읽고 (   )에 들어갈 내용으로 가장 알맞은 것을 고르십시오. (각 2점)**

16.

> 요즘에는 애완동물이라는 말 보다 '반려동물'이라는 말을 쓰는데 '반려'란 생각이나 행동을 함께 하는 짝이나 친구와 같은 존재를 뜻한다. 그런데 경제력 등의 문제로 (   ) 또한 휴가를 갈 때 맡길 데가 없다는 것도 하나의 이유라고 한다. 반려동물은 주인이 외로울 때는 예뻐하다가 곤란할 때는 버리는 장난감 취급을 받아서는 안 된다. 버려진 반려 동물들의 시체나 배설물이 환경오염을 일으키는 것보다 더 큰 문제는 생명의 소중함을 잃어가는 우리 사회의 모습이다.

① 반려동물을 버리는 사람들도 적지 않다.

② 반려동물을 기르는 사람들이 줄고 있다.

③ 반려동물에 대한 관심이 높아지고 있다.

④ 방치된 반려동물을 찾아가는 주인이 늘고 있다.

17.

> 아이가 있는 집에서는 청결에 신경을 많이 쓰기 마련이다. 외출 후에 집에 돌아와서 깨끗하게 씻는 것은 물론이고, 집에서도 수시로 먼지를 닦고 살균제를 사용하는 부모들이 많다. 그러나 지나치게 청결에 집착하는 것은 (   ). 세균 중에는 우리 몸에 이로운 것들도 있는데 과도한 살균은 이런 이로운 세균들까지 모두 죽이기 때문이다.

① 아이들을 필요 이상으로 예민한 성격으로 키울 수도 있다.

② 너무 많은 청소 용품을 소비하게 하므로 경제적으로 부담이 된다.

③ 오히려 아이들의 면역력을 떨어뜨리고 건강을 해치게 할 수도 있다.

④ 부모에게 육아에 대한 상당한 스트레스를 줄 수 있기 때문에 좋지 않다.

18.

> 과거와 달리 현대 교육에서는 학생들에게 창의력이 요구된다. 그렇다면 창의력을 높이는 방법은 무엇인가? 정부에서는 최근 그 답을 컴퓨터 교육에서 찾았다. 학생들은 컴퓨터 교육으로 다양한 컴퓨터 게임 등을 만들면서 창의력을 키울 수 있다. 정부는 이 교육의 목표가 컴퓨터 전문가 양성에 있는 것이 아니라 (   ) 있다고 주장하면서 컴퓨터 교육을 대학입시에도 반영하도록 검토하고 있다고 발표했다.

① 학생들의 창의력 증진에　　　　② 학생들의 컴퓨터 교육에
③ 학생들의 감수성 발달에　　　　④ 학생들의 대학입시 반영에

※ [19~20] 다음을 읽고 물음에 답하십시오. (각 2점)

> 디지털 쿼터족이란 스마트폰과 같은 디지털 기기를 활용해서 업무를 빠르게 처리하는 젊은이들을 가리키는 말이다. 디지털 기기들 덕분에 기성세대들이 생각하고 행동하는 시간에 비해 훨씬 짧은 시간으로 일을 해내는 사람들이라는 뜻이다. 디지털 쿼터족은 한꺼번에 두세 가지 일을 처리할 줄 알고 즉석에서 필요한 정보를 찾아낸다. (   ) 디지털 중독에 노출될 위험도 있는데, 잠시라도 손에서 스마트폰을 놓지 못하는 것이나 기억력이 감퇴하는 것 등이 디지털 쿼터족이 겪는 부작용이다.

19. (   )에 들어갈 알맞은 것을 고르십시오.

① 마침　　　　　② 또한　　　　　③ 반면　　　　　④ 오히려

20. 이 글의 내용과 같은 것을 고르십시오.

① 디지털 쿼터족은 업무처리가 정확하다.
② 오늘날 많은 회사에서 디지털 쿼터족을 선호한다.
③ 디지털 기기의 사용법을 완벽하게 익히면 부작용이 없다.
④ 디지털 쿼터족은 필요한 정보를 신속하게 찾아내서 업무에 활용한다.

※ [21~22] 다음을 읽고 물음에 답하십시오. (각 2점)

과유불급이라는 말이 있다. 이 말은 (   )는 말인데 SNS 피로 증후군이 좋은 예이다. SNS 피로 증후군은 잠깐이라도 SNS의 글을 확인하지 않으면 궁금해서 일이 손에 잡히지 않는 정신적인 스트레스부터 손목이나 눈에 극심한 피로를 가져오는 외상적인 피해까지 다양한 문제적 증상을 보인다. 특히 개인정보가 만천하에 드러나거나 너무 많은 양의 정보를 알게 되면서 오는 스트레스에 시달리는 사람들이 많다. 이렇게 많은 사람들은 처음에는 재미삼아 가볍게 시작했지만 SNS에 너무 몰두하는 바람에 스트레스를 심하게 받고 있다. 이런 병적 증세를 보이는 사람들은 SNS를 그만두는 것이 가장 좋은 치료법이 될 것이다.

21. (   )에 들어갈 알맞은 것을 고르십시오.

① 시작하면 끝을 봐야 한다.
② 지나친 것은 안 하느니만 못하다.
③ 잠깐 사이에 많은 것이 변화한다.
④ 과감하게 그만두었다가 후회한다.

22. 이 글의 중심 생각을 고르십시오.

① 전세계적으로 SNS 증후군이 심각한 문제가 되었다.
② SNS는 새로운 증후군으로 치료법이 발견되지 않았다.
③ SNS를 그만두는 것이 SNS 증후군의 가장 좋은 치료법이다.
④ SNS 증후군으로 인해 손목이나 눈의 피로감을 호소하는 사람들이 늘고 있다.

얼마 전, 이사를 하는 날 있었던 일이다. 집주인으로부터 전세 보증금의 일부는 수표로 돌려받고, 나머지는 송금 받기로 했다. 이삿짐을 실은 차를 새로 이사 갈 동네로 먼저 보내 놓고 나는 가까운 은행으로 향했다. 수표로 받은 보증금의 일부를 바로 통장에 입금하기 위해서였다. 수표 12장을 현금자동입출기로 입금하려고 하는데, 기계가 수표를 읽지 못하고 계속 반환하는 것이었다. 몇 번 하다가 결국 옆에 있는 다른 현금자동입출기에서 다시 시도해 보기로 했다. 한 번에 입금할 수 있는 수표가 10장이라서 우선 10장만 입금했다. 그리고 남은 수표를 세어 보는데, 당연히 두 장 남아 있어야 할 수표가 한 장밖에 남아 있지 않은 것이었다. 순간 나는 <u>심장이 덜컥 내려앉았다.</u> 부동산에서 확인할 때는 분명히 12장이었는데, 왜 한 장이 모자라는지 이해할 수 없었다. 정신을 가다듬고 통장 잔고를 확인해보니, 조금 전에 수표를 읽지 못하던 현금자동입출기에서 한 장이 입금되었던 것을 내가 미처 몰랐던 것이다.

---

23. 밑줄 친 부분에 나타난 나의 심정으로 알맞은 것을 고르십시오.

    ① 화가 난다   ② 놀랍고 다급하다

    ③ 슬프고 실망스럽다   ④ 부끄럽고 창피하다

24. 이 글의 내용과 같은 것을 고르십시오.

    ① 은행에 현금자동입출기가 없었다.

    ② 나는 수표 한 장을 길에서 잃어버렸다.

    ③ 나는 이사를 모두 마친 후 은행에 다녀왔다.

    ④ 집주인은 보증금의 일부를 수표로 돌려주었다.

※ **[25~27] 다음은 신문 기사의 제목입니다. 가장 잘 설명한 것을 고르십시오. (각 2점)**

25.

> 배우자 출산 휴가, 현행 3일에서 30일로 확대하는 법안 추진

① 배우자 출산 휴가를 30일로 늘려 달라는 요구가 있다.
② 현재 법에 따르면 배우자 출산 휴가는 30일로 보장되어 있다.
③ 배우자 출산 휴가를 30일로 늘리는 법을 만들려고 한다.
④ 배우자가 출산을 하면 30일 동안 휴가를 주는 법을 제정했다.

26.

> 재해 대피 요령 모르는 공무원 태반, 전국민의 안전 의식 수준은 바닥

① 공무원은커녕 대부분의 국민이 재해 대피 요령을 모른다.
② 공무원과 국민들은 재해 대피 요령을 모르지만 안전에는 관심이 많다.
③ 재해 대피 요령을 모르는 공무원이 많으며 국민들의 안전 의식 수준도 낮다.
④ 재해 대피 요령을 모르는 공무원은 별로 없지만 국민들의 안전 의식 수준은 낮다.

27.

> 대학 등록금, 아르바이트 1,024시간 해야 마련 가능

① 1,024 시간 동안 아르바이트를 하면 대학에 입학할 수 있다.
② 요즘 대학생들은 평균적으로 1,204시간 동안 아르바이트를 한다.
③ 대학에 입학하려면 의무적으로 아르바이트를 1,024시간 동안 해야 한다.
④ 아르바이트 1,024시간을 해야 대학교 등록금에 해당하는 돈을 벌 수 있다.

※ [28~31] 다음을 읽고 (   )에 들어갈 내용으로 가장 알맞은 것을 고르십시오.
(각 2점)

28.
> 체감온도란 사람이 실제 기온과 상관없이 더위나 추위를 느끼는 것을 말한다. 체감온도에 영향을 주는 요인들은 풍속, 습도, 일사 등이 있다. 그 중 습도는 체감온도에 많은 영향을 끼치는데 습도가 높으면 불쾌지수도 높아진다. 습도를 잡으면 쾌적한 공기를 즐길 수 있어서 (   ) 이 사실이 알려지면서 여름철에 에어컨 판매량보다 제습기 판매량이 높아졌다.

① 추위를 느낀다.
② 불쾌감을 줄일 수 있다.
③ 실제 기온을 정확하게 알 수 있다.
④ 체감온도에 직접적인 영향을 미치지 않는다.

29.
> 여름이 되면 벌레와 모기 때문에 고생하는 경우가 많다. 그럴 때 가장 손쉽게 구할 수 있는 것이 각종 살충제다. 그러나 이런 살충제는 인체에 해로운 화학약품으로 만들어지기 때문에 사람에게도 유해하다. 그래서 요즘에는 살충제 대신에 (   ) 방법이 인기를 끌고 있다. 모기가 싫어하는 향을 분비하는 식물을 활용해서 모기를 잡아 내거나, 벌레를 잡아먹는 식물을 활용하여 벌레를 자연적으로 없애는 것이다.

① 해충 퇴치 식물을 활용하는
② 모기 기피제를 몸에 바르는
③ 벌레가 좋아하는 식물을 활용하는
④ 천연 살충제를 만들어서 사용하는

30.

> 　흔히 현모양처의 전형이라고 불리는 신사임당은 시와 그림에 뛰어난 예술가였다. 신사임당은 오늘날 많은 한국인들의 존경을 받는 전통적인 여성상으로 여겨진다. 그러나 신사임당의 실제 모습은 우리가 흔히 생각하는 순종적인 여성상과는 차이가 있다. 신사임당이 자신의 예술적 영감을 작품으로 승화할 수 있었던 것은 오히려 자신의 내면에 집중할 수 있었기 때문이었다. 신사임당은 유교적 가치관에 따라 남성에게 무조건 순종하는 여성이었다기보다는 (　　) 여성이었다고 할 수 있다.

① 남편과 자녀에게 헌신하는 전통적인

② 독립적으로 자신의 삶을 살았던 주체적인

③ 글과 그림을 사랑하는 예술적 감각이 뛰어난

④ 사회에서 요구하는 유교적 여성상에 부합하려는

31.

> 　결혼, 노동, 교육 등 다양한 목적으로 한국에 이주해 오는 외국인들이 증가함에 따라 바야흐로 한국은 다문화사회에 접어들었다. 각기 다른 문화적 배경의 이주민들이 한국에 성공적으로 정착하여 살 수 있도록 한국어 교육, 직업 교육, 한국 사회 적응 훈련 등 다양한 지원정책이 실시되고 있다. 그러나 이주민들이 한국사회에 잘 적응하는 것 못지않게 중요한 것이 또 한 가지 있다. 한국인들이 (　　) 것이다. 진정한 다문화사회가 되기 위해서는 한국인과 이주민의 상호 이해가 필수적이기 때문이다.

① 한국 문화에 대해 자부심을 갖는

② 한국 문화를 지속적으로 발전시키는

③ 이주민의 문화를 이해하고 포용하는

④ 이주민들에게 한국 문화를 잘 가르쳐주는

32.

> 옛날에 4~5월은 겨울부터 먹은 식량은 바닥나고 농작물을 수확하기에는 이른 시기라서 먹을 것이 없었다. 이때 한국 사람들은 개를 먹었다. 개는 소, 닭과는 달리 일도 못하고 달걀도 낳지 못하며 새끼를 많이 낳기 때문이다. 이것이 보신탕의 시초로 이제는 개고기가 몸에 좋다는 근거 없는 말만 전해진다. 하지만 최근 조사를 보면 젊은 층이 여름에 가장 먹고 싶은 보양식은 삼계탕이나 장어로, 보신탕을 먹는 사람들은 점점 줄어들고 있다.

① 4~5월은 일이 많아서 힘든 시기였다.
② 보신탕은 앞으로 먹지 않게 될 것이다.
③ 개고기가 몸에 좋다는 말은 맞는 말이다.
④ 환경이 변하면서 개를 먹지 않는 사람들이 많아졌다.

33.

> 일반인의 평균 체형에 비해 월등히 큰 키에 길고 마른 몸을 가진 광고 모델들은 늘 선망의 대상이 된다. 특히 유행에 민감한 10대와 20대는 광고 모델들처럼 마른 몸매가 되기 위해 무리하게 다이어트를 하기도 한다. 그런데 광고에서 볼 수 있는 모델들의 몸은 모델의 실제 몸을 그대로 찍은 것이 아니라 컴퓨터로 수정하고 편집한 것이다. 즉, 우리가 광고에서 보는 모델들의 늘씬한 몸은 모델들의 실제 모습과 똑같지 않을 수도 있다.

① 광고에 나오는 모델들은 사진과 실물이 똑같다.
② 많은 사람들이 키가 크고 마른 체형의 모델들을 부러워한다.
③ 광고를 찍은 후 컴퓨터로 원본 사진을 고치는 경우는 거의 없다.
④ 청소년들 사이에서는 광고 모델의 머리 모양과 화장을 따라하는 것이 유행이다.

34.

> 갓은 한국의 옛날 사람들이 쓰던 모자를 말한다. 갓은 혼인한 남자들만 쓸 수 있었으며 갓의 종류나 끈의 모양 등으로 신분을 알 수 있었다. 특히 천민은 갓을 착용할 수 없었다고 한다. 그런데 갓은 모양이 쉽게 망가진다. 이를 통해 모자로서의 기능보다는 도덕성이나 양반의 체면을 위한 기능을 했다는 것을 알 수 있다. 양반들은 모자를 올바르게 착용하고 그 모양을 유지함으로서 마음가짐과 몸가짐을 조심히 했다.

① 가난한 사람들은 갓을 쓸 수 없었다.
② 갓은 신분이나 성별과 관계없이 자유롭게 사용되었다.
③ 갓을 통해서 양반의 점잖음을 강조한 사회 분위기를 알 수 있다.
④ 갓은 해를 가리고 머리를 바람으로부터 보호하는 기능을 가지고 있었다.

※ [35~38] 다음 글의 주제로 가장 알맞은 것을 고르십시오. (각 2점)

35.

> 흔히 예의란 자신보다 나이가 많거나 지위가 높은 사람에게만 지켜야 하는 것으로 생각하기 쉽다. 그러나 본래 예의란 상대방을 존중하는 의미에서 남녀노소 지위고하를 막론하고 지켜야 하는 것이다. 사회적으로 나보다 강한 사람, 나이가 많은 윗사람에게만 예의를 갖추고 나보다 약한 사람이거나 나이가 어린 아랫사람에게는 별다른 예의를 지키지 않아도 된다는 생각은 매우 위험하다. 인격적으로 성숙한 사람은 자신보다 강한 상대방뿐만 아니라 약한 상대방에게도 똑같이 예의를 갖출 줄 아는 사람이다.

① 손윗사람에게는 엄격하게 예의를 갖추어서 대해야 한다.
② 예의는 윗사람뿐만 아니라 아랫사람에게도 지켜야 하는 것이다.
③ 상대방의 남녀노소 지위고하를 불문하고 똑같은 태도로 말을 해야 한다.
④ 나이가 한참 어린 후배나 어린이에게는 군이 예의를 지키지 않아도 된다.

36.

> 싱크홀이란 땅이 아래로 꺼져서 지반에 구멍이 생기는 것을 말한다. 보통 동굴과 다르게 아래로 길게 난 수직 동굴인 셈이다. 본래 싱크홀은 자연적으로 생기고 그 크기가 놀라울 정도로 커서 동굴 안에 다양한 희귀 생명체가 산다. 그러나 최근에는 무분별한 개발로 인해 지하수가 말라 싱크홀이 생기기도 한다. 다행히 한국의 국토는 화강암으로 이루어져 있어서 깊은 싱크홀이 생기기는 어렵다. 그럼에도 불구하고 인구가 밀집된 도시에 생기는 싱크홀은 크기에 상관없이 큰 피해를 낼 가능성이 높다.

① 싱크홀은 생태계에 도움이 된다.
② 한국에서는 싱크홀이 생길 수 없다.
③ 싱크홀은 지하수가 부족할 때 생기는 것이다.
④ 무분별한 개발을 중지하여 싱크홀을 막도록 한다.

37.

> 피부 관리에 대한 한국 여성들의 관심은 전 세계적으로 높은 편에 속한다. 한국 여성 10명 가운데 2명은 하루에 열 가지가 넘는 기초 화장품 종류를 사용한다고도 한다. 그러나 많은 종류의 화장품을 바르는 것이 피부에 좋을 거라는 믿음과 달리 지나치게 많은 화장품 사용은 오히려 피부에 독이 될 수도 있다. 피부에 수분이나 유분을 과잉 공급하면 피부는 오히려 더 건조해진다. 2~3가지 정도의 기초 제품을 피부에 충분히 흡수되도록 적절하게 사용하는 것이 오히려 피부 건강을 지키는 방법이다.

① 과도한 화장품 사용은 오히려 피부 건강을 해친다.
② 한국 여성들은 화장품에 대한 관심이 적은 편이다.
③ 건강한 피부를 위해 수분 공급은 자주 할수록 좋다.
④ 촉촉한 피부를 위해서는 기초 화장품을 많이 바를수록 좋다.

38.

> 취업을 준비할 때 가장 준비하기 어려운 것 중 하나가 자기소개서이다. 그래서 자기소개서를 쓰는 방법은 서적으로 출간되거나 강의로 개설되기도 한다. 그러나 시대가 변하면서 자기소개서 쓰는 방법도 달라졌다. 예전에는 장단점이나 부모의 직업을 기입하게 했으나 요즘에는 옛날과 달리 자신이 전에 했던 일을 통해 자신의 마음가짐을 설명하는 방식이 유행하고 있다. 그래서 면접관들은 자기소개서를 읽는 것만으로도 면접자의 생각을 알 수 있게 되었다.

① 자기소개서를 쓰는 방법이 변했다.
② 자기소개서를 읽는 사람들의 취향은 까다롭다.
③ 자기소개서를 쓸 때 자신의 사고방식에 대해 써야 한다.
④ 자기소개서에서 부모의 직업이나 장단점은 제외하는 것이 좋다.

※ **[39~41] 다음 글에서 〈보기〉의 문장이 들어가기에 가장 알맞은 곳을 고르십시오. (각 2점)**

39.

> 많은 여성들이 아름답게 보이기 위해 화장을 한다. (㉠) 가령, 남성들을 대상으로 여성들의 화장 전과 후의 얼굴 사진을 보여준 이 실험에서 아름다움과 매력은 반드시 비례하지 않는 것으로 나왔다. (㉡) 외적인 아름다움은 화장으로 얻을 수 있을지 몰라도 매력은 표정과 말투, 태도 등에서 느껴지기 때문인 것으로 보인다. (㉢) 무조건 진한 화장을 하기보다 밝고 호감 가는 표정과 태도를 갖도록 하는 것이 진정한 아름다움에 가까워질 수 있는 방법이 될 것이다. (㉣)

> 〈보기〉 그런데 화장을 통해 아름다워 보일 수는 있어도 반드시 매력적으로 보이지는 않는다는 실험 결과가 발표되었다.

① ㉠　　　　② ㉡　　　　③ ㉢　　　　④ ㉣

40.

'서른 살이 심리학에게 묻다', '여자의 모든 인생은 20대에 결정 된다' 등 서점에 가면 특정 나이를 위한 지침서가 많이 나와 있다. (㉠) 모든 사람은 자기 나이에 자기가 해야 할 일들을 찾아 분주하다. (㉡) 그리고 다른 사람들과 조금이라도 다르게 되면 매우 걱정하고 괴로워하며 인생의 패배자가 되었다고 생각한다. (㉢) 하지만 사실은 그렇지 않다. (㉣)

〈보기〉　모든 사람의 인생이 똑같지 않고 가장 중요한 나이는 사람마다 다르므로 불안해 할 필요가 없다.

① ㉠　　　　② ㉡　　　　③ ㉢　　　　④ ㉣

41.

인형처럼 예쁘게 생긴 여자, 조각 같은 얼굴의 남자가 인기 있는 연예인으로 각광 받던 시대가 요즘 들어 서서히 변하고 있다. (㉠) 지금은 얼굴이 뛰어나게 예쁘거나 잘생긴 연예인보다 키 크고 늘씬한 체형의 연예인들이 사람들의 시선을 끈다. (㉡) 특히 모델 출신의 연기자들이 주목을 받는다. (㉢) 한 방송 관계자의 말에 따르면, 모델 출신의 연기자들은 큰 키에 작은 두상, 긴 팔다리의 외모가 돋보일 뿐만 아니라, 모델 활동을 하면서 몸에 익힌 순발력이 연기에도 도움이 된다고 한다. (㉣)

〈보기〉　방송에서도 기존의 연예인들에 비해 개성 있는 외모와 연기를 보여주는 모델 출신 연예인들을 선호한다고 한다.

① ㉠　　　　② ㉡　　　　③ ㉢　　　　④ ㉣

※ [42~43] 다음을 읽고 물음에 답하십시오. (각 2점)

> 임금이 수도를 떠나고자 한다는 소문을 듣자 사람들은 제각기 도망하기 시작하여 온 성이 텅 비게 되었다.
>
> 임금은 왕자에게 명해서 성안에 사는 백성들을 모아 놓고 타이르게 했다.
>
> "우리가 무슨 일이 있어도 이곳은 지킬 작정이니 염려하지 말라."
>
> 이렇게 타일렀지만 사람들의 마음은 그렇지 못했다. 백성들이 앞으로 나오면서 말했다.
>
> "왕자님의 말씀만 가지고서는 놀란 마음을 진정시킬 수 없습니다. 임금께서 친히 나오셔서 말씀해 주시기 바랍니다."
>
> 그 이튿날, 임금은 할 수 없이 백성들 앞에 나와서 그 전날처럼 백성들을 타일렀다. <u>그제야 백성들은 눈물을 멈추고 서서히 물러갔다.</u> 그리고 산골짜기에 숨었던 노인과 여자, 아이들을 불러들이니 성안은 사람들로 전과 같이 가득 차 있었다.

42. 밑줄 친 부분에 나타난 사람들의 태도로 알맞은 것을 고르십시오.

① 슬프다   ② 의심하다   ③ 안심하다   ④ 불안하다

43. 이 글의 내용과 같은 것을 고르십시오.

① 임금은 백성들을 직접 만나지 않았다.
② 백성들은 모두 성안에 머물고 있었다.
③ 성안의 백성들은 왕자의 말을 듣고 안심했다.
④ 임금은 백성들에게 성을 지키겠다고 약속했다.

※ **[44~45] 다음을 읽고 물음에 답하십시오. (각 2점)**

얼마 전에 우연히 인터넷에서 전혀 모르는 아이돌 가수가 1위인 순위표를 보았다. 나는 딸아이에게 이 가수가 굉장히 인기 있는 가수냐고 물어보았다. 딸아이는 컴퓨터 화면을 슬쩍 보더니 팬들이 일시적으로 투표를 많이 해서 일위를 하는 이른바 후광효과라고 말했다. 요즘에는 자기가 좋아하는 가수를 일등으로 만들기 위해서 목숨을 걸고 투표를 하거나 음반을 사는 팬들이 많다. 예전에는 (   ) 이제는 팬들도 전쟁이라도 치르는 것처럼 가수의 활동에 열정적으로 참여한다. 결국 노래의 완성도보다는 일등이 되었다는 것에 만족감을 우선시하게 된 것이다. 이런 상황에서 즐거움을 느낄 수는 있는 것인지 의심스럽다.

44. 이 글의 주제로 알맞은 것을 고르십시오.

① 젊은이들이 노래를 즐기는 방법이 전보다 더 좋아졌다.
② 문화를 누리는 만족감의 지표가 잘못되었다는 생각이 든다.
③ 노래의 완성도가 높은 가수들이 많이 등장하여 보기가 좋다.
④ 신선한 가수가 차트에서 일위를 차지하니까 색다른 효과가 나타난다.

45. (   )에 들어갈 내용으로 알맞은 것을 고르십시오.

① 노래 자체에서 즐거움을 느꼈는데
② 가수와 팬들이 함께 활동을 했는데
③ 노래를 부르는 것에 목숨을 거는 팬들이 많았는데
④ 평화로운 분위기에서 더 좋은 음반이 나올 수 있었는데

※ [46~47] 다음을 읽고 물음에 답하십시오. (각 2점)

> 한국은 예부터 여자가 결혼하면 남자의 집에 들어가서 사는 '시집살이 문화'라고 생각하지만 조선 중기까지의 결혼풍습을 살펴보면 남자가 결혼 후 여자의 집에 들어가서 사는 것이 보통이었다. 결혼식은 여자의 집에서 이루어졌으며, 결혼식을 올린 후 남자는 처가와 본가를 왔다 갔다 하면서 지냈다. (㉠) 아이들이 어느 정도 성장한 후에야 여자가 아이들을 데리고 시집으로 들어가는 것이 일반적이었다. (㉡) 또한 장인과 사위는 단순한 가족 관계에 머무르지 않고 비슷한 정치적 신념과 가치관을 공유하는 사회적 동지 관계라고 할 만큼 돈독한 사이였다. (㉢) 요컨대 한국의 전통적인 결혼풍습은 오히려 남자가 여자의 집 즉 장인의 집에 들어가서 사는 '장가 문화'였던 것이다. (㉣) 이렇게 남자가 '장가드는' 결혼풍습은 조선 후기로 접어들면서 여자가 '시집가는' 문화로 변하여, 남성 위주의 결혼풍습과 가정생활의 모습으로 변하게 되었다.

46. 다음 문장이 들어가기에 가장 알맞은 곳을 고르십시오.

> 여자는 결혼식을 올린 후에도 친정에 계속 머물면서 아이를 낳고 키웠다.

① ㉠   ② ㉡   ③ ㉢   ④ ㉣

47. 이 글의 내용과 같은 것을 고르십시오.

① 조선시대 때는 결혼식을 남자의 집에서 했다.
② 조선중기까지 아이들은 보통 외가에서 태어나서 자랐다.
③ 한국은 옛날부터 여자가 남자의 집에 들어가서 사는 결혼풍습이 있었다.
④ 조선 후기부터 남녀의 지위가 평등해지면서 결혼풍습도 변하기 시작했다.

기업들이 사립대학 재단을 인수한 후 학교 운영에 관여하는 일이 많아지고 있다. 특히 기업들이 대학의 구조조정에 직접적으로 영향력을 행사함에 따라 학내 갈등이 늘었다. 신입생들에게 상대적으로 인기가 없는 인문사회계열 학과들을 통합하거나 폐지하려는 기업의 움직임에 대해 교수와 학생들이 반발하고 있기 때문이다. 기업 입장에서는 취업률이 높은 학과를 중심으로 대학을 운영하는 것이 학교 재정을 위해서도 이득이며, 무한경쟁시대에 대학이 살아남을 방안이라고 주장한다. 그러나 대학에서 (   ) 바람직하지 않다. 대학은 합리적인 사고능력을 배양하고 사회인으로서 갖추어야 할 교양을 배우는 곳이지 취업을 위한 학원이 아니기 때문이다. 그저 돈 잘 벌고 개인적인 이익만을 추구하는 삶이 아닌, 보다 나은 세상을 위해 함께 노력하는 자세를 갖기 위해서는 인문사회학적 지식이 필수적이다. <u>현재 이루어지고 있는 기업의 대학 구조조정은 대학생들을 사회의 지성인이 아닌 단순한 예비 회사원으로 키우려는 의도가 다분하다.</u> 독립적인 사고능력과 건전한 비판능력이 결여된 채 경제적 이득만을 좇는 사람들로 구성된 사회는 더 이상 희망이 없는 사회라는 것을 알아야 할 것이다.

48. 필자가 이 글을 쓴 목적을 고르십시오.

　① 대학 재정난의 원인을 분석하기 위해
　② 기업의 대학 구조조정 관여를 비판하기 위해
　③ 기업의 대학 재단 인수의 장단점을 비교하기 위해
　④ 대학의 구조조정에 대한 기업의 입장을 설명하기 위해

49. (   )에 들어갈 내용으로 알맞은 것을 고르십시오.

　① 기초학문을 위한 지원정책을 수립하는 것은
　② 경제적 이득만을 최고의 가치로 내세우는 것은
　③ 인문사회학을 교양 필수과목으로 지정하는 것은
　④ 학생들의 취업률을 높이기 위해 노력하지 않는 것은

50. 밑줄 친 부분에 나타난 필자의 태도로 알맞은 것을 고르십시오.

① 기업의 대학 구조조정이 지닌 문제점을 지적하고 있다.

② 학내 비인기 학과 통폐합 정책의 필요성을 역설하고 있다.

③ 취업률 하락으로 인한 대학의 경쟁력 상실을 비판하고 있다.

④ 극심한 취업난으로 고통 받는 대학 졸업생들을 동정하고 있다.

TOPIK Ⅱ 읽기(1번~50번)

※ [1~2] (   )에 들어갈 가장 알맞은 것을 고르십시오. (각 2점)

1. 지금은 실력이 좋지 않지만 (   ) 잘 하게 될 것이다.

   ① 배우려면   ② 배우기가 쉬우면
   ③ 배우다 보면   ④ 배운 적이 없으면

2. 그 친구는 요즘 새로운 일에 (   ) 매우 바쁘다

   ① 적응하기가   ② 적응한다며
   ③ 적응하는 바람에   ④ 적응하느라고

※ [3~4] 다음 밑줄 친 부분과 의미가 비슷한 것을 고르십시오. (각 2점)

3. 저녁 시간에는 가게에 사람이 <u>많을지도 몰라서</u> 예약을 해 두었다.

   ① 많으므로   ② 많을까 봐
   ③ 많을 텐데   ④ 많기 때문에

4. 아버지의 키가 <u>커도</u> 자녀는 나쁜 생활 습관 때문에 키가 작을 수도 있다.

   ① 크다면   ② 큰 것 같이
   ③ 크더라도   ④ 큰 것으로 인해

※ **[5~8] 다음은 무엇에 대한 글인지 고르십시오. (각 2점)**

5.

> 소나무 원목을 사용하여 더 튼튼해진 다리
> 수납 공간을 늘린 서랍형 평상
> 편안한 매트리스가 여러분의 깊은 잠을 약속합니다.

① 책상　　　　② 침대　　　　③ 세탁기　　　　④ 안마 의자

6.

> 올 해 저희와 함께 공부한 학생들!
>
> ### 한국대학교 49명 합격! 축하합니다.
>
> 공부를 해도 성적이 잘 오르지 않아 걱정인 학생과
> 학부모의 상담을 환영합니다.
> 저희는 학생에게 맞는 공부 방법을 찾아드립니다.
> 방학동안 듣고 만족스럽지 않다면 환불하세요.

① 학원　　　　② 학교　　　　③ 서점　　　　④ 은행

7.

> 수도만 열면 나오는 물, 깨끗하고 시원한 물.
> 당신의 자녀에게도 주고 싶지 않습니까?
> 한국은 물 부족국가입니다.
> 물을 돈처럼 씁시다.

① 경제 활동　　　　② 자원 절약　　　　③ 안전 관리　　　　④ 환경 보호

8.

> 이 건물은 전체가 금연입니다.
> 화장실에서 담배를 피우면 벌금이 부과됩니다.

① 이용 방법　　　　② 판매 장소　　　　③ 제품 문의　　　　④ 주의 사항

9.

> **제 2회 서울 김장 문화제**
>
> 도시 마다 다른 김치 맛도 보고!
> 내 손으로 직접 담근 김치도 먹어 보고!
>
> 일시: 2014년 11월 31일 (토) ~ 12월 1일 (일) 9:00~17:00
> 장소: 서울 광화문 광장 / 청계천 광장
>
> * 김장 체험은 홈페이지를 통해 신청하셔야 합니다. (참가비: 10,000원)

① 문화제는 평일 오후에 개최된다.
② 김치를 담그려면 참가비를 내야 한다.
③ 이 문화제는 이번에 처음 열리는 문화제이다.
④ 김치를 먹으려면 홈페이지에서 신청해야 한다.

10.

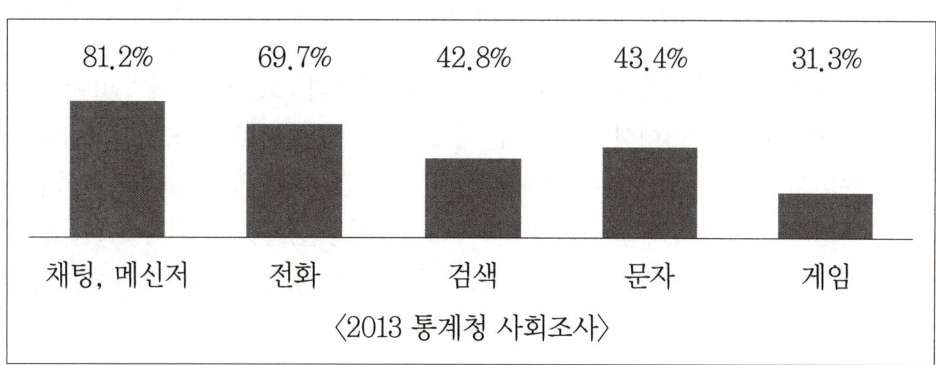

① 스마트폰으로 문자를 자주 쓰는 사람들이 반이 넘는다.
② 스마트폰으로 검색을 하는 사람보다 게임을 하는 사람이 많다.
③ 스마트폰으로 전화를 하는 사람보다 채팅을 하는 사람들이 더 많다.
④ 스마트폰으로 전화를 하는 사람들이 문자를 하는 사람보다 더 적다.

11.

> 　밝은 조명 탓에 밤하늘이 잘 보이지 않아도 별을 구경할 만한 곳이 생겼다. 동대문 역사문화공원에서 열리고 있는 '별바다'가 바로 그곳이다. 50평의 전시장 안에서 볼 수 있는 아름다운 별자리는 사람들의 입소문 덕분에 발걸음이 끊이지 않았다. 결국 서울시에서는 '별바다'의 전시를 12월까지 연장하기로 결정했다. 매일 오후 6시에서 10시 사이에 입장료 3,000원으로 아름다운 별자리들을 구경할 수 있다.

① '별바다'는 원래 12월까지 전시할 계획이었다.

② '별바다'는 아침에는 관람할 수 없는 전시이다.

③ '별바다'는 입장료가 없기 때문에 인기가 많아지고 있다.

④ '별바다'는 실외에서 설명을 들으며 별자리를 보는 전시이다.

12.

> 　최근 직접 색칠하며 완성하는 그림책이 인기다. 조사에 따르면 요즘 온라인 서점의 취미 분야에서 상위 10권 중 7권이 이런 그림책이라고 한다. 특히 어린아이들이 아닌 2, 30대 직장인 여성에게 인기가 많은데 그 이유로는 집중력 향상과 스트레스 해소, 색칠놀이라는 오락성 등을 꼽을 수 있다. 또한 많은 사람들이 자신의 작품을 SNS에 자랑하면서 많은 사람들이 이 그림책에 흥미를 가지게 됐다.

① 요즘 서점에서는 다양한 그림책을 팔고 있다.

② 출판사에서는 SNS를 통해서 그림책을 광고하고 있다.

③ 젊은 여성들 사이에서 그림책이 새로운 취미생활로 떠오르고 있다.

④ 직장인 여성들이 그림책을 좋아하는 이유는 어릴 때의 추억 때문이다.

※ **[13~15] 다음을 순서대로 맞게 배열한 것을 고르십시오. (각 2점)**

13.
> (가) 한국 사람들은 이 속담을 농담할 때 자주 쓴다.
>
> (나) 한국의 옛 속담에 '미운 놈 떡 하나 더 준다'는 말이 있다.
>
> (다) 이 속담을 교훈으로 삼아 미운 사람에게도 친절하게 행동하도록 하자.
>
> (라) 하지만 이 속담에는 미운 사람일수록 잘 해야 관계가 좋아진다는 뜻이 있다.

① (나)-(가)-(라)-(다)　　　　② (나)-(가)-(다)-(라)

③ (라)-(가)-(다)-(나)　　　　④ (라)-(가)-(나)-(다)

14.
> (가) 봄에 화재가 자주 나는 이유는 공기가 건조하기 때문이다.
>
> (나) 봄철에는 크고 작은 화재 사건이 많으므로 불에 주의해야 한다.
>
> (다) 그러므로 불을 사용한 후에는 완전히 꺼졌는지 꼭 확인하는 것이 좋다.
>
> (라) 특히 산에서 나는 불이나 거리가 좁은 아파트 단지에서 나는 불은 끄기가
>   어렵다.

① (가)-(다)-(나)-(라)　　　　② (나)-(가)-(라)-(다)

③ (가)-(다)-(라)-(나)　　　　④ (나)-(가)-(다)-(라)

15.
> (가) 하지만 서양 사람들은 빗소리를 소음으로 생각한다.
>
> (나) 한국인은 빗소리를 낭만적이라고 생각하여 빗소리 듣기를 즐긴다.
>
> (다) 이와는 반대로 한국의 건축은 빗소리를 더 크게 하는 모양으로 지어졌다.
>
> (라) 그런 이유로 서양에서는 건물을 지을 때 빗소리를 막으려고 하는 노력을
>   자주 한다.

① (나)-(가)-(라)-(다)　　　　② (라)-(가)-(다)-(나)

③ (나)-(가)-(다)-(라)　　　　④ (라)-(나)-(가)-(다)

※ [16~18] 다음을 읽고 (   )에 들어갈 내용으로 가장 알맞은 것을 고르십시오.
(각 2점)

16.

> 우리 몸이 똑바로 서 있을 수 있는 이유는 눈으로 보면서 귀로 위치 감각을 느끼기 때문이다. 자전거를 잘 못 타다가 잘 타게 되는 것도 귀에 있는 기관 때문이다. 그러나 달리는 차에서는 눈에 들어오는 정보는 똑같은데 반해 몸은 고정되지 않아 흔들리기 때문에 귀가 제대로 감각을 느낄 수 없어 뇌에서 혼란이 일어나서 멀미를 하게 된다. 그래서 멀미를 할 때는 (   )에 앉아야 한다.

① 흔들림이 적은 앞좌석
② 시각 정보가 바뀌는 뒷좌석
③ 위치를 느낄 수 없는 보조석
④ 이동할 곳을 미리 보는 운전자석

17.

> 한석봉의 어머니는 자녀와 부모가 떨어져야 자녀가 성장할 수 있다고 생각해서 아들을 절로 보냈다. 그러나 요즘 부모는 아이들을 심하게 보호하며 자신의 품에서 놓지 않으려고 한다. 부모의 이러한 태도 때문에 자녀들은 혼자 서는 것을 두려워하게 된다. 자녀를 성숙한 인간으로 키우기 위해서라도 부모가 먼저 (   ) 한다.

① 자녀를 절에 보내야
② 자녀를 품에 안아야
③ 자녀보다 성숙해져야
④ 자녀로부터 독립해야

18.

> 　　한국에서는 취미로 물속에 들어가서 도구를 이용해 물고기를 잡는 것을 금
> 지하고 있다. 여러 사람이 재미삼아 수중에서 사냥을 하다보면 바다의 사막화
> 를 막을 수 없기 때문이다. 전에는 대부분의 사람들이 고기잡이를 위해 바다에
> 뛰어들었지만 요즘에는 자연의 신비로움을 즐기기 위해 바다로 들어가고 있
> 다. 이렇게 후손에게 아름다운 바다를 물려주기 위한 노력 덕분에 스쿠버 다이
> 빙 문화는 (　　).

① 수중 사냥에서 관찰과 체험으로 바뀌었다.

② 취미생활에서 돈을 버는 행동으로 바뀌었다.

③ 환경을 보호하는 것과는 반대되는 문화가 됐다.

④ 고기잡이를 불법으로 만들기 위해 노력하고 있다.

※ [19~20] 다음을 읽고 물음에 답하십시오. (각 2점)

> 　　사람의 이는 뼈의 일종인데 보통 아기가 태어난 지 6개월쯤 되면 이가 난다. 처
> 음에 난 이를 젖니라고 하는데 젖니는 일정한 나이가 되면 다 빠지고 다시 새 이가
> 나온다. 그 후로는 새 이가 나지 않기 때문에 이 이를 영구치라고 부르는데 처음에
> 난 이가 모두 영구치로 교체된다는 사실 때문에 젖니를 관리하는 데 소홀한 경우가
> 많다. (　　) 젖니는 영구치가 나기 전에 이가 잘 나올 수 있도록 자리를 만들어 주
> 는 역할을 하기 때문에 잘 닦지 않고 썩게 내버려 두어서는 안 된다.

19. (　　)에 들어갈 알맞은 것을 고르십시오.

　　① 또한　　　　　　② 만약에　　　　　③ 그래서　　　　　④ 하지만

20. 이 글의 내용과 같은 것을 고르십시오.

　　① 젖니도 꾸준히 관리해야 한다.

　　② 영구치는 이가 나는 자리를 결정한다.

　　③ 영구치가 모두 빠지고 나면 젖니가 나온다.

　　④ 아기가 이를 갈고 나면 이의 뼈가 사라지게 된다.

※ **[21~22] 다음을 읽고 물음에 답하십시오. (각 2점)**

> 현대 사회는 외향적인 성격을 요구하는 직업이 많다. 그러나 성격은 유전자와 자라온 환경에서 영향을 받는 것이기 때문에 성격을 바꾸는 것은 어렵다. 직업에 성격을 맞추기 보다는 자기 성격에 맞춰 알맞은 일을 하는 것이 더 좋다. ( ) 신중하고 꼼꼼한 성격이라면 복잡한 상황을 정리하는 일을 맡는 것이 좋다. 진취적이고 과감한 성격이라면 반복되는 일을 피하고 어떤 일을 맡아서 주도적으로 진행하면 능력을 인정받을 것이다.

21. (   )에 들어갈 알맞은 것을 고르십시오.

    ① 내 코가 석 자인   ② 누워서 떡 먹기인
    ③ 빛 좋은 개살구인   ④ 돌다리도 두들겨 보는

22. 이 글의 중심 생각을 고르십시오.

    ① 성격은 유전자나 자라온 환경과 관계가 없다.
    ② 현대 사회에서는 적극적인 성격이 인기가 많다.
    ③ 내성적인 성격에도 장점이 있다는 것을 알아야 한다.
    ④ 자신의 성격에 따라서 자신에게 맞는 일을 하는 것이 좋다.

지하철을 타고 가던 어느 날 오후에 있었던 일이다. 쇼핑백을 들고 있던 한 남자가 내리다가 몇 백 개는 될 만큼의 십 원짜리 동전을 바닥에 쏟았다. 아마도 쇼핑백에 구멍이 난 모양이다. 당황한 그 남자는 내리려다가 떨어진 동전을 모으기 시작했다. 주변에 있던 사람들도 안타까웠는지 동전 주인을 돕기 위해 바닥에 쏟아진 동전을 줍기 시작했다. 사람들은 서둘러 동전을 모아봤지만 지하철 문은 닫히고 달리기 시작했다. 그 사이 더 많은 사람들이 모여 들어 쭈그리고 앉아서 동전을 손으로 쓸어 담는가 하면 어떤 사람은 모은 동전을 담을 비닐 봉투를 건네기도 했다. 동전을 쓸어 담을 수 있을 만큼 두꺼운 종이를 받침대로 쓰라고 건네주는 사람도 있었다. 아직은 우리 사회가 다른 사람이 당황하고 있을 때 모른 척 지나가기보다는 도우려는 마음이 남아있는 것 같아서 <u>나도 모르게 미소를 짓게 되었다.</u>

23. 밑줄 친 부분에 나타난 나의 심정으로 알맞은 것을 고르십시오.

① 부럽다   ② 흐뭇하다   ③ 신기하다   ④ 흥미롭다

24. 이 글의 내용과 같은 것을 고르십시오.

① 사람들은 동전을 줍다가 포기했다.
② 남자는 지하철에서 일부러 동전을 쏟았다.
③ 사람들은 자발적으로 남자를 돕기 시작했다.
④ 남자는 동전을 다 줍고 나서 지하철에서 내렸다.

※ **[25~27] 다음은 신문 기사의 제목입니다. 가장 잘 설명한 것을 고르십시오. (각 2점)**

25.

> 연이은 주택가 화재, 주민 불안 키우고 있어

① 주택가에서 화재 사고가 났지만 주민들은 크게 당황하지 않았다.

② 주택가 화재 사고가 감소했음에도 불구하고 주민들은 불안해한다.

③ 주택가의 화재 사고는 주민들의 신속한 대응으로 큰 피해가 없었다.

④ 주택가에서 계속해서 화재 사고가 나서 주민들의 불안이 커지고 있다.

26.

> '우등생 아이' 만들기 위한 선행학습, 오히려 창의력 저하시켜

① 우등생은 공부도 잘하고 창의력도 높은 아이를 말한다.

② 선행학습을 통해 아이의 학교 성적과 창의력을 모두 향상시킬 수 있다.

③ 선행학습을 하면 창의력은 키울 수 있지만 반드시 우등생이 되는 것은 아니다.

④ 공부 잘하는 아이로 만들기 위한 선행학습이 오히려 아이의 창의력을 떨어뜨린다.

27.

> 정부 팔 걷어붙여도 경제성장률 만만찮아

① 정부에서 아무리 노력해도 경제성장률이 오르기 쉽지 않다.

② 정부에서 애쓰지 않아도 지속적인 경제성장이 가능할 것이다.

③ 정부에서 적극적으로 경제를 활성화시켜야 경제가 발전할 것이다.

④ 정부에서 여러 가지 경제 활성화정책을 펼친 결과 경제가 성장했다.

※ [28~31] 다음을 읽고 (   )에 들어갈 내용으로 가장 알맞은 것을 고르십시오.
(각 2점)

28.
> 고속도로에서 운전을 하고 있을 때 종종 앞차를 추월해서 가거나 차선을 바꾸는 경우가 있다. 그런데 자신을 앞질렀거나 진로를 방해했다는 이유로 상대방에게 보복 운전을 하는 운전자들이 있다. 보복 운전을 하는 사람들은 보통 일부러 상대방 차를 추월해 바로 앞으로 가서 갑자기 속도를 줄이는 방법으로 상대방을 위협한다. 이런 보복 운전으로 인해 대형사고가 나는 경우도 있어서 (   ) 필요가 있다.

① 고속도로에서 서서히 속도를 줄일
② 보복 운전에 대한 법적인 처벌이 강화될
③ 운전자들은 가급적 차선 변경 횟수를 줄일
④ 고속도로에서 차선 변경을 금지할 법이 만들어질

29.
> 이를 깨끗이 닦지 않으면 심장병에 걸릴 수도 있다. 입 속에 살고 있는 충치 균이 심장에 들어가서 심장병을 일으킬 위험이 있기 때문이다. 입 안에 상처가 나면 충치 균이 혈관으로 들어가기도 하는데 이로 인해 심장병이 발병할 수도 있다. 다시 말해 (   ) 평소에 올바른 양치질을 통해 입 안 위생을 철저히 할 필요가 있다.

① 충치 균이 잇몸 질환에 악영향을 끼치므로
② 충치 균이 심장 질환의 원인이 될 수 있으므로
③ 충치 균이 입 안의 상처를 악화시킬 수도 있으므로
④ 충치 균으로 인해 혈관에 문제가 생길 수도 있으므로

30.

> 한 트럭 운전수가 운전 중에 창밖으로 아무 생각 없이 담배꽁초를 버렸다. 그리고 그 담배꽁초는 바람에 날려 차량으로 되돌아와 남아 있던 불씨가 트럭에 옮겨 붙는 사고가 발생했다. 이 화재로 인해 트럭에 있던 폭죽이 폭발하고 트럭이 완전히 불탔다. 다행히 소방관들의 빠른 대처로 운전수를 비롯하여 (　) 트럭 운전수는 다른 사람들의 목숨을 위험하게 한 혐의로 체포되었다.

① 큰 인명 피해가 발생하였으나
② 주변의 차량까지 모두 불탔으나
③ 인근에 있던 사람들 모두 무사했으나
④ 고속도로 진입이 한동안 통제되었으나

31.

> 많은 사람들이 매일 샤워를 하는데, 이렇게 매일 씻는 것이 오히려 피부에 좋지 않을 수도 있다. 매일 샤워를 하면 피부를 자극해서 더 건조하게 만들게 되고, 그 결과 세균에 감염될 위험이 더욱 높아지게 된다. 한 피부과 의사에 말에 의하면 기후와 활동량을 고려하여 이틀이나 사흘에 한 번씩 샤워를 하는 게 좋고, 옷을 깨끗하게 갈아입는 것이 더 중요하다고 한다. 먼지와 노폐물은 (　).

① 피부를 더 건조하게 만들기 때문이다
② 매일 몸을 씻으면 제거될 수 있기 때문이다
③ 매일 샤워를 해도 씻어내는 게 불가능하기 때문이다
④ 우리의 피부보다 옷에 훨씬 더 많이 붙어 있기 때문이다

※ **[32~34] 다음을 읽고 내용이 같은 것을 고르십시오. (각 2점)**

32.

주택가나 아파트 단지 근처의 쓰레기통을 뒤지거나 쓰레기봉지를 뜯어서 먹을 것을 찾는 주인 없는 고양이를 '도둑고양이'라고 불렀다. 하지만 요즘은 특별히 고양이를 좋아하는 사람들이나 동물 애호가들의 주장에 의해 도둑고양이를 '길고양이'로 바꾸어 부르고 있다. 길고양이들은 도시에서 먹이를 찾기가 어려운 나머지 사람들이 버린 쓰레기봉지를 뜯는 것이다. 길고양이는 고양이에 대한 편견과 열악한 생존 조건에서 아주 힘겨운 삶을 살아가는 힘없는 동물이다.

① 길고양이들은 쓰레기봉지 뜯는 것을 좋아한다.
② 길고양이의 실제 삶은 매우 험난하고 고통스럽다.
③ 도시의 고양이들에게는 먹이 찾는 일이 비교적 쉽다.
④ 주택가 근처에는 고양이에게 먹이를 주는 사람이 많다.

33.

타인이 추위를 타는 것을 보기만 해도 인간의 신체는 추위를 느낀다는 연구 결과가 나왔다. 영국의 한 의과대학의 연구 결과에 따르면, 다른 사람이 추위에 떠는 모습만 봐도 자신의 체온이 떨어진다고 한다. 이것은 인간이 다른 사람의 고통이나 아픔에 공감하는 능력이 있기 때문이다. 타인에 대한 이런 공감 능력은 단순히 신체의 변화만 일으키는 것이 아니다. 남을 돕고 지역사회에 적응하는 데에도 도움이 된다.

① 타인의 고통에 공감하면 추위를 느낀다.
② 인간의 공감 능력은 감정의 변화만 가져온다.
③ 추위를 보는 것과 실제로 느끼는 것은 아무 관계가 없다.
④ 다른 사람이 추위에 떠는 모습을 보면 자신도 추위를 느낀다.

34.

> 흔히 여성이 출산을 할 때 남편이 옆에 있는 것이 육체적, 심리적으로 안정
> 감을 줄 것이라고 생각한다. 그러나 최근 산모들을 대상으로 한 연구에서 오히
> 려 그 반대의 결과가 나와서 충격을 주고 있다. 그 연구 결과에서는 산모들이
> 출산 시 남편이 곁에 있을 때 오히려 더 큰 육체적 고통을 느끼는 것으로 나타
> 났다. 그 이유는 출산하는 여성의 입장에서는 사랑하는 사람이 자신의 고통을
> 지켜보는 것이 더 힘들기 때문이라고 한다.

① 부부가 출산의 고통을 함께 나누는 것이 바람직하다.

② 출산 시 남편이 옆에 있으면 오히려 산모의 고통이 증가했다.

③ 여성들은 아이를 낳을 때 남편이 옆에 없는 것을 더 선호한다.

④ 육체적인 통증은 배우자가 함께 있을 때 줄어드는 경향이 있다.

※ **[35~38] 다음 글의 주제로 가장 알맞은 것을 고르십시오. (각 2점)**

35.

> 흔히 사람들은 카페인 때문에 저녁 이후에는 커피 대신 차나 핫초코 등의 다
> 른 음료를 마시곤 한다. 그러나 녹차 종류와 초콜릿에도 카페인이 들어 있다는
> 것을 생각하는 사람들은 그리 많지 않다. 저녁이나 밤에 마시는 따뜻한 녹차나
> 홍차, 핫초코에도 상당한 양의 카페인이 포함되어 있다. 불면증이나 각성효과
> 때문에 카페인을 피하고 싶은 사람에게는 녹차나 핫초코도 커피만큼이나 좋지
> 않다는 것을 알아야 한다.

① 불면증이 있는 사람은 저녁에 커피를 마시지 않는 것이 좋다.

② 녹차와 초콜릿도 커피와 마찬가지로 카페인이 들어 있지 않다.

③ 카페인을 피하고 싶다면 녹차와 핫초코도 마시지 말아야 한다.

④ 카페인 섭취를 줄이기 위해 녹차나 핫초코를 마시는 사람이 많다.

36.

> 우리는 머리를 사용하는 '정신노동'은 귀하고 몸을 사용하는 '육체노동'은 천하다고 생각하는 경향이 있다. 그러나 모든 일은 기본적으로 몸을 써서 하는 것이며, 모든 노동은 육체노동으로부터 시작된다고 해도 과언이 아니다. 몸을 움직여서 일을 해 보면 우리의 육체가 생각보다 약하다는 것을 깨닫게 되고, 우리의 한계를 알게 되어서 겸손해진다. 직접 몸을 움직여 일을 해 본 사람이야말로 노동의 가치를 깨닫고, 다른 사람의 노동도 업신여길 수 없게 된다.

① 몸을 움직이지 않고 할 수 있는 일은 없다.
② 정신노동은 육체노동보다 높게 평가되어 왔다.
③ 육체노동을 통해 우리는 노동의 가치를 배우게 된다.
④ 타인의 노동을 천시하는 사회 풍조가 가장 큰 문제이다,

37.

> 스마트폰을 비롯한 각종 디지털 기기는 이제 우리의 생활필수품이 되었다. 우리는 이런 디지털 기기를 사용하여 언제, 어디서든지 쉽게 사진이나 동영상을 찍을 수 있고, 찍은 사진이나 동영상을 바로 인터넷 사이트에 올릴 수도 있다. 그러나 이런 디지털 기기의 편리성에는 우리의 일상이 타인에게 그대로 노출될 위험도 뒤따른다. 자신도 모르는 사이에 자신의 모습이 사진이나 동영상으로 찍혀서 인터넷에 공개될 수 있기 때문이다.

① 디지털 기기는 우리의 생활에서 없어서는 안 되는 물건이 되었다.
② 인터넷에 올린 사진이나 동영상은 많은 사람이 손쉽게 볼 수 있다.
③ 스마트폰으로는 누구나 간편하게 사진과 동영상을 주고받을 수 있다.
④ 디지털 기기의 보급으로 인해 우리의 사생활이 침해당할 위험성도 커졌다.

38.

> 사람들은 흔히 경험을 자신의 능동적인 행위로만 생각한다. 그러나 경험은 나와 외부세계가 서로 영향을 주고받는, 능동성과 수동성이 공존하는 것이다. 내가 불에 손을 가져가는 행위만으로는 그것이 경험이 될 수 없다. 그 불이 나에게 뜨겁다는 영향을 주어서 내가 불의 뜨거움을 알게 될 때, 그것이 진정한 경험이 되는 것이다. 즉, 외부세계로부터 영향을 받는 수동성이 사실은 경험의 중요한 조건이 된다고 볼 수 있다.

① 경험은 자신이 스스로 무엇을 할 때 의미가 있다.
② 우리는 적극적으로 무엇을 하는 것이 경험이라고 생각한다.
③ 외부세계의 영향을 통해 무엇을 배울 때 진정한 경험이 된다.
④ 경험의 수동성이란 외부세계가 나의 영향을 받는 것이다.

※ [39~41] 다음 글에서 〈보기〉의 문장이 들어가기에 가장 알맞은 곳을 고르십시오. (각 2점)

39.

> 겨울이 되면 집안이나 사무실의 공기가 건조해지는데 이런 공간에 오래 있다 보면 감기와 같은 각종 질환에 걸리기 쉬워진다. (㉠) 건조해지는 것을 막기 위해서는 가습기를 틀거나 빨래를 집안에서 말리는 것도 한 방법이 될 것이다. (㉡) 만약 있다면 버리지 말고 물 컵에 담아 두면 습도 조절에 도움이 된다. (㉢) 뿐만 아니라 한 겨울에도 푸른 잎이 자라는 것을 볼 수 있어 한 겨울에도 봄의 기운을 느낄 수 있을 것이다. (㉣)

> 〈보기〉 습도 조절 뿐 아니라 정서에도 도움이 되는 방법을 원한다면 냉장고를 열어 파랗게 싹이 나서 못 먹게 된 감자나 고구마가 냉장고에 남아 있는지 잘 살펴보자.

① ㉠　　　　② ㉡　　　　③ ㉢　　　　④ ㉣

40.

매일매일 아침을 챙겨 먹는 일이나 일주일에 두 세 번이라도 꾸준히 운동하기와 같은 일은 당연히 해야 하는 것으로 누구나 알고 있을 것이다. (㉠) 그런데 바쁘다 보면 오늘 하루쯤이야 하고 건강관리에 소홀해지게 된다. (㉡) 매일매일 조금씩이라도 일정한 시간을 들여 건강한 습관을 지켜 나가려는 노력해야 한다. (㉢) 바쁜 하루하루를 살아가는 현대인에게 꼭 필요한 습관이라고 할 수 있다. (㉣)

〈보기〉 계속 불규칙한 생활을 하면 몸이나 마음이 모두 어느 정도까지는 스스로 일정하게 유지되지만 그 경계가 넘으면 병에 걸리게 된다고 한다

① ㉠　　　　② ㉡　　　　③ ㉢　　　　④ ㉣

41.

경영자가 경영에 철학이 없다면 그 경영자와 함께 일하는 직원들은 자신의 행동에 기준을 잡기 어렵게 된다. (㉠) 국제적 기업으로 잘 알려진 기업인 '구글'의 핵심 가치 중 하나는 상상할 수 없는 것을 상상하는 것이라고 한다. (㉡) 누구나 매일 보고 사용해서 익숙해진 것에서 좀 더 나은 것, 이전과는 다른 것을 상상하라는 의미일 것이다. (㉢) 이렇게 본다면 '상상력' 역시 현대인들에게 꼭 필요한 부분이라 하겠다. (㉣)

〈보기〉 그래서 거의 모든 회사에는 경영 원칙이나 그 회사에서 가장 중요하게 생각하는 핵심 가치가 있다.

① ㉠　　　　② ㉡　　　　③ ㉢　　　　④ ㉣

※ **[42~43] 다음을 읽고 물음에 답하십시오. (각 2점)**

희수는 솔직하고 개방적인 부모님 덕분에 또래에 다른 아이들보다 먼저 어른의 세상을 알고 있다고 생각했다. 그가 본 어른의 세계에서 성공한 사람은 성공할 것이라고 결정되어 있는 사람이 아니라 실패하더라도 좌절하지 않고 계속 도전한 사람이었다. 그래서 그는 성장하면서 아무리 사소한 일을 하더라도 일이 끝나면 문제점을 분석하고 그 해결책에 대해 많은 사람들과 이야기를 나누었으며, 새로운 지식을 배워서 위기를 기회로 바꾸려고 노력하였다. 학교라는 울타리 안에서는 모든 일이 그가 계획한 것처럼 풀려 나갔다. 그러나 회사생활을 시작하면서 그의 가치관은 그 뿌리부터 흔들리기 시작했다. 성공이냐 실패냐가 아니라 아예 도전도 못 해 보고 퇴사해야 할 것 같은 느낌마저 들었다. 그러면서 무의미한 날들이 흘러갔고 입사한 지 한 달이 지나도 회의에서 그가 낸 의견은 <u>아직 결정권이 없으니 시킨 일이나 열심히 하라는 대답만 들었다.</u> 도와줄 사람이 아니라 최소한 자신의 이야기를 들어 줄 사람만이라도 있었으면 좋겠다는 생각에 휴대폰을 만지작거리면서 휴게실에 들어갔다. 직원 휴게실에 먼저 와 있던 선배 한 명이 커피 마시러 왔느냐며 손수 탄 커피를 내밀었다.

42. 밑줄 친 부분에 나타난 사람들의 태도로 알맞은 것을 고르십시오.

   ① 한탄하다   ② 걱정하다   ③ 무시하다   ④ 불안해하다

43. 이 글의 내용과 같은 것을 고르십시오.

   ① 모든 일은 주의공의 의도대로 되었다.
   ② 사회생활에서도 도전하는 사람만이 성공한다.
   ③ 주인공은 새로운 일에 도전하려는 의지가 있다.
   ④ 주인공은 사회생활을 하면서 선배의 도움을 받는다.

서점에서 우연히 발견한 한 권의 책이 큰 감동을 주는 경우가 있다. 그런데 시간이 지남에 따라 그 때의 감동은 차차 희미해지게 된다. 이럴 때는 책을 읽고 나서의 느낌을 공책에 기록해 두는 것이 좋다. 느낌을 기록할 때는 먼저 책의 제목과 읽은 날짜, 인상적인 부분 등을 그대로 적거나 요약하여 적어 둔다. 그리고 나서 느낌이나 다음 독서 계획 등도 적어 두면 다음에 책을 다시 읽지 않고 공책만 보더라도 책에서 느낀 감동을 쉽게 다시 떠올릴 수 있다. 또 비슷한 내용의 책을 읽을 때 체계적으로 정리할 수 있게 된다. (   ) 자신도 모르게 표현하는 능력이 크게 늘었음을 발견할 수 있을 것이다.

44. 이 글의 주제로 알맞은 것을 고르십시오.

① 책의 제목이 책에 대한 인상을 결정한다.
② 서점에서 책을 우연히 발견하면 감동이 더 커진다.
③ 책을 잘 이해하려면 책 내용을 요약해 보는 것이 좋다.
④ 책의 느낌을 체계적으로 정리해 두면 여러 가지로 좋은 점이 많다.

45. (   )에 들어갈 내용으로 알맞은 것을 고르십시오.

① 단지 책을 많이 읽었다는 것만으로도
② 말하고 쓰는 일을 매일 직업으로 하게 되면
③ 또 이해하는 것과 표현하는 것은 다르다는 것을 느끼면서
④ 또 자신이 글을 쓸 일이 생겼을 때 그동안 읽은 내용을 글로 정리하면서

※ **[46~47] 다음을 읽고 물음에 답하십시오. (각 2점)**

> 최근 블로그나 sns를 통해서 자신이 알고 있는 정보를 올리는 것이 자연스러운 일이 되었다. (㉠) 또 그때그때 드는 생각들을 게시글로 표현하는 것은 매우 편리하고 유용한 점도 많아서 많은 사람들이 이용하고 있다. (㉡) 그런데 많은 사용자들의 정보 공개의 범위가 한정하지 않고 사용하고 있다. (㉢) 그렇다 보니 의도하지 않았는데 시비에 휘말리게 되기도 하고 원하지 않았던 개인 정보가 유출되거나 심지어 범죄에 이용되는 경우도 있다고 한다. (㉣) 또 사적인 이야기는 가까운 사람만 볼 수 있도록 설정해 두는 것이 좋다. 이렇게 몇 가지 점에만 주의를 한다면 개인의 정보 노출에 대한 걱정도 줄이고 또한 즐겁게 인터넷을 이용할 수 있을 것이다.

46. 다음 문장이 들어가기에 가장 알맞은 곳을 고르십시오.

> 이런 피해를 막기 위해서 누구나 볼 수 있는 곳에 사진을 올릴 때는 지나치게 신변이 드러날 수 있는 배경은 피하는 것이 좋다

① ㉠　　　　② ㉡　　　　③ ㉢　　　　④ ㉣

47. 이 글의 내용과 같은 것을 고르십시오.

① 사적인 이야기를 인터넷에 올릴 때는 늘 피해가 예상된다.
② 다른 사람의 사진을 허락을 받지 않고 사용하면 범죄가 된다.
③ 예상하지 못한 피해를 봤을 때는 그 정보를 친구들과 공유하는 것이 좋다.
④ 인터넷 글을 올리면 예상하지 못한 피해를 볼 수도 있으므로 주의해야 한다.

※ **[48~50] 다음을 읽고 물음에 답하십시오. (각 2점)**

이제 인터넷은 커다란 컴퓨터에만 있는 것이 아니라 우리 가까운 곳에 있는 물건 안으로 들어가 그 제품 안에 있는 정보를 다른 곳에 보내거나 받을 수 있게 되었다. 가령 농부는 인터넷과 카메라를 부착한 기구를 통해 집에 앉아서 무나 배추의 상태를 알 수 있다. 뿐만 아니라 무선으로 인터넷이 연결된 신발을 신으신 할머니 할아버지께서 (   ) 병원에 알려 줄 수도 있게 된다. 우리 생활 속에 이렇게 하나 둘 늘어가는 사물 인터넷에 대한 기대를 반영하듯이 찬반양론도 뜨겁다. <u>냉장고에 남은 물품을 기억해서 냉장고를 만드는 회사에 보내 준다거나 운전 습관 등을 차 만드는 회사에 보내게 되는데 문제는 이 정보들이 모두 개인 정보라는 점이다.</u> 반면에 상대적으로 가격이 저렴해진 사물 인터넷은 아이디어만 있다면 다양한 곳에서 활용이 가능하기 때문에 생활이 급속도록 편해질 뿐만 아니라 어떻게 사용하느냐에 따라 경제적인 효과까지 기대된다는 긍정론도 만만치 않다. 성급한 기대나 걱정보다는 발 빠르게 윤리적인 부분까지 미리 대비해는 성숙한 태도가 필요한 시기라고 하겠다.

48. 필자가 이 글을 쓴 목적을 고르십시오.

  ① 어느 일에나 윤리적인 부분이 강조되어야 하기 때문에
  ② 병원이나 회사에서 인터넷을 하면 안 된다는 것을 말하려고
  ③ 냉장고나 자동차와 같은 사물에 들어갈 수 없는 인터넷에 대한 흥미 때문에
  ④ 사물에 붙여서 쓸 수 있는 인터넷의 장단점과 주의해야 할 점을 알리기 위해서

49. (   ) 에 들어갈 내용으로 알맞은 것을 고르십시오.

  ① 집안일을 하시거나 산책을 하시면
  ② 컴퓨터를 켜시면 인터넷을 통해서
  ③ 갑자기 쓰러지시면 평소와 다른 몸의 균형을 감지해서
  ④ 무나 배추의 가격을 알고 싶어 하시면 중요한 정보를 알아내서

50. 밑줄 친 부분에 나타난 필자의 태도로 알맞은 것을 고르십시오.

① 고객의 개인 정보부터 모으려는 전자제품 회사들을 걱정하고 있다.

② 정보를 수집하는 회사에 대해 객관적인 입장에서 이야기하고 있다.

③ 정보가 수집되는 과정에서 있을 수 있는 일을 예상하여 비판하고 있다.

④ 개인 정보의 개념을 설명하고 그 은행 거래 등에서 발생하는 위험을 알리고 있다.

CHAPTER
3
정답과 해설

CHAPTER 1 유형별 문제

1 문맥에 알맞은 어휘와 문형 고르기

02 유형 연습하기

2.2 실전 연습 정답

1 ①	2 ④	3 ④	4 ④	5 ④
6 ②	7 ④	8 ②	9 ②	10 ①
11 ④	12 ①	13 ②	14 ②	15 ①

문제풀이

1. 앞 문장이 원인이 되어 뒤 사건이 생긴 것이므로 정답은 ①번입니다. ② '–는 대신에'는 앞 문장을 하지 않고 뒤 문장을 하는 경우에 씁니다. ③ '–을 정도로'는 앞 문장과 뒤 문장이 비슷한 정도여야 합니다. ④ '–을 뿐만 아니라'는 앞 문장에 더해서 다른 일이 일어났을 때 쓰는 표현입니다.

2. 정답은 ④번입니다. ① '–ㄹ 수록'은 앞 문장이 되풀이되면서 뒤 문장의 정도가 심해짐을 의미합니다. ② '–거든'은 조건이나 가정을 나타냅니다. ③ '–더라도'는 앞 문장의 동작이나 상태를 인정하지만, 뒤에 문장에는 말하는 사람이 예상하거나 기대했던 동작 또는 상태가 나타나지 않음을 나타냅니다.

3. 정답은 ④번입니다. '–ㄹ 뿐만 아니라'와 '–ㄴ 데다가'는 앞에 오는 내용 외에도 앞의 사실을 더 해주는 사실이나 상황을 의미입니다. ① '–든지'는 동사, 형용사의 어간에 붙어 여러 가지 중 하나를 선택하거나 그 어느 것을 선택해도 상관없음을 나타냅니다. ② '–을수록'은 앞 문장이 계

속 되풀이되면서 점점 정도가 심해짐을 나타내는 표현입니다. ③ '–다고 해도'는 앞문장의 내용을 인정 하지만 그에 상관없이 뒤 내용이 가능하다는 의미입니다.

4. 정답은 ④번입니다. '–고 나서'는 일의 순서를 나타내는 표현입니다. ① '–기에'는 뒤 문장의 상황, 상태를 판단할 때 앞 문장의 행동을 판단 기준으로 함을 나타냅니다. ② '–거나'는 둘 이상의 상태나 동작에서 하나를 선택할 때 사용합니다. ③ '–다 보면'은 앞의 상황이나 행동이 지속 혹은 반복되면 자연히 뒤의 상황이 된다는 의미입니다.

5. 정답은 ④번입니다. ① '보다'는 서로 차이가 있어서 비교할 때 씁니다. ② '처럼'은 비교해 보았을 때 서로 비슷하다는 의미입니다. ③ '치고'는 앞의 말과 특징이 같다는 의미입니다.

6. 정답은 ②번입니다. ① '자마자'는 앞 문장이 끝남과 동시에 연속해서 뒤 문장이 이어질 때 쓰입니다. ③ '–는 대신에'는 앞 문장의 행동이 뒤 문장의 행동으로 대체될 때 씁니다. ④ '–는 김에'는 앞의 문장을 하는 동안 뒤의 문장도 같이 하거나 앞의 문장이 목적이지만 뒤에 일도 함께 하게 된다는 의미입니다.

7. 정답은 ④번입니다. '–다고 했어요'와 그 줄임말인 '–대요'는 모두 다른 사람으로부터의 들은 말을 전달할 때 사용하는 표현입니다. –ㄴ/는다고 하다, –(으)냐고 하다, –(으)라고 하다, –(이)라고 하다, –자고 하다의 형태가 있습니다. ① '–(이)라고 하다'는 명령에 쓰이는 인용 표현이입니다. ② '–(으)냐고 하다'는 의문에 쓰이는 인용 표현입니다. ③ '–느라고'는 앞 문장이 뒤 문장의 원인 또는 목적입니다. 이 때 앞 문장과 뒤 문장의 주어가 같아야 합니다.

8. 정답은 ②번입니다. '–는 셈이다'와 '–편이다'

는 어떤 일이 자신이 생각한 것과 비슷하게 완성되었다고 판단할 때 쓰는 문형입니다. ① '−는 셈 치다'는 현실과는 반대이지만 그렇더라도 완성되었다고 생각한다는 의미입니다 ③ '−을 만하다'는 어떤 동작을 할 가치가 있다는 의미와 그만한 정도는 된다는 의미입니다. ④ '−을 리가 없다'는 어떤 사실이나 상황을 근거로 선행절의 내용이 사실이 아니라는 확신을 나타냅니다.

9. 정답은 ②번입니다. ①'−려고 하'는 말하는 사람의 의지 또는 의도를 나타내는 표현입니다. ③ '−ㄴ 모양이다'는 다른 상황을 보고 현재 어떤 상황일 것이라고 추측할 때 사용합니다. ④ '−ㄹ려던 참이다'는 막 계획을 실행하려고 하던 순간이라는 뜻으로 사용합니다.

10. 정답은 ①번입니다. 'ㄹ 만큼'이나 '−ㄹ 정도로'는 은 앞 절의 사실을 인정하면서 그것이 뒤 절에 대한 근거가 됨을 나타냅니다. ② '−ㄴ 셈 치다'는 실제로 그렇지 않지만 그렇게 생각하겠다는 의미입니다. ③ −ㄴ 다음에 어떤 일이나 동작이 끝난 다음에 다음 일이 일어날 때 쓰는 표현입니다. ④ '−나마나'는 어떤 행동을 하든지 안 하든지 마찬가지여서 그 행동을 할 필요가 없음을 나타냅니다.

11. 정답은 ④번입니다. 피동 표현은 다른 사람이나 사물의 동작에 의해 영향을 받을 때 씁니다. ① '−어야 하'는 의무적인 행위임을 나타낼 때 씁니다. ② '−다시피'는 듣는 사람이 지각하는 바와 동일함을 나타냅니다. ③ '−ㄹ뿐이다'는 여러 가지 중에서 한 가지 만을 선택해야함을 나타내는 표현입니다.

12. 정답은 ①번입니다. '−아/어도' 와 '−더라도'는 모두 앞 문장에서 어떤 상황을 가정하지만, 뒤 문장에는 앞에서 가정한 상황과 관계없이 어떤 일이 일어나거나 어떤 일을 하게 됨을 나타낼 때 쓸 수 있습니다. ② '−고자'는 어떤 행동의 목적이나 말하는 사람의 의도, 계획, 희망을 나타낼 때 씁니다. ③ '−길래' 는 앞 문장이 원인, 뒤 문장이 결과일 때 씁니다. ④ '−는 한'은 뒤의 행동과 상태에 대한 조건을 나타낼 때 씁니다.

13. 정답은 ②번입니다. '−ㄴ 편이다'와 '− 셈이다'는 실제로 동일한 것은 아니지만 거의 그런 것이나 다름없다는 의미입니다. ① '−ㄴ 셈 치다'는 실제 상황과는 다르게 생각하겠다는 의미입니다. ③ '−ㄴ 법이다'는 앞 문장의 동작이나 상태가 이미 그렇게 정해져 있다거나 그런 것이 당연하다는 의미입니다. ④ '−ㄴ 척하다'는 사실과 다르게 그럴듯하게 꾸미는 태도를 나타내는 표현입니다.

14. 정답은 ②번입니다. '−나마나'는 어떤 행동을 하든지 안 하든지 마찬가지여서 그 행동을 할 필요가 없음을 나타낼 때 씁니다. ① '−다(가) 보면'은 앞의 상황이나 행동이 지속 혹은 반복되면 자연히 뒤의 상황이 된다는 의미입니다. ③ '−ㄹ수록'은 앞 문장이 계속 되풀이되면서 점점 정도가 심해짐을 나타냅니다. ④ '−도록 하'는 다른 사람에게 어떤 행동을 하게 하거나 하지 못하게 할 때 쓰입니다.

15. 정답은 ①번입니다. '−ㄴ 대로'는 어떤 일이나 상태가 나타나는 즉시를 표현할 수 있습니다. '−자마자' 역시 바로 뒤이어 나타내는 순서를 나타내는 표현입니다. ② '−는 길에'는 주로 '가다' 또는 '오다'와 함께 쓰여 일을 하는 도중이나 기회를 나타내는 표현입니다. ③ ' −ㄴ김에'는 두 가지 동작이 함께 또는 순차적으로 일어날 때 쓰는 표현입니다. ④ 비교를 나타내는 '는커녕' 다음에는 반드시 앞의 말보다 수월한 상황을 부정하는 표현이 와야 합니다.

03 유형 활용하기

■ 맥락 속에서 어휘 파악하기 예시 답안

	어휘	의미	비슷한 말/반대말
1	공유	두 사람 이상이 하나의 물건이나 정보를 함께 사용하는 것	비 함께 이용하다. 함께 사용하다. 반 독점, 독차지
2	태아	어머니의 배 속에 있는 아기	비 복아(腹兒)
3	스트레스	자신이 적응하기 어려운 상황이나 환경에서 겪는 정신적인 고통	비 불안감, 긴장, 짜증
4	유발시키다.	어떤 것이 다른 일을 일어나게 하거나 생기게 하다.	비 일어나다. 일으키다.
5	불안하다.	마음이 편안하지 않다.	비 걱정스럽다. 위태하다. 반 편안하다.
6	반대로	앞의 내용과 달리, 앞의 내용과 반대	바 반면에
7	더디다.	어떤 일이나 행동에 시간이 걸리고 느리다.	비 느리다. 반 빠르다.
8	드물지 않게 본다.	어떤 일을 자주 보는 것은 아니지만 가끔 일어날 때 사용하는 말	바 간혹 본다.
9	명심하다.	잊지 않도록 기억하기 위해 마음에 새기다.	바 유념하다. 새기다.
10	다시 말해	앞에서 말한 것에 대해서 조금 더 쉽게 다시 이야기 하는 것	바 거듭, 또, 재차

2 광고나 안내 읽고 주제 찾기

02 유형 연습하기

2.2 실전 연습 정답

1 ③	2 ③	3 ①	4 ④	5 ③
6 ①	7 ①	8 ④	9 ④	10 ①
11 ②	12 ②	13 ④	14 ②	15 ④

문제풀이

1. 정답은 ③번입니다. 영화같은 사랑을 하도록 만남을 이어주고 결혼까지 할 수 있도록 도와주는 곳을 찾는 것입니다. 한국의 결혼 정보 회사는 결혼을 목적으로 하는 남녀가 이상형을 만날 수 있도록 도와주는 곳입니다. 따라서 결혼 정보 회사에 관한 글이라는 것을 쉽게 찾을 수 있습니다.

2. 정답은 ③번입니다. '생수'는 땅에서 나오는 물을 깨끗하게 처리해서 파는 물이며 '약수'는 먹거나 몸을 담그거나 하면 약효가 있다는 물입니

다. 보통 먹을 수 있는 물은 '온도, 맑고 흐림, 빛깔, 방사능 및 유기질과 무기질, 혹은 세균의 함유량'을 조사하여 합격 판정을 받아야 합니다. 이것을 수질 조사라고 합니다. 따라서 이 글은 약수에 관한 글임을 알 수 있습니다.

3. 정답은 ①번입니다. '제습기'는 습기를 없애는 전기 기구이며 '가습기'는 수증기를 내어 실내의 습도를 조절하는 전기 기구입니다. 여름철은 습도가 높아 불쾌한 기분이 많아지면서 제습기를 사용하는 곳이 늘고 있습니다. '눅눅하다'는 물기가 있어 젖은 느낌이 있다는 형용사이며 '보송보송'은 완전히 물기가 전혀 없는 상태를 말합니다.

4. 정답은 ④번입니다. '아삭'은 연하고 싱싱한 과일이나 채소를 먹을 때 나는 소리입니다. 옛날에 사용하던 김장독처럼 김치의 맛을 신선하게 유지해 주는 김치 냉장고에 대한 내용입니다. 한국의 겨울인 12월에서 2월까지 땅속의 기온은 보통 영하 1도정도(-1 C)가 된다고 하는데, 이 기온이 김치의 맛을 좌우하는 유산균이 살기에 가장 적당한 온도라고 합니다. 그래서 김치냉장고가 없던 시절에는 김장을 하고 독을 땅에 묻었습니다.

5. 정답은 ③번입니다. 여름철에 더위를 막기 위한 전자 기구로 날개가 있는 것은 선풍기입니다. 기존의 선풍기는 날개가 돌아 바람을 일으키는데 상자 안의 글 속에 소개된 선풍기는 날개 없이 바람이 분답니다. '환풍기'는 실내의 더러워진 공기를 바깥의 맑은 공기와 바꾸는 기구이며 '냉각기'는 물체를 차갑게 만드는 기기입니다.

6. 정답은 ①번입니다. 기차를 타고 강원도로 여행을 떠나라는 내용입니다. '머뭇거리다'는 말이나 행동을 선뜻 결정하지 못하고 망설이는 것입니다. 망설이지 말고 당장 기차를 타고 여행을 떠나라는 내용입니다.

7. 정답은 ①번입니다. '소개'는 어떤 내용이나 사실을 다른 사람이 잘 알도록 설명하는 것입니다. 〈읽기가 생명이다〉는 읽기 능력을 키워 학업 능력은 물론 행복한 삶도 가꾸는데 도움이 되는 책이라 소개하고 있습니다.

8. 정답은 ④번입니다. 사람을 일정한 조건을 통해 뽑을 때 광고를 냅니다. 이때 '모십니다'는 문장을 많이 사용합니다. 원래 '모시다'는 웃어른이나 존경하는 사람들을 소중히 대한다는 뜻입니다. 사람을 모집할 때 '모신다'는 표현을 쓰는 것은 구직자에게 좋은 인상을 주기 위해서입니다.

9. 정답은 ④번입니다. 보통 증명서를 만들거나 받기 위해서는 관공서에 가야 합니다. 상자 안의 글은 관공서를 가지 않고도 가까운 지하철역에서 서류를 발급할 수 있으니 이용을 권하는 안내문입니다.

10. 정답은 ①번입니다. '창업'이란 사업 따위를 처음으로 이루어 시작한다는 뜻입니다. 요리와 관련해서 사업을 하고 싶은 사람들은 요리 교실에 와서 교육을 받으라는 안내문으로 교육비는 원주시에서 50%로 지원한다는 내용입니다.

11. 정답은 ②번입니다. '소개'란 잘 알려지지 않았거나, 모르는 사실의 내용을 잘 알도록 하여 주는 설명이고 '광고'는 어떤 상품이나 서비스에 대한 정보를 여러 가지 매체를 통하여 소비자에게 널리 알리는 의도적인 활동입니다. 상자 안의 글은 한국 대학에 대한 광고로 볼 수 있습니다.

12. 정답은 ②번입니다. 물건을 부치다. 발송하다, 보내다, 배달하다 등의 단어를 통해 택배 회사임을 알 수 있습니다. 소비자들에게 회사를 널리 알리는 목적으로 쓰인 문장이므로 광고에 해당됩니다. 따라서 택배 회사에 관한 광고 글임을 알 수 있습니다.

13. 정답은 ④번입니다. 여행사에서 10월 한 달

동안 여행 상품을 할인한다는 광고입니다. '미지의 신세계'는 알지 못하는 새로운 곳이라는 뜻이며 '싸게'라는 단어에서 할인을 생각해내면 이 광고가 여행 상품 할인 광고임을 알 수 있습니다.

14. 정답은 ②번입니다. '세안제'는 얼굴을 닦는 미용 제품입니다. 공책에 쓴 글씨를 지울 때 쓰는 지우개처럼 화장한 흔적을 없애는 것으로 '깨끄미'라는 제품을 사용하면 얼굴도 잘 닦이며 사용할 때마다 피부가 좋아진다는 내용입니다.

15. 정답은 ④입니다. '책상과 함께 구매하면'에서 도움을 받으면 쉽게 무엇에 대한 글인지 알 수 있습니다. 바른 자세, 목받침, 높낮이 조절 등을 연상해보면 이 글에서 의자에 대한 광고를 하고 있다는 것을 알 수 있습니다.

 **유형 활용하기**

■ **글의 구조 이해하며 읽기 예시 답안**

1. 등장인물의 성격: 등장인물에 대한 소개와 성격을 알 수 있는 부분을 찾아서 읽어 보세요.
→ 너무 무서워서 부들부들 떠는 겁이 많은 토끼예요. 작은 다람쥐 소리에 놀라 도망친 자신의 모습이 너무 창피해서 토끼는 어디라도 숨고 싶어졌어요. 개구리의 이야기를 들은 토끼는 미안한 마음에 개구리들에게 사과를 했어요.

2. 등장인물에게 닥친 사건: 등장인물이 처한 상황이나 해결해야 할 문제를 찾아서 읽어 보세요.
→ 토끼는 물속에 들어간 개구리를 보고 주변의 돌을 집어 던지기 시작했어요. 나는 그냥 장난으로 돌을 던지고 있는 거야.

3. 노력과 시도: 등장인물에게 닥친 사건을 등장인물이 어떻게 해결하려고 했는지, 아니면 실패했는지를 찾아서 읽어 보세요.

→ 개구리의 이야기를 들은 토끼는 미안한 마음에 개구리들에게 사과를 했어요. 그리고 다시는 그러지 않겠다고 약속했어요.

4. 등장인물의 반응: 사건을 해결하거나 실패하고 나서 등장인물의 행동의 변화나 생각, 감정을 적어 보세요.
→ 토끼는 미안한 마음에 얼른 숲으로 돌아왔어요. 그리고 개구리들에게 미안한 마음이 들어 다시는 냇물 근처에 가지 않았어요. 그래서 토끼는 지금도 물을 먹지 않는다고 해요.

3 통계나 도표를 보고 올바른 정보 찾기

 **유형 연습하기**

2.2 실전 연습 정답

1 ②	2 ②	3 ④	4 ①	5 ④
6 ④	7 ④	8 ②	9 ④	10 ③
11 ③	12 ③	13 ③	14 ④	15 ③

문제풀이

1. 정답은 ②번입니다. ① 계절에 따라 문을 닫는 시간이 다릅니다. ③ 놀이 마을 입장료는 무료입니다. ④ 문을 여는 시간은 09:30으로 모두 같습니다.

2. 정답은 ②번입니다. ① 총 여행 기간은 약 13일입니다. ③ 세계 여행이 아니고 한국 내에서 여행을 합니다. ④ 여행 일정은 통일전망대와 설악산, 동해, 한강, 남해입니다.

3. 정답은 ④번입니다. ① 점심값은 회비 만원에 포함되어 있습니다. 따로 낼 필요가 없습니다.

② 만원은 은행으로 입금해야 합니다. ③ 반포 한 강공원 자전거 길부터 양수리까지 자전거를 타고 갑니다.

4. 정답은 ①번입니다. ② 주중에는 저녁 8시 30분에 주말에는 저녁 6시에 문을 닫습니다. ③ 할인과 경품은 관련이 없습니다. 또 10만 원 짜리 경품이 아니라 10만 원 이상 구입한 손님에게 드리는 경품이므로 경품의 가격은 알 수 없습니다. ④ 겨울옷에 대한 이야기는 나와 있지 않습니다.

5. 정답은 ④번입니다. ① 집의 수리를 해 주는 전문 회사입니다. ② 고장 난 것을 고치고 나서 청소를 해주지만 꾸며 준다는 이야기는 없습니다. ③ 집에 문제가 생겼을 때 고쳐 주는 곳입니다.

6. 정답은 ④ 번입니다. ① 여름 상품을 세일합니다. ② 6월 27일까지이므로 6월 말까지 가도 됩니다. ③ 가전제품에 대한 안내는 www. oritech. com에서도 알 수 있습니다.

7. 정답은 ④번입니다. ① 가구의 모양이 같다는 내용은 없습니다. 크기는 고를 수 있다고 나와 있습니다. ② 가구를 만들 수 있는 재료를 보내주는 가구점입니다. 가구는 직접 만들어야 합니다. ③ 인터넷을 통해 재료를 살 수 있습니다.

8. 정답은 ② 번입니다. ① 부산시에서 30분 거리에 있다고 했지만 부산시 안에 있는지는 알 수 없습니다. ③ 고기나 쌀 등은 판매하지 않습니다. ④ 미리 예약을 해야 합니다.

9. 정답은 ④번입니다. ① 비교적 안전하다고 대답한 사람은 남자가 10%를 약간 넘고 여자는 10%가 안 됩니다. ② 매우 안전하다고 느끼고 있는 사람은 남녀 모두 매우 낮습니다. ③매우 불안하다고 느낀 인구는 여자가 남자보다 많습니다.

10. 정답은 ③번입니다. ① 최근 20년간의 인구

10 만 명당 경찰관 수를 알 수 있습니다. ② 인구 10만 명당 경찰관 수가 가장 많은 것은 1981년입니다. ④ 2013년에 한국의 인구 10만 명당 경찰관 수는 나와 있지 않습니다.

11. 정답은 ③번입니다. ① 2013년보다 2004년의 출생아 수가 더 높습니다. ② 가장 출산율이 높았던 해는 2012년으로 출생아 수는 484,000 명입니다. ④ 새로 태어나는 아기는 2007, 2010, 2011, 2012년에는 늘어났습니다.

12. 정답은 ③번입니다. ① 부산이 대구보다 인구가 많습니다. ② 네 곳 중 가장 인구가 적은 도시는 대구입니다. ④ 이 도표로 볼 때 2013년에 가장 인구가 많은 도시는 서울입니다.

13. 정답은 ③번입니다. ① 남편이 주도해야 한다고 생각하는 사람이 10% 미만입니다. ② 부인이 주도해야 한다고 생각한 사람은 남녀가 비슷합니다. ④ 부인이 주도해야 한다고 생각하는 사람이 남편이 주도해야 한다고 생각하는 사람보다 훨씬 많습니다.

14. 정답은 ④번입니다. ① 부모님이 생활비를 스스로 해결하는 경우는 반이 조금 안됩니다. ② 자녀의 반 이상이 부모님의 생활비를 드리고 있습니다. ③ 장남이 생활비를 드리는 경우가 11.2%로 딸이 드리는 경우인 2.3% 보다 더 많습니다.

15. 정답은 ③번입니다. ① 성적을 고민하는 것은 주로 13-18세의 청소년입니다. ② 외모를 고민하는 청소년이 이성문제를 고민하는 청소년보다 많습니다. ④ 가계경제를 고민하는 청소년이 이성문제를 고민하는 청소년보다 더 많습니다.

03 유형 활용하기

■ 스스로 읽을 내용 찾아보기 예시 답안

주제: 졸업 후의 취업 문제

내가 알고 있는 것	내가 알고 싶은 것	내가 찾은 내용
직장을 구하기 위해서 학점 관리를 잘 해야 한다. 좋은 회사에 취직하는 일은 매우 힘든 일이다.	취업을 하기 위해 필요한 것은 무엇일까? 스펙이 무엇일까?	직장을 구하는 사람들은 학점, 봉사점수, 외국어 점수, 인턴 활동 등을 스펙이라는 말로 표현한다.

주제2: 건강과 다이어트

내가 알고 있는 것	내가 알고 싶은 것	내가 찾은 내용
물을 마시는 것은 건강에 도움이 된다.	물을 마시는 일이 왜 건강에 도움이 되는 걸까?	물을 마시면 식도를 통해 위로 들어간 물은 장에서 흡수되어 세포조직으로 전달된다. 물을 공급받은 세포는 혈액순환을 원활하게 하고, 영양소와 산소를 공급한다.

4 글 단위의 관계를 추론하여 순서 파악하기

02 유형 연습하기

2.2 실전 연습 정답

1 ②	2 ①	3 ①	4 ②	5 ①
6 ④	7 ②	8 ③	9 ③	10 ①
11 ①	12 ③	13 ③	14 ④	15 ④

문제풀이

1. 정답은 ②번입니다. 선택지 (가)와 (나)에서 어떤 문장이 먼저 오는 것이 좋을 지 고려합니다. (가)문장이 (나)보다 일반적인 문장이며 인구가 증가하고 감소하는 지역에 따라 발생하는 문제에 대해 말하고자 합니다. 그래서 첫 번째 문장에 이어 인구가 증가하는 곳과 감소하는 곳의 문제점을 말하고 마지막에 지역 특성에 맞게 문제를 해결하자는 내용이 오면 글의 흐름이 자연스럽습니다.

2. 정답은 ①번입니다. 우선 (나)와 (라)중에서 하나를 고릅니다. 분류는 설명을 하기 위한 진술 방식의 하나이므로 (나)의 문장이 먼저 오는 것이 좋습니다. 그런 다음에 분류에 대한 정의가 나오고 그 다음 문장에 분류를 잘하는 방법이 나오면 됩니다.

3. 정답은 ①번입니다. 제일 먼저 (가)와 (다) 중

에서 하나를 고릅니다. (가)는 (다)보다 내용의 범위가 크기 때문에 앞에 오는 것이 좋습니다. 그 다음에 순서를 나타내는 '먼저, 그 다음, 마지막' 등의 표지어를 보고 순서를 배열하면 됩니다.

4. 정답은 ②번입니다. (나)와 (다) 중에서 하나를 고릅니다. 안경을 쓰는 학생들이 늘어나고 있는 상황과, 안경을 끼는 것이 당연하게 생각되는 상황 중에서 어느 것이 일반적인 내용인지 생각합니다. 안경을 쓰는 학생들이 너무 많아져서 이제는 안경을 쓰는 것이 일반적이 상황이 되었다는 것이 자연스러운 연결입니다. 따라서 (나)가 첫 번째로 오고 '그런데'와 '그래서'를 고려하여 '그래서'가 있는 문장이 가장 나중에 오면 됩니다.

5. 정답은 ①번입니다. 우선 (나)와 (다)중에서 하나를 선택해야 합니다. (나) 문장이 (다)보다 일반적인 문장입니다. 그래서 (나)가 먼저 오는 것이 자연스럽습니다. 우리가 술은 권하는 사회에 살고 있지만 적당이 마시면 약이 되고 주도를 지키면서 마신다면 건강과 인간관계에 도움이 될 수 있다는 내용입니다. '주도'는 술을 마시거나 술자리에 있을 때의 예의입니다.

6. 정답은 ④번입니다. 우선 (나)와 (다) 중에서 하나를 고릅니다. (나)가 먼저 올 수 없는 이유는 서술어와 호응을 이루는 주어가 누구인지 알 수 없기 때문입니다. (다)가 먼저 오면 (나)의 서술어의 주어가 제러미 리프킨 교수라는 것을 알 수 있습니다. 남아 있는 문장의 앞 단어에서 어느 것이 가장 나중에 올 지 추측할 수 있습니다.

7. 정답은 ②번입니다. 선택지에서 어느 문장이 먼저 오는 지 확신이 없을 때는 문장을 다시 읽어 봐야 합니다. 상자 안의 문장들은 음식물 쓰레기 발생과 문제점, 해결책에 관한 내용입니다. 외국인들이 한국의 밥상을 보고 인상깊었다고 하지만 음식물 쓰레기로 돈이 낭비되고 환경을 오염시키므로 문제를 해결해야 된다는 내용으로 연결되는 것이 자연스럽습니다.

8. 정답은 ③번입니다. 이 이야기는 '별주부전'의 일부입니다. 이야기의 전개 구조는 사건의 발단-전개-위기-절정-결말입니다. 사건의 시작은 '바다에 사는 용왕이 병에 걸렸지만 약이 없다'입니다. 선녀가 용왕을 낮게 해 줄 약을 알려주고 신하 중 한 명이 그 약을 찾아 떠난다가 전개부분입니다. 별주부라는 신하가 바다에서 육지로 나와 용왕의 병을 낮게 해 줄 토끼 간을 찾는 것도 전개의 한 부분입니다. 상자 안의 글에서는 발단과 전개 과정만 나와 있습니다. 이야기글의 전개 구조를 알면 쉽게 풀 수 있는 문제입니다.

9. 정답은 ③번입니다. (나)와 (다) 중에서 하나를 선택합니다. (나)가 먼저 올 수 없는 이유는 문장 중에 '이 말이'가 있기 때문입니다. (나)보다 앞선 문장에서 지시하는 '이 말'은 '웃기 때문에 행복한 것이다'입니다. 따라서 (다) 문장이 가장 먼저 오는 것이 자연스럽습니다. 보통' 그러므로'가 있는 문장은 글의 마지막 부분에 옵니다.

10. 정답은 ①번입니다. (가)와 (나) 중에서 (가)의 문장이 일반적인 내용입니다. 일반적인 문장이 앞에 오는 것이 자연스럽습니다. 바이오스피어2는 무엇이고 어떻게 만들어졌으며 이곳에서 어떤 실험을 했고 어떤 결과가 나왔는지에 대한 내용입니다. 지시하는 것이 앞의 문장에 있는지, 뒤의 문장에 있는지를 고려하면서 문장을 연결해나가면 됩니다.

11. 정답은 ①번입니다. 지하철에서 물건을 잃어버렸을 때 그 사실을 빨리 알게 된 경우와 늦게 알게 된 경우 분실물을 찾는 방법에 대한 내용입니다. (다)는 분실한 사실의 인식과 분실물을 찾는 일반적인 방법이고 (라)는 분실물을 찾는 구체적인 방법이므로 (다)가 먼저 오는 것이 자연스럽습니다. 분실한 사실을 알았을 때 바로 신고하는 방법에 대한 설명과 분실한 사실을 늦게 알았을 때

신고하는 방법이 순서대로 나오면 됩니다.

12. 정답은 ③번입니다. 시간의 순서대로 글이 이어지면 무리가 없을 것입니다. 3,700년 전에 은행과 비슷한 곳이 있었지만 1,000년 전부터 다른 나라와 무역이 활발해져 환전할 곳이 필요해지면서 은행이 많아지고 제대로 은행의 역할을 하게 되었다는 내용입니다. 그래서 선택지 (나)와 (다) 중에서 (나)가 먼저 오면 자연스러운 글의 흐름이 됩니다.

13. 정답은 ③번입니다. (가)와 (나)에서 하나를 선택합니다. 두 문장을 잘 읽어 보면 생물들이 생존을 위해 에너지를 사용하는데 이 에너지는 먹이사슬을 통해 옮겨진다는 것을 알게 됩니다. 따라서 (나)가 (가)보다 먼저 나오는 것이 자연스럽습니다. 그 다음에 먹이 사슬에 대한 정의가 나오고 '즉'은 앞의 내용을 다시 말하는 것이므로 마지막 문장이 됩니다.

14. 정답은 ④번입니다. 신용카드를 많이 가지고 있는 성인남녀가 많은데 연체율이 증가하고 있다는 것이 일반적인 글의 흐름입니다. (나)와 (다)를 함께 읽어보면 어느 문장이 먼저 오는 것이 자연스러운지 알 수 있습니다. '따라서'가 있는 문장은 앞에서 말한 내용이 뒤에서 말하는 내용의 원인이 되므로 마지막에 오는 것이 좋습니다.

15. 정답은 ④번입니다. 쌀과 비만이 관계있다는 이유와 식생활 습관의 변화로 쌀의 소비가 줄어들어 농가가 어려움을 겪는다는 내용입니다. 보통 글을 쓸 때 일반적인 상황을 제시하고 그것에 대한 원인이나 결과, 문제점과 해결책을 제시합니다. 그래서 (다)와 같은 일반적인 상황이 오고 그 원인에 대한 내용이 이어지는 것이 자연스럽습니다.

03 유형 활용하기

■ **문단별로 요약하며 읽기 예시 답안**

문단 요약

① 저작권은 자신의 생각과 감정을 표현한 저작물에 대해 갖는 권리이다.
② 저작권을 지킨다는 것은 개인의 권리를 존중한다는 의미도 있다.
③ 저작권에 대한 관심도 커졌고, 저작권의 대상이 되는 영역도 넓어졌다.
④ 저작권을 침해하는 행동은 저작자의 이익뿐만 아니라 권리와 노력까지 뺏는 것이고, 이것은 사회 전체에도 악영향을 끼칠 수 있다. 저작권은 저작물에 대한 권리이며, 저작자에 대한 권리를 존중하는 것이며, 이것을 지키지 않는 것은 저작자뿐만 아니라 사회 전체에 악영향을 줄 수 있다.

5 속담이나 관용 표현 익히기

02 유형 연습하기

2.2 실전 연습 정답

1 ②	2 ②	3 ④	4 ③	5 ③
6 ③	7 ②	8 ④	9 ④	10 ④
11 ①	12 ③	13 ①	14 ④	15 ③

문제풀이

1. 정답은 ②번입니다. 아는 것이 아무 것도 없으면 차라리 마음이 편하다는 뜻의 '모르는 게 약'이 정답입니다. 상자 안의 글은 배터리가 없어 연락을 하지 못할 때 배터리 충전 장소와 언제 충전

했는지를 알 수 있는 앱의 기능 때문에 상대방이 연락을 하지 않아 상처받을 수 있다는 내용입니다. 따라서 차라리 몰랐다면 마음이 편했을 수도 있다는 의미로 이해하면 될 것입니다.

2. 정답은 ②번입니다. '아는 것이 병'이란 정확하지 못하거나 분명하지 않은 지식은 오히려 걱정거리가 될 수 있다는 뜻입니다. 상자 안의 글에서 첫 번째 문장 어설프게 알아서 없던 병이 생기는 경우가 생긴다는 의미를 주의깊게 보면 됩니다. '어설프다'는 완전하지 못하다는 의미입니다. 잘못된 정보로 인해 잘못된 결과가 나올 때 이 속담을 많이 사용합니다.

3. 정답은 ④번입니다. 복작거리고 혼잡스럽다의 뜻을 가진 '발 디딜 틈이 없다'가 정답입니다. 사람이 너무 많아서 어떤 공간에 발을 넣을 수조차 없을 정도를 생각하면 됩니다. '병원이 북새통을 이루다'에서 '북새통'은 발 디딜 틈이 없다와 같은 의미로 사용되었고 '북새통'이란 많은 사람들이 야단스럽고 시끄럽게 있는 상황을 말합니다.

4. 정답은 ③번입니다. 매일매일 똑같은 일이 반복된다는 뜻의 다람쥐 '쳇바퀴 돌 듯'이 정답입니다. 학생들이 반복적으로 학교와 학원, 집만 왔다 갔다하면서 지내는 모습을 다람쥐가 통 안에서만 계속 구르는 모습으로 비유한 것입니다.

5. 정답은 ③번입니다. 대상에서 가까이 있는 사람이 도리어 대상에 대하여 잘 알기 어렵다는 뜻의 '등잔 밑이 어둡다'가 정답입니다. 상자 안의 글은 논산 지역의 문화유산 탐방이 시민들에게 인기가 많은 이유는 자신이 살고 있는 지역이지만 모르는 게 너무 많아서 더 알고 싶어지게 되고 또한 알게 될수록 자신의 고향을 사랑하는 마음이 커진다는 내용입니다.

6. 정답은 ③번입니다. 친해지려고 나선다는 '뜻의 손을 내밀다'가 정답입니다. 상자 안의 글은 가

격이 너무 비싸서 많은 사람들이 참여하지 못했던 승마가 가격을 내려서 많은 사람들이 승마를 즐길 수 있도록 노력하고 있다는 내용입니다. 우리도 다른 사람들과 친해지려 할 때 손을 내밀어 악수하는 것처럼 글 속에서도 승마와 시민들이 가까워졌으면 하는 바람의 의미로 사용되었습니다.

7. 정답은 ②번입니다. 갈수록 더욱 어려운 지경에 처하게 되는 경우를 비유적으로 이르는 뜻의 '산 넘어 산'이 정답입니다. 상자 안의 글은 변리사라는 직업이 수입도 좋고 인기도 많아지지만 자격증을 따기까지의 과정이 힘들다는 내용입니다. '그림의 떡이다'라고 답할 수 있지만 괄호 안에 '과정'이라는 단어가 있기 때문에 답이 되지 않습니다. '그림의 떡'은 내가 아무리 마음에 들어도 가질 수 없는 것을 말할 때 사용합니다.

8. 정답은 ④번입니다. 보고 듣든 것이 적어 세상 형편을 알지 못하는 사람을 비유적으로 표현하는 뜻의 '우물 안 개구리'가 정답입니다. 상자 안의 글은 이신지 실장이 국내에서 최고라는 말을 들었지만 해외에 나가서 많은 디자이너들을 만나보고 자신이 큰 존재가 아니라는 것을 알게 되었다는 내용입니다.

9. 정답은 ④번입니다. 아무 음식이나 먹지 않고 좋아하는 것만 먹을 때 보통 '입이 까다롭다'고 합니다. 중국의 판다가 먹는 음식이 어린 대나무 가지와 잎, 어린 싹만이라는 문장에서 도움을 받으면 됩니다. 음식을 많이 먹지 못한다는 '입이 짧다'와 비슷하게 사용되기도 하지만 입이 까다로운 것은 좋고 싫은 것이 분명할 때 사용한다는 것을 기억하십시오.

10. 정답은 ④번입니다. 무거운 책임을 져서 마음에 부담이 크다는 의미의 '어깨가 무겁다'가 정답입니다. 상자 안의 글에서 '무거운 임무'란 책임질 일이 많거나 결정할 일이 큰 일이 있다는 것을 말합니다. '무겁다'의 의미 속에는 무게가 많이 나간

다의 의미 외에 책임이 크거나 중대하다도 의미도 있다는 것을 잊지 마십시오.

11. 정답은 ①번입니다. 자신의 이익만을 찾거나 일의 이치를 구별하지 못하여 일을 잘못하는 것을 뜻하는 '눈이 어두워지다'가 정답입니다. 잘못된 일 인 줄 알면서도 조그마한 이익이라도 얻기 위해 도적적인 마음을 포기할 때 '눈이 어두워지다' · 는 표현을 많이 씁니다. '어둡다'에는 어떤 것에 욕심을 내다는 의미가 있어서 '돈에 눈이 어둡다', '욕심에 눈이 어둡다' 등도 자주 자용합니다.

12. 정답은 ③번입니다. 부끄러운 마음이나 체면을 모른다는 뜻의 '얼굴이 두껍다'가 정답입니다. 학력이 거짓말이라고 밝혀졌는데 부끄러운 마음이 없는지 매일 출근하는 박○○ 교수를 향해 사람들이 하는 말입니다. 부끄러운 일을 하고도 두려워하는 마음이 없을 때 사용하는 문장으로 '뻔뻔하다'라는 단어로 대체할 수 있습니다.

13. 정답은 ①번입니다. 아주 어려운 일을 비유할 때 쓰는 '하늘의 별따기'가 정답입니다. 상자 안의 글을 보면 크리스마스 선물로 인기가 많은 장난감은 돈을 더 준다고 해도 살 수 없을 정도로 물건이 없어 구하기 힘들다는 것을 알 수 있습니다. 그 장난감을 구하는 것은 아주 어렵다는 의미로 쓰였습니다. 선택지 ②와 ③은 아주 쉬운 일을 비유할 때 쓰입니다.

14. 정답은 ④번입니다. 아무리 작은 것이라도 모이고 모이면 나중에 큰 덩어리가 됨을 비유적으로 이르는 말인 '티끌모아 태산'이 정답입니다. 상자 안의 글은 10원, 100원 등 동전이 모여 50만 원이라는 큰돈이 되어 누군가를 돕는 장학금으로 사용되었다는 내용입니다.

15. 정답은 ③번입니다. 비슷비슷하여 비교해 볼 필요가 없음을 나타낼 때 쓰는 '도토리 키 재기'가 정답입니다. 1위와 3위의 드라마 시청률의 차이가 고작이라고 표현되어 있습니다. 고작은 '겨우'의 의미로 아주 작은 차이라는 것을 알 수 있고 둘의 시청률을 비교하는 것은 의미가 없다는 것을 나타내고 있습니다.

 **유형 활용하기**

■ 더 깊이 있는 질문하기 예시 답안

다음 질문을 보고 질문에 대답해 보세요.

1단계 금방 찾기 질문	2050년에는 고령화 인구가 몇 명으로 늘어납니까? 20억 명으로 늘어날 것입니다. 고령 인구가 가장 많은 나라는 어디입니까? 현재는 일본이 가장 많습니다. 2050년 초고령화 인구는 몇 명이 됩니까? 64개국이 됩니다.
2단계 생각하고 찾기 질문	'고령연금수급자'는 무슨 의미입니까? 나이가 들어 일을 하지 않아도 국가로부터 연금을 받는 사람을 말하는 것입니다. '개발도상국'은 어떤 국가를 말하는 것입니까? 개발이 현재 활발히 이루어지고 있는 국가를 말하는 것 같습니다. 고령화 사회의 원인은 무엇입니까? 사람들의 영양 상태가 좋아지고, 의료 복지가 향상되면서 시작되었다고 생각합니다. 고령화 사회의 문제점은 무엇입니까? 젊은층의 경제적 부담이 증가하고, 노인 문제 등의 사회 문제가 발생할 수 있습니다.
3단계 의도와 목적 찾기 질문	이 글은 우리 사회의 어떤 문제에 대해 이야기하고 있습니까? 고령인구의 증가와 증가의 원인, 문제점에 대해서 이야기하고 있습니다. 이 신문기사를 쓴 목적은 무엇입니까? 고령화 사회의 문제점을 잘 파악해서 적절한 해결 방안을 찾는 것에 목적이 있습니다.
4단계 나와 연결하기 질문	여러분 국가의 고령화 정도에 대해 찾아보십시오. 여러분이 생각하는 고령화 사회의 문제점은 무엇입니까? 나이가 많은 사람에 대한 예의나 배려가 점점 사라질 수도 있다고 생각합니다. 여러분이 생각한 문제점을 해결할 수 있는 방법은 무엇입니까? 어렸을 때부터 교육을 통해 스스로 이해하게 하는 것이 필요하다고 생각합니다.

6 신문 기사를 읽고 상황 맥락 활용하여 글 완성하기

02 유형 연습하기

2.2 실전 연습 정답

1 ④	2 ③	3 ①	4 ③	5 ③
6 ③	7 ②	8 ③	9 ③	10 ③
11 ④	12 ②	13 ③	14 ④	15 ①

문제풀이

1. 정답은 ④번입니다. '작년 출생아수 역대 최저치 기록'은 '작년에 태어난 출생아수가 지금까지 중에서 가장 적었다'는 의미입니다. '출산 연령대 지속적으로 높아져'는 '아기를 낳는 여성들의 나이가 꾸준히(점점) 높아지고(많아지고) 있다'는 의미입니다. 따라서 '다른 해와 비교했을 때 출생아수가 가장 적었던 해는 작년이다'가 정답이 되는 것입니다.

2. 정답은 ③번입니다. '올해 하반기 경제에 먹구름'은 '올해 하반기의 경제가 어렵다(좋지 않다)'는 의미입니다. '경쟁국을 압도할 역량을 갖춰야'는 '경쟁국을 이길 수 있는 실력을 갖춰야 한다'는 의미입니다. 따라서 '올해 하반기 경제는 별로 좋지 않으므로 실력을 더 쌓아야 한다'가 정답이 되는 것입니다. 여기에서는 '경제가 먹구름'이라는 의미가 '경제가 안좋다, 경제가 어렵다'라는 의미라는 것을 알고 있어야 문제를 푸는데 도움이 됩니다. '먹구름'은 매우 검은 구름이며 여기서는 어떤 일의 상태가 좋지 않다는 것을 비유적으로 표현한 것입니다.

3. 정답은 ①번입니다. '사회 초년생'은 '사회생활을 처음 시작하는 사람들'이라는 의미입니다. '주식과 투자보다는 저축으로 재테크해야'는 '재테크를 하는 방법으로 주식과 투자보다는 저축을 하는 게 낫다'는 의미입니다. 따라서 '사회생활

을 처음 시작한 사람의 재테크 방법으로는 저축이 좋다'가 정답이 되는 것입니다. '재테크'는 '재무 테크놀로지(technology)'의 줄임말입니다.

4. 정답은 ③번입니다. '청소년 학습 집중력 높이려면'은 '청소년이 학습을 할 때 집중력을 높이려면(좋게 하려면)'이라는 의미입니다. '스마트폰 사용부터 줄여야'는 '다른 것보다 스마트폰의 사용을 줄이는 것이 중요하다'는 의미입니다. 따라서 '청소년들이 학습에 집중하려면 스마트폰 사용 시간을 줄여야 한다'가 정답이 되는 것입니다.

5. 정답은 ③번입니다. '가을 장마로 포도 농가 울상'은 '가을까지도 장마가 심해서 포도 농사를 짓는 사람들이 걱정이 많다'는 의미입니다. '터진 포도 어떡하나...'는 '장마로 인해 포도 농사를 망쳐서 걱정을 한다'는 의미입니다. 따라서 '가을 장마로 인해 포도 농사를 망친 농가는 걱정이 많다'가 정답이 되는 것입니다.

6. 정답은 ③번입니다. '부산 지역 산모 평균 연령 32세'는 '부산 지역의 산모(아기를 낳은 여자)의 평균 연령은 32세'라는 의미입니다. '서울 다음으로 많아'는 '서울 지역의 산모 평균 연령이 가장 높고 다음으로 부산 지역의 산모 평균 연령이 높다'라는 의미입니다. 따라서 '부산의 산모 평균 연령은 서울에 이어 두 번째로 높다'가 정답이 되는 것입니다.

7. ②번입니다. '전주 물 폭탄 인명 피해'는 '전주에 비가 많이 내려서 사람들이 많이 다쳤다'는 의미입니다. '천재지변인가 인재인가'는 '많은 비로 인한 인명피해를 자연 재해로 봐야 하는지, 사람들의 잘못으로 일어난 재해로 봐야 하는지'라는 의미입니다. 따라서 '전주에 엄청난 양의 비가 내려서 많은 사람들이 다쳤다'가 정답이 되는 것입니다. 여기에서는 '물 폭탄'의 의미가 '비가 굉장히 많이 내렸다'는 의미라는 것을 알고 있어야 문제를 푸는 데 도움이 됩니다.

8. 정답은 ③번입니다. '어린이 등·하굣길 안전해진다'는 '어린이들이 학교를 갈 때, 끝나고 집에 올 때의 길이 안전해진다'는 의미입니다. '정부 교통사고 사전 예방 대책 강화'는 '정부에서는 교통사고를 미리 방지하기 위한 대책(방안)을 강력하게 한다.'는 의미입니다. 따라서 '정부는 어린이들의 등·하굣길의 안전을 위해서 사고 예방 대책을 강화한다.'가 정답이 되는 것입니다.

9. 정답은 ③번입니다. '호수 공원 내 자전거 도로 전면 백지화'는 '호수 공원 안에 자전거 도로를 설치하려고 했던 계획이 무산되었다(설치 못하게 되었다)'는 의미입니다. '주민들 붉으락푸르락'은 '주민들 얼굴이 붉으락푸르락 할 정도로 화가 많이 났다'는 의미입니다. 따라서 '호수 공원 안에 자전거 도로를 설치 못하게 되어서 주민들이 화났다'가 정답이 되는 것입니다.

10. 정답은 ③번입니다. '김장철 배추, 무 가격 폭락'은 '김장철에 배추와 무 가격이 굉장히 많이 내려갔다'는 의미입니다. '농민들 울상'은 '배추와 무 가격이 내려가는 바람에 농민들이 걱정이 많다'는 의미입니다. 따라서 '김장철에 배추, 무 가격이 내려가서 농민들이 매우 걱정한다.'가 정답이 되는 것입니다.

11. 정답은 ④번입니다. '성인 건강 수명 줄이는 만성질환 1위로'는 '성인이 건강을 유지하면서 수명을 다하는데 가장 안 좋은 영향을 주는 병의 1위로'라는 의미입니다. '고혈압이 꼽혀'는 '고혈압이 1위로 선정되었다'는 의미입니다. 따라서 '성인이 건강을 유지하면서 수명을 다하는데 가장 안 좋은 영향을 주는 병은 고혈압이다'가 정답이 되는 것입니다. 여기에서 '만성질환'이라는 단어의 뜻은 '증상이 많이 심한 것은 아니지만 오랫동안 잘 낫지 않는 병을 통틀어서 말하는 것'입니다.

12. 정답은 ②번입니다. '수영에 박태민 선수 선두'는 '수영 종목에 출전한 박태민 선수가 현재 1위를 하고 있다'는 의미입니다. 아직 경기가 끝나지는 않았지만 1위로 가장 앞서 나가고 있다는 것을 설명하고 있습니다. '드디어 금메달 코앞'은 '박태민 선수가 현재 1위로 가장 앞서고 있기 때문에 금메달을 딸 시간이 가깝다, 즉 1위를 할 것이기 때문에 금메달을 곧 딸 것이다'는 의미입니다. 따라서 '박태민 선수가 1위를 하고 있어서 금메달이 멀지 않았다'가 정답이 되는 것입니다. 여기에서 '코앞'이라는 의미는 어떤 일이 멀지 않아 곧 일어날 것이라는 것을 말할 때 쓰는 '짧은 시간'입니다. 예를 들면 '시험이 코앞이다'는 시험이 얼마 남지 않았다. 곧 시험이라는 의미입니다.

13. 정답은 ③번입니다. '경기 북부 첫 고병원 조류 인플렌자(AI) 발생'은 '경기도 북부에서 처음으로 고병원 조류 인플렌자(AI)가 발생했다'는 의미입니다. '방역 대책 시급'은 'AI의 확산을 막기 위해서 방역 대책을 빨리 준비해야 한다.'는 의미입니다. 따라서 'AI가 경기 북부에서 발생하여 방역 대책을 빨리 준비해야 한다.'가 정답이 되는 것입니다. 여기에서 '시급'은 '시각을 다툴 만큼 몹시 급하다'는 의미입니다.

14. 정답은 ④번입니다. '고3 수험생들 방학 기간이 더 바빠'는 '고3 수험생들은 대학 입학시험 공부 때문에 방학 기간에도 공부를 하느라 오히려 더 바쁘다'는 의미입니다. '쉴 틈 어디 있나요?'는 '잠시 쉴 시간도(틈도) 없다'는 의미입니다. 따라서 '고3 수험생들은 공부를 하느라 방학 때 제대로 쉬지 못한다.'가 정답이 되는 것입니다.

15. 정답은 ①번입니다. '방송사 드라마, 협찬 브랜드 홍보'는 '방송사 드라마에서 협찬을 받은 브랜드를 홍보(광고)한다'는 의미입니다. '해도 너무 해'는 '너무 지나치다'는 의미입니다. 따라서 '방송사 드라마에서 협찬 브랜드를 지나치게 홍보하고 있다'가 정답이 되는 것입니다.

03 유형 활용하기

■ 어휘 바꿔 읽기 활동 예시 답안

빈 칸에 들어갈 어휘	비슷한 의미의 어휘
예) 첫 번째, 두 번째 빈 칸 – 퍼트리다.	유포하다. 옮기다.
세 번째 빈 칸 – 삭제	지우다(지우는), 없애다, 버리는
네 번째 빈 칸 – mp3 파일	노래 파일, 음원
다섯 번재 빈 칸 – 불분명	불확실, 불투명, 불명확
여섯 번재 빈 칸 – 자주	빈번히, 수시로, 종종

7 기분이나 심정을 나타내는 표현 익히기

02 유형 연습하기

2.2 실전 연습 정답

1 ②	2 ①	3 ①	4 ②	5 ③
6 ②	7 ④	8 ③	9 ④	10 ②
11 ②	12 ①	13 ④	14 ③	15 ③

문제풀이

1. 정답은 ②번입니다. 글의 내용을 보면 '너무 무서워서 뒤도 돌아보지 못하고 급히 걸어가고 있는데 뒤에서 누가 내 어깨를 잡았다' 부분을 보면 굉장히 무서워하는 상황이라는 것을 알 수 있습니다. '등골이 오싹해져서 한걸음도 움직일 수가 없었다'에서 글쓴이가 너무 무서워서 등골이 오싹해지는 느낌이 들었고 꼼짝할 수조차 없어서 매우 두려운 심정이라는 것을 알 수 있습니다.

2. 정답은 ①번입니다. 태어날 때부터 다리가 불편해서 늘 축구 경기를 구경만 하던 민석이에게

같은 반 친구들이 같이 축구를 하자고 했습니다. 민석이는 괜히 자신 때문에 경기를 망칠까봐 걱정이 됐지만 함께 축구를 하게 됩니다. 골키퍼를 하게 된 민석이는 첫 경기에서 이기고 싶은 마음에 매우 긴장했을 것이라는 것을 짐작할 수 있습니다. 따라서 '손에 땀이 흥건하게 나있었다'를 보면 민석이가 손에 땀이 많이 날 정도로 매우 긴장했다는 심정을 알 수 있습니다.

3. 정답은 ①번입니다. 글쓴이는 가족과 떨어져서 한국에 와서 공부하면서 힘들고 외로운 시간들을 다 이겨내고 대학교를 졸업하게 되었습니다. 졸업식을 하는 날 그동안 혼자 힘들게 지냈던 시간들이 생각나서 눈물이 났을 것입니다. 이때 글쓴이가 눈물을 흘린 이유는 어려움을 이겨내고 목표를 이루었다는 점에서 감동을 받았을 것이라는 것을 짐작할 수 있습니다. 따라서 '눈시울이 시큰해졌다'에서 글쓴이가 매우 감동을 받고 눈물이 날 것 같은 심정을 알 수 있습니다.

4. 정답은 ②번입니다. 선생님은 같은 나이대의 동기생들은 모두 교장이 되었는데 자신만 아직 제자리에 있다는 생각에 스스로가 초라하다는 감

정을 느꼈을 것이라는 것을 짐작할 수 있습니다. 따라서 '얼굴이 확확 달아올랐습니다.'에서 선생님이 자신이 초라하다고 생각하고 다른 사람보다 못 하다는 생각에 부끄러움을 느끼고 있는 심정이라는 것을 알 수 있습니다.

5. 정답은 ③번입니다. 글쓴이는 엄마에게 거짓말을 하고 용돈을 받아서 친구들과 놀러 나갔습니다. 친구들과 놀고 집에 들어와서 어려운 살림에 알뜰하게 생활하시는 엄마의 모습을 보고 자신이 잘못했다는 것을 느꼈을 것이라는 것을 짐작할 수 있습니다. 글쓴이는 엄마에게 거짓말을 한 일이 내내 마음에 걸려서 사실대로 말씀을 드렸습니다. 따라서 '십년 묵은 체증이 내려간 것 같았다'에서 글쓴이가 거짓말을 한 일 때문에 마음이 불편했었는데 십년 동안 묵었던 체한 것이 내려간 것처럼 마음이 매우 후련하고 시원한 심정이라는 것을 알 수 있습니다.

6. 정답은 ②번입니다. 글쓴이는 어렸을 때부터 기르던 뚱이라는 강아지가 없어지고 나서 찾아 헤맸지만 결국 못 찾고 집에 돌아오게 됩니다. 뚱이와 다시는 못 만날지도 모른다는 생각에 매우 실망하고 있을 때 집 앞에 있는 뚱이를 보고 얼마나 반가웠을지 짐작할 수 있습니다. 따라서 '입을 다물지 못했다'에서 글쓴이가 뚱이를 보고 매우 기뻐하는 심정을 알 수 있습니다.

7. 정답은 ④번입니다. 글쓴이는 아버지가 쓰러지셔서 입원하셨다는 연락을 받고 빨리 부산으로 가기 위해서 터미널로 갔습니다. 그런데 표를 사려고 지갑을 찾았지만 지갑이 없다는 사실을 알고 얼마나 당황했을지 짐작할 수 있습니다. 따라서 '순간 나는 눈앞이 캄캄해졌다'에서 글쓴이가 급박한 상황에서 생각하지 못했던 일이 일어나서 얼마나 당황하고 막막한 심정이었을지 알 수 있습니다.

8. 정답은 ③번입니다. 글쓴이는 4년 동안 대학교에서 룸메이트로 같이 살던 친한 친구가 미국으로 유학을 가게 되어서 공항에 배웅을 나갔습니다. 친구가 인사를 하고 뒤돌아서서 갈 때 글쓴이의 마음이 얼마나 슬펐을지 짐작할 수 있습니다. 따라서 '뒤도 돌아보지 않고 뛰어서 공항을 빠져나왔다'에서 글쓴이가 떠나는 친구의 뒷모습을 보고 매우 섭섭한 심정이었다는 것을 알 수 있습니다.

9. 정답은 ④번입니다. 할머니는 손자가 태어나서 석 달 뒤부터 다섯 살이 될 때까지 집에서 키워주셨습니다. 몇 년 동안 손자와 함께 지내며 정도 많이 들었을 텐데 며느리가 손자를 집에 데려가서 키우겠다고 했을 때 얼마나 서운하셨을지 짐작할 수 있습니다. 따라서 손자가 집으로 돌아가고 빈 집에 들어오셨을 때 '자꾸 손자 모습이 눈에 밟혀서 일이 손에 잡히지 않았다'에서 손자가 없는 빈 집에서 허전한 심정이셨다는 것을 알 수 있습니다.

10. 문제 풀이 : 정답은 ②번입니다. 글쓴이는 30년 가까이 성실하게 버스 기사를 하며 넉넉하지는 않지만 가족 모두 건강하게 행복하게 살고 있습니다. 어느 날 회사 동료가 돈을 잃어버리고 나서 다른 동료들과 함께 글쓴이를 의심했습니다. 이 상황에서 자신을 믿지 않고 의심하는 동료들 앞에서 어떤 심정이었을지 짐작할 수 있습니다. 따라서 '내 말을 믿지 않는 것 같았다'에서 글쓴이가 자신의 말을 믿지 않는 상황에서 억울한 심정이었다는 것을 알 수 있습니다.

11. 정답은 ②번입니다. 언니는 가장 아끼는 새 옷을 동생이 말도 없이 먼저 입고 나가서 옷에 더러운 것까지 묻히고 와서 몹시 화가 났습니다. 동생은 사과를 하기는커녕 오히려 당당하기까지 했습니다. 그런 모습에 더 화가 났을 텐데 엄마가 들어오셔서는 언니만 야단을 쳤습니다. 따라서 잘못한 사람은 동생인데 자신만 엄마한테 야단을 맞았으니 동생한테 원망스러운 심정이 들었다는

것을 알 수 있습니다.

12. 정답은 ①번입니다. 글쓴이가 고등학교 때 어머니가 돌아가시고 지금까지 아버지가 집안일을 다 하시며 키워주셨다. 이제는 좀 쉬시라고 말씀을 드려도 여전히 집안일까지 다 하시며 지내시는 아버지가 몹시 안쓰러웠을 것이다. 아버지께서 한밤중에 엄마의 사진을 보시는 모습을 보고 혼자 외롭고 힘드셨을 아버지가 측은하다는 심정이 들었다는 것을 알 수 있습니다.

13. 문제 풀이 : 정답은 ④번입니다. 남자는 아내가 결혼 십 년 만에 임신을 해서 매우 기뻤지만 몸이 아내 때문에 걱정이 많았습니다. 아기를 낳으러 병원에 갔을 때 아내가 몸이 약해서 아기를 낳는 것이 많이 힘들 것 같다는 얘기를 듣고 기다리는 동안 많이 애가 탔을 것입니다. 남편이 기다리는 동안 계속 앉았다 일어서다를 반복하며 입술만 깨물었다는 것을 보면 매우 초조한 심정이었다는 것을 알 수 있습니다.

14. 정답은 ③번입니다. 글쓴이는 서울에 와서 처음으로 혼자 살면서 가족에 대한 그리움을 느낍니다. 그러던 어느 날 누군가 밖에서 글쓴이를 쳐다보는 것 같은 인기척을 느낀 후부터 밤에 불을 끄고 잠을 잘 수 없게 된 것을 보면 몹시 불안한 심정이라는 것을 알 수 있습니다.

15. 정답은 ③번입니다. 글쓴이는 처음으로 홈쇼핑을 보다가 먹음직스럽게 판매하는 게장을 보고 주문을 합니다. 기다리던 게장이 와서 봤는데 TV에서 보던 것과는 많이 달랐습니다. 주말에 가족들과 맛있게 먹으려고 했던 글쓴이가 몹시 실망스러운 심정이라는 것을 알 수 있습니다.

03 유형 활용하기

■ 똑같은 주제로 읽기 자료 완성하기 예시 답안

내가 찾은 읽기 자료	어디에서 찾았나요?	찾은 자료의 중심 내용
행복의 조건 (플라톤) 1. 풍족하지 않은 재산 2. 모든 사람이 칭찬하지 않는 외모 3. 내가 생각하는 것의 반만 인정받는 명예 4. 다른 사람과 싸워서 한 사람은 이겨도 두 사람에게는 이기지 못할 체력 5. 연설을 하면 반 정도의 사람만 박수를 보내는 말솜씨	포털사이트 ooo 게시판에서 찾은 자료	모든 것을 다 갖는 욕심보다 적당히 갖는 것이 행복의 지름길이다.
행복의 조건 7가지 1. 어려운 일에 대처하는 자세 2. 평생 교육 받는 것 3. 안정적인 결혼 4. 담배 피지 않는 것 5. 아주 조금의 술(음주) 6. 규칙적인 운동 7. 적당한 체중	포털사이트 ooo 게시판에서 찾은 자료	물질적인 것이 행복의 조건 7가지에는 포함되지 않는다.
행복의 조건에 관한 명언 행복의 비결은 하고 싶은 일을 하는데 있기 보다는 해야 할 일을 하고 싶어 질 때 그 속에 있다. −제임스 발리 행복은 우리가 성장할 때 생기는 것이다. −윌리엄 버틀러 예이츠 행복은 우리 자신에게 달려 있다. −아리스토텔레스	인터넷 개인 블로그	행복의 조건은 사람마다 달라질 수 있다.

8 기분이나 심정을 나타내는 표현 익히기

02 유형 연습하기

2.2 실전 연습 정답

1 ④	2 ①	3 ④	4 ②	5 ③
6 ④	7 ①	8 ②	9 ①	10 ④
11 ④	12 ①	13 ③	14 ②	15 ③

문제풀이

1. 정답은 ④번입니다. '한글날은 22년 만에 다시 법정 공휴일이 되었다', '찬성하는 국민들이 대다수였다'의 글의 내용으로 보아 ①번, ②번, ③번은 정답이 아닙니다. 따라서 '국가 경제의 손해가 너무 크다는 이유로 1991년에 공휴일에서 제외됐다'의 내용과 같은 ④번이 정답이 되는 것입니다. 여기에서 '손해'와 '손실'이 유의어라는 것을 알고 있다면 좀 더 쉽게 정답을 찾을 수 있을 것입니다.

2. 정답은 ①번입니다. '처음에는 중심이 잘 잡히지 않아서 자꾸 넘어졌다', '초등학교 때 방학만 되면 외갓집에 가는 것을 좋아했다', '붙잡아 주시던 외할아버지는 힘든 표정도 짓지 않으셨다'의 글의 내용으로 보아 ②번, ③번, ④번은 정답이 아닙니다. 따라서 '할아버지께서 나를 자전거 뒤에 태우고 동네를 돌면서 구경을 시켜주셨다'의 내용과 같은 ①번이 정답이 되는 것입니다

3. 정답은 ④번입니다. '가족과 대화를 전혀 나누지 않는 가장 큰 이유로 가족 간의 공통 주제가 없기 때문이라고 여기는 경우가 가장 많다', '재학생 자녀를 둔 부모는 대부분 가족 간의 대화가 부족하다고 느끼고 있으며'의 글의 내용으로 보아 ②번, ③번은 정답이 아닙니다. 그리고 ①번은 글의 내용에 나오지 않으므로 정답이 아닙니다. 따라서 '짧은 시간이라도 계속 대화를 나누다 보면 공통 주제도 찾게 되고'의 내용과 같은 ④번이 정

답이 되는 것입니다.

4. 정답은 ②번입니다. '어린이는 면역력이 약하기 때문에 더 조심해야 한다', '어린이에게 감기약을 먹인 후에 투여한 시간과 용량을 기록해 두면 약을 많이 먹이거나 적게 먹이는 위험을 피할 수 있다', '어린이가 약을 복용하는 동안에는 부작용이 나타나는지 잘 확인해야 한다'의 글의 내용으로 보아 ①번, ③번, ④번은 정답이 아닙니다. 따라서 '아이의 건강상태에 대해 의사 또는 약사와 충분히 상의한 후에 먹이는 것이 좋다'의 내용과 같은 ②번이 정답이 되는 것입니다. 여기에서 '상의'와 '의논'이 유의어라는 것을 알고 있다면 좀 더 쉽게 정답을 찾을 수 있을 것입니다.

5. 정답은 ③번입니다. '도자기를 직접 만들어 볼 수 있는 체험관도 마련되어 있어서 자신이 만들고 싶은 도자기를 직접 만들어서', '8월 29일부터 9월 21일까지 개최되는'의 글의 내용으로 보아 ①번, ④번은 정답이 아닙니다. 그리고 ②번은 글의 내용에 나오지 않으므로 정답이 아닙니다. 따라서 '도자기 축제는 국내 최고의 도자 축제로 외국인들에게도 많이 알려진 행사이다'의 내용과 같은 ③번이 정답이 되는 것입니다.

6. 정답은 ④번입니다. '현대인들은 불규칙한 식습관 등으로 인해 비만인 사람이 많다', '요요현상은 다이어트 중에 무조건 굶거나 지나치게 음식을 소량 섭취하면서 살을 뺐을 때 일어나기 쉽다'의 글의 내용으로 보아 ②번, ③번은 정답이 아닙니다. 그리고 ①번은 글의 내용에 나오지 않으므로 정답이 아닙니다. 따라서 '건강을 유지하면서 다이어트를 하려면 규칙적인 식습관을 유지하면서 적당한 운동을 하는 것이 가장 바람직하다'의 내용과 같은 ④번이 정답이 되는 것입니다.

7. 정답은 ①번입니다. '옷은 다른 사람과 다른 자신을 드러내는 수단이 되기도 한다', '옷은 시대의 흐름에 따라 다양하게 변화, 발전하면서 그 시

대의 문화적 환경을 알 수 있게 한다', '각 나라에는 전통 의상이 있다 ~ 각국의 문화를 알 수 있고 국민들의 정서도 짐작할 수 있다'의 글의 내용으로 보아 ②번, ③번, ④번은 정답이 아닙니다. 따라서 '옷은 시대의 흐름에 따라 다양하게 변화, 발전하면서'의 내용과 같은 ①번이 정답이 되는 것입니다.

8. 정답은 ②번입니다. '가을마다 열리는 이 행사는~', '충주에서 사과를 재배하는 사람들이 각자 수확한 사과를 가지고 행사에 참여한다', '사과 장터 외에도 이색적인 다양한 행사를 열어~'의 글의 내용으로 보아 ①번, ③번, ④번은 정답이 아닙니다. 따라서 '이틀 동안 사과 축제를 연다', '남녀노소를 불문하고 원하는 사람은 모두 참여할 수 있으며~'의 내용과 같은 것은 ②번이 정답이 되는 것입니다.

9. 정답은 ①번입니다. '복부 비만이 있는 사람들은 ~ 근력 운동도 같이 하면 운동의 효과가 더 높아진다', '일주일에 3회 이상 한 번 할 때 30분 이상 꾸준히 운동을 하면 ~ 다이어트에도 도움이 된다', '겉으로 보기에는 마른 체형으로 보이지만 복부 비만인 사람이 많다고 한다'의 글의 내용으로 보아 ②번 ③번 ④번은 정답이 아닙니다. 따라서 '이는 인스턴트 음식을 자주 먹는 식습관과 운동 부족 때문인 것으로 보인다'의 내용과 같은 ①번이 정답이 되는 것입니다.

10. 정답은 ④번입니다. '흡연으로 인해서 집안의 가구나 옷에 묻어 있는 담배 연기의 독성 때문에 다른 가족들의 폐 건강도 해칠 수도 있다', '직접 흡연이나 간접 흡연이나 모두 다 건강에 안 좋기는 마찬가지'의 글의 내용으로 보아 ①번, ②번은 정답이 아닙니다. 그리고 ③번은 글의 내용에 나오지 않으므로 정답이 아닙니다. 따라서 '흡연으로 인해 직접 흡연이나 간접 흡연이나 건강에 안 좋기는 마찬가지라는 연구 결과가 나왔다'의 내용과 같은 ④번이 정답이 되는 것입니다.

11. 정답은 ④번입니다. ①번의 음식 재료와 조리법에 대한 궁합은 글의 내용에 나오지 않습니다. '시금치에 들어있는 철분은 레몬에 들어있는 비타민 C와 만나면 흡수율이 높아지고 면역력을 향상시켜 준다'의 글의 내용으로 보아 ③번은 정답이 아니며, ②번은 글의 내용에 나지지 않으므로 정답이 아닙니다. 따라서 '당근과 오이를 함께 섞어서 요리를 하면 당근에 함유된 성분이 오이의 비타민 C를 파괴한다고 한다'의 내용과 같은 ④번이 정답이 되는 것입니다. 참고로 '궁합이 맞다'는 서로 잘 어울려서 서로에게 도움이 된다는 의미입니다.

12. 정답은 ①번입니다. '적극적인 치료도 중요하지만 일상생활에서의 철저한 자기 관리가 더 중요하다', '당뇨병에 걸리면 무엇보다 몸의 면역력이 떨어져서'의 글의 내용으로 보아 ③번, ④번은 정답이 아닙니다. 그리고 ②번은 글의 내용에 나오지 않으므로 정답이 아닙니다. 따라서 '당뇨병에 많이 걸리는 이유는 불규칙한 식습관과 턱없이 부족한 운동을 들 수 있으며'의 내용과 같은 ①번이 정답이 되는 것입니다.

13. 정답은 ③번입니다. ①번 '정부에서 재정을 늘려야 한다'는 내용은 나오지 않으며, ②번 애완동물을 육체적 치료에 활용하고 있다는 내용도 나오지 않으므로 정답이 아닙니다. '독거노인이나 가정이나 학교생활에서 불안감을 느끼는 청소년들에게도 적용한다면 긍정적인 효과를 거둘 수 있을 것이다'의 글의 내용으로 보아 ④번은 정답이 아닙니다. 따라서 '국내 의료 기관 중에는 동물을 매개로 하여 우울증과 자폐증 환자들을 재활 치료함으로써 큰 효과를 거둔 곳도 있다'의 내용과 같은 ③번이 정답이 되는 것입니다.

14. 정답은 ②번입니다. '한국의 경우 ~ 정책을 추진하고 있지만 지원은 부족한 실정이다', '미래에 에너지가 부족해 질 것을 대비해서 ~ ', '효율성이 떨어지지만 고갈되지 않고 지속 가능하다는

점에서 가치가 크다고 하겠다'의 글의 내용을 보
아 ①번, ③번, ④번은 정답이 아닙니다. 따라서
'신재생 에너지는 ～ 고갈되지 않고 지속 가능하
다는 점에서 가치가 크다고 하겠다'의 내용과 같
은 ②번이 정답이 되는 것입니다.

15. 정답은 ③번입니다. '인간 뇌 기능 중 사용되
지 않던 부분이 활성화될 수도 있습니다', '디지털
기기에 의존한다고 해서, 인간의 인지력이 반드
시 떨어지는 것은 아닙니다', '디지털기기를 사용
하게 되면서 기억력이 떨어지는 현상을 '디지털
치매'라고 합니다'의 글의 내용으로 보아 ①번, ②
번, ④번은 정답이 아닙니다. 따라서 '필요한 경우
에 적절히 사용할 수 있도록 교육하는 것이 필요
합니다'의 내용과 같은 ③번이 정답이 되는 것입
니다.

03 유형 활용하기

■ 공통점과 차이점 찾기 예시 답안

〈글 1〉

사람과 같은 동물이나 식물 등 살아있는 생물에
기생하면서 살아가는 작은 미생물을 바이러스라
고 합니다. 바이러스는 우리 몸속에 있는 세균보
다 작기 때문에 일반 현미경으로도 볼 수 없다
고 합니다. 바이러스는 혼자서는 살아갈 수 없고,
반드시 영양을 공급하는 생물(숙주)이 있어야 합
니다. 현재 전세계적으로 바이러스의 종류는 약
5000개 이상이며, 최근에는 아프리카에서 에볼
라 바이러스가 등장해 많은 사람들이 바이러스에
감염되어 죽기도 했습니다. 바이러스에 감염되면
우리 몸에서는 질병과 싸우는 반응이 일어나는데
이러한 반응을 면역 반응이라고 합니다. 사람들은
바이러스에 의한 질병을 막기 위해 백신을 맞기
도 하며, 이러한 백신은 어렸을 때 주로 맞습니다.

〈글2〉

컴퓨터 바이러스란 컴퓨터 내에 들어와 컴퓨터
안의 자료를 손상시키거나 다른 프로그램을 작동
하지 못하게 하는 프로그램의 하나입니다. 컴퓨터
바이러스에 감염된 컴퓨터는 사용자의 명령을 듣
지 않으며, 다른 컴퓨터로 전염되기도 합니다. 보
통 바이러스 프로그램은 독립적인 파일이 아니라
다른 파일과 함께 있기 때문에 찾는 것이 쉽지 않
습니다. 1999년에 밀레니엄 바이러스는 은행과
같은 금융기관에 커다란 피해를 주기도 했습니다.
최근에는 바이러스를 치료하기 위한 프로그램도
많이 개발되고 있으며, 이렇게 바이러스를 치료하
는 프로그램을 백신 프로그램이라고 합니다. 컴퓨
터 바이러스를 예방하기 위해서는 백신 프로그램
을 이용해서 자주 컴퓨터를 점검하는 것이 필요
합니다.

질문

1. 〈글1〉에 나오는 바이러스와 〈글2〉에 나오는 바
이러스의 공통점은 무엇입니까?
(혼자서는 살아갈 수 없고 반드시 다른 존재의 도
움을 받아야 합니다.)

2. 〈글1〉에 나오는 바이러스와 〈글2〉에 나오는 바
이러스의 차이점은 무엇입니까?
(글1에 나오는 바이러스는 살아있는 생명체에 피
해를 주는 것이고, 글2에 나오는 바이러스는 컴퓨
터에 피해를 주는 것입니다.)

3. 우리 몸의 바이러스를 치료하는 방법과 컴퓨
터의 바이러스를 치료하는 방법은 어떻게 다릅니
까?
(사람은 백신을 주사를 통해 맞고, 컴퓨터는 백신
프로그램을 통해 바이러스를 치료합니다.)

9 글의 내용과 같은 것 고르기 2

02 유형 연습하기

2.2 실전 연습 정답

1 ③	2 ④	3 ③	4 ③	5 ③
6 ③	7 ④	8 ④	9 ②	10 ④
11 ③	12 ④	13 ④	14 ④	15 ④

문제풀이

1. 문제풀이: 정답은 ③번입니다. ①번은 본문에 나와 있지 않습니다. ② 이 글은 핸드폰의 사용과 관련이 없습니다. ④ 상황에 따라 긍정적인지 부정적인지가 결정되므로 긍정적인 말이 긍정적인 일을 생기게 하는지는 알 수 없습니다.

2. 정답은 ④번입니다. ① 1004사는 숫자는 천사라고 읽기 때문에 음이 비슷하지만 이미지와는 관련이 없습니다. ② 공책의 이미지가 먼저 기억하는 경우는 있지만 그렇다고 해서 기억을 잘 하는 사람들이 공책의 이미지를 기억하는 지는 이 글 만으로는 알 수 없습니다. ③ 매일 조금씩이라도 책을 읽고 메모해 두는 습관이 뇌를 좋게 만든다는 내용에서 더 잘 기억할 수 있다는 것을 유추할 수 있습니다.

3. 정답은 ③번입니다. 54.5%의 남성이 만족하다고 한 반면 여성은 47.6%가 만족한다고 했으므로 남자가 결혼 만족도가 약간 더 높다는 것을 알 수 있습니다.

4. 정답은 ③번입니다. ① 25세 여성의 평균을 이야기 한 것이지만 25세가 국민 평균인지는 이 글만으로는 알 수 없습니다. ② 여가 활동에 봉사 활동이 포함되는지는 본문에 나와 있지 않습니다. ④ 국내 여행 4.9회이고 해외여행 1.4회라는 것을 통해 국내 여행을 해외여행보다 많이 했다는 것

을 알 수 있습니다.

5. 정답은 ③번입니다. 점심과 과자를 나누어 먹으면서 친구와의 우정도 더 깊어졌다고 한 부분에서 알 수 있습니다.

6. 정답은 ③번입니다. 누구에게나 당연하다고 생각하는 정의조차도 상황에 따라 달라질 수 있다는 문장을 통해 알 수 있습니다.

7. 정답은 ④번입니다. ① 번은 본문과 상관없는 내용입니다. ② 우울증과 만성피로를 구별하지 못하는 경우가 있다는 문장이 있지만 피로가 우울증으로 변하기 쉬운지는 본문에 나와 있지 않습니다. ③ 피로가 계속되면 병원에 가 보는 것이 좋다고 했고 병원에서 치료를 받은 이후의 상황은 나와 있지 않습니다.

8. 문제풀이: 정답은 ④번입니다. 첫 번째 줄에서 도로 주변에 있는 가로수로 이팝나무도 흔히 볼 수 있다고 했다.

9. 정답은 ②번입니다. 바다 쓰레기로 인해 100만 마리의 바다 새가 목숨을 잃게 된다고 한 부분에서 알 수 있습니다.

10. 정답은 ④번입니다. 전문가를 불러 의견을 들었다는 부분과 직원들과 토론을 하면서 의견을 모았다는 부분을 통해 알 수 있습니다.

11. 정답은 ③번입니다. 외국에서 선물을 할 때에는 미리 그 나라의 사람들이 좋아하거나 싫어하는 선물을 알아두면 선물을 주고받는 기쁨이 두 배가 될 수 있을 것이다라는 문장을 통해 정답을 알 수 있습니다. ① 일본 사람을 홀수로 선물을 받는 것을 좋아 합니다. ② 선물도 나라마다 금기시하는 것이 있습니다. ④ 러시아 사람들은 큰 선물과 작은 선물을 모두 좋아합니다.

12. 정답은 ④번입니다. 이 글은 면접에 대한 글이고 면접 역시 노력하면 최상의 결과를 이끌어 낼 수 있다는 것으로 결론을 맺고 있습니다. 그러므로 이와 가장 가까운 ④번이 답이 될 수 있을 것입니다. ① 어느 곳에서나 는 면접 상황과 관련이 적습니다. ② 목소리가 큰 것이 도움이 되는지는 본문에 나와 있지 않습니다. ③ 거울을 보면서 연습하는 것이 좋다는 내용은 있지만 면접에 필요한 특별한 옷에 대해서는 나와 있지 않습니다.

13. 정답은 ④번입니다. 이 글은 도서관에서 책을 빌리고 싶을 때 지켜야할 주의사항에 관한 글입니다. 그러므로 본문과 가장 가까운 답은 ④번이 될 것입니다. ① 도서관에서 책을 살 수 있다는 내용은 나와 있지 않고 빌리는 것이 주된 내용입니다. ②사진에 대한 내용은 본문에 나와 있지 않습니다. ③ 도서관이 문을 닫아도 반납기를 통해 책을 반납할 수 있다고 했습니다.

14. 정답은 ④번입니다. 신제품에 대한 아이디어가 있다면 구체적인 제품을 만들어 보자고 한 내용에서 알 수 있습니다. ① 전문가의 도움을 받을 수도 있다고 했으므로 이 과정이 꼭 필요하고 하기는 어렵습니다. ② 여러 단계를 이야기하고 있기는 하지만 그것이 매우 어렵다는 이야기는 본문에 없습니다. ③ 물건의 판매와 관련된 이야기는 본문에 나와 있지 않습니다.

15. 정답은 ④번입니다. 사형 제도를 유지하는 것에 대해서는 아직 찬반양론이 팽팽하게 맞서고 있다는 문장을 통해 알 수 있습니다. ① 사형제도 말고도 우리는 죄를 지은 사람을 벌할 수 있는 많은 제도가 있습니다. ② 우리 사회에 중한 범죄가 없어진다면 사형 제도가 의미 없어지기는 하겠지만 범죄가 없어져야 사형 제도를 없앨 수 있는 것은 아닙니다. ③ 이 글만으로는 사형제도를 반대하는 사람이 많아서 사형이 실시되지 못하고 있는지는 알 수 없습니다.

 **유형 활용하기**

■ **빠르게 훑어 읽기 연습 예시 답안**

※ 다음 글을 읽고 질문에 답해 봅시다.

1. 이 글은 코코아의 (코코아의 가격 상승)에 관한 글이다.

2. 코코아 공급량이 늘지 않는 이유는 무엇인가? (코코아를 재배하는 농가 시설이 오래돼서 해충과 질병에 약하고, 코코아 농사를 짓는 젊은 사람들도 점점 줄고 있기 때문입니다.)

3. 이 글에서 말한 사실 중 잘못된 것을 고르시오. ③ 코코아를 가장 많이 생산하고 있는 국가는 미국이다. (가공하는 국가가 미국 기업)

10 괄호 넣기

 **유형 연습하기**

2.2 실전 연습 정답

1 ④	2 ①	3 ①	4 ②	5 ④
6 ①	7 ④	8 ④	9 ②	10 ③
11 ③	12 ④	13 ④	14 ④	15 ②

문제풀이

1. 정답은 ④번입니다. 본래 자려고 계획했던 호텔에 사람이 많아서 소파에서 잤다는 것을 통해 우리는 예상하지 못했던 일이 생긴다는 내용을 유추할 수 있습니다.

2. 정답은 ①번입니다. (   )안에는 앞에 나온 연

인, 가족, 그리고 사진작가들이 공통적으로 할 수 있는 서술어가 들어가야 합니다. 앞의 주어가 모두 테니스를 치거나 분수에 들어가거나 열대야 현상에 대해 이야기 한다고 생각하기는 어렵습니다.

3. 정답은 ① 번입니다. 이 문장에서 '짐'이 주어입니다. 서술어는 여기저기에 쌓여 있다가 적당합니다.

4. 정답은 ②번입니다. 이 문장의 주제는 '불편한 일'입니다. 아래 흐엉 씨의 예시를 보면 거절하지 못해서 동료의 일을 하고 그 대신에 자신의 일을 하지 못했다는 내용이 있습니다.

5. 정답은 ④번입니다. 면접을 통해 인재를 뽑는 새로운 방식에 대한 이야기입니다. ①번의 우리 사회의 문제점이나 ②번의 좋지 않은 직장 문화는 이 글과 관련이 없습니다. ③번은 앞에 스펙 외에 다른 면접 방식을 도입했다는 것을 통해서 답이 아니라는 것을 알 수 있습니다.

6. 정답은 ①번입니다. 아래 최세진의 예시를 보면 큰 역할을 했음에도 불구하고 비난을 받았다는 내용이 나오는데 이 문장이 힌트가 될 수 있습니다.

7. 정답은 ④번입니다. 앞에 나온 걷기나 수영이 힌트가 될 수 있습니다. 이 둘은 가벼운 운동에 해당합니다.

8. 정답은 ④번입니다. 자신이 일반적으로 생각하는 방향을 바꿔서 생각할 수 있다고 했습니다. 이것은 단순히 결론을 예상하거나 반대가 아니라 자기 사고의 변화를 의미합니다.

9. 정답은 ②번입니다. 마지막 문장에 '후회를 줄일 수 있을 것이다.'라는 내용이 나옵니다. 그러므로 (   ) 안에는 인터넷에서 물건을 잘 못 구입하여 후회하는 경우가 될 것입니다.

10. 정답은 ③번입니다. 바로 앞에 문장인 다람쥐와 같은 동물이 힌트입니다. 다람쥐가 다른 동물과 다른 것은 중간에 깨어나서 음식을 먹는다는 것입니다.

11. 정답은 ③번입니다. 문장의 중간에 정의롭다고 생각하는 사람이 많을 것이다. 다음에 '그러나'가 나옵니다. 그러므로 뒤의 문장에는 앞의 문장과 반대의 내용인 정의롭지 못하다가 나와야 할 것입니다.

12. 정답은 ④번입니다. 바로 뒤의 문장인 타인의 감정을 자신의 감정처럼 받아들임으로써가 힌트가 될 수 있습니다. 그러므로 고객의 입장에서 생각해 보기가 그 예가 될 것입니다.

13. 정답은 ④번입니다. 이웃과 서로 도와서 일하면서 얻게 되는 것을 생각해 보면 쉽게 답을 찾을 수 있을 것입니다. 연대감은 한 덩어리로 서로 굳게 뭉쳐 있음을 느끼는 마음입니다.

14. 정답은 ④번입니다. 바로 앞에 서로를 잘 이해하고 적응하기라는 문장과 그래서 라는 접속어가 나옵니다. 그러므로 뒤의 문장은 앞의 문장과 연관되어 있는 다른 문화 이해하기가 나와야 할 것입니다. ②번도 부분적으로 답이 될 수 있는데 앞 뒤 문장만 보고 늘 다른 사람을 찾아간다는 것을 유추해 내기는 어렵다.

15. 정답은 ②번입니다. 가정 형편이 어려운 사람이 많다고 했고 이런 사람들을 위해 일하는 것이므로 무료로 재능을 나누어 주는 ②번이 가장 가까운 답이라고 할 수 있습니다.

03 유형 활용하기

■ 글쓴이에게 질문하기 예시 답안

글쓴이의 의도를 알기 위한 질문

1. 이 글의 글쓴이는 사람들과의 관계가 어려운 이유에 대해 어떻게 설명하고 있습니까?

   내가 기대하는 다른 사람의 모습과 실제 그 사람은 다르기 때문이며, 우리는 내가 보고 싶은 모습을 그 사람에서 찾기 때문에 좋은 관계를 만들기 어려운 것이다.

2. 이 글의 글쓴이는 좋은 관계를 위해 무엇이 필요하다고 설명하고 있습니까?

   다른 사람에 대한 선입견을 버리고, 그 사람의 있는 모습 그대로를 인정해 주는 것이 필요하다.

토론과 토의를 위한 질문

1. 인생에서 사람들과의 관계가 중요한 이유는 무엇입니까?
2. 이 글에서 말하는 방법 외에 사람들과의 관계를 위해 필요한 일은 무엇이 있습니까?
3. 사람들과의 관계를 좋게 하기 위해 여러분이 노력한 것은 무엇입니까?
4. 인생에 인간관계 외에 또 중요한 것은 무엇이 있습니까?

11 주제 또는 중심 생각 고르기

02 유형 연습하기

2.2 실전 연습 정답

1 ②	2 ④	3 ④	4 ③	5 ②
6 ①	7 ③	8 ③	9 ③	10 ④
11 ①	12 ④	13 ②	14 ②	15 ②

문제풀이

1. 정답은 ②번입니다. 글의 내용을 보면 요즘 맞춤법 사용 실태를 보면 맞춤법 사용에 어려움을 느끼는 경우가 많으며, 맞춤법을 틀리게 사용하는 경우가 많습니다. 올바른 맞춤법을 사용하지 않으면 자신의 의사를 정확하게 전달하기 어려우므로 올바른 맞춤법을 사용하려는 문화를 정착시켜야 한다는 것에 중점을 두고 쓴 글입니다.

2. 정답은 ④번입니다. 글의 내용을 보면 각 나라의 문화는 그 자체로서 존중해야 합니다. 따라서 다른 나라의 문화에 관심을 가지고 배우고 받아들이려는 노력과 자세가 필요하다는 것에 중점을 두고 쓴 글입니다.

3. 정답은 ④번입니다. 요즘 애완동물을 기르다가 내다버리는 사람들이 있습니다. 그래서 서울시에서는 '반려동물 인수제도'를 도입해서 버려진 동물들을 보살피는 일을 하려고 계획하고 있습니다. 이 계획에 찬성과 반대 의견이 맞서고 있습니다. 이런 제도를 시행하는 것도 필요하지만 그것보다 먼저 동물을 소중히 여기는 마음과 사고방식을 가져야 한다는 것에 중점을 두고 쓴 글입니다.

4. 정답은 ③번입니다. 수면 부족은 건강과 생활에 문제를 일으킬 수 있으므로 잠을 충분히 자야 합니다. 그런데 잠을 충분히 자는 것도 중요하지만 잘 자는 것이 더 중요합니다. 따라서 잠을 충

분히 잘 자기 위해서는 바람직한 수면 습관을 가지는 것이 좋다는 것에 중점을 두고 쓴 글입니다.

5. 정답은 ②번입니다. 유네스코 문화유산에 기록하여 올리면 그 문화의 가치도 높이 평가되고 관광객의 수도 증가합니다. 따라서 문화유산을 보호하기 위해서 유네스코에 기록하여 올리는 방법 등을 적극 활용해야 합니다. 그리고 무엇보다 중요한 것은 문화유산의 가치를 알고 보호하는 마음을 가지는 것이라는 것에 중점을 두고 쓴 글입니다.

6. 정답은 ①번입니다. 독서를 하면 생각의 폭도 넓어지고 지식도 쌓을 수 있기 때문에 장점이 많습니다. 그런데 요즘 사람들은 바쁘다는 핑계로 독서하는 것을 미루는 경우가 많습니다. 독서를 어렵게 생각하지 말고 평소에 독서를 습관화 하면 좋을 것이라는 것에 중점을 두고 쓴 글입니다.

7. 정답은 ③번입니다. 장애란 단지 불편한 것에 불과합니다. 주변에서 보면 장애를 극복하고 꿈을 이룬 사람들도 많습니다. 우리는 장애인에 대한 편견을 버려야 합니다. 장애인은 몸이 조금 불편한 사람이며 결코 우리와 다른 사람이 아니라는 생각을 가지고 함께 어울려 사는 사회를 만들어야 한다는 것에 중점을 두고 쓴 글입니다.

8. 정답은 ③번입니다. 요즘 주변에서 많이 볼 수 있는 다문화 가정의 아이들을 대할 때 색안경을 끼고 보지 말아야 할 것입니다. 다문화 가정의 아이들은 한국 문화에도 적응해야 하고 가정에서도 다른 문화 속에서 살아야 하기 때문에 어려움이 많습니다. 따라서 우리는 다문화 가정의 아이들을 사회의 일원이라고 생각하고 동등하게 대해야 한다는 것에 중점을 두고 쓴 글입니다.

9. 정답은 ③번입니다. 현대인들 중에는 운동이 부족하고 식습관이 좋지 않아서 비만인 사람들이 점점 증가하고 있습니다. 따라서 비만에서 벗어나기 위해서는 비만의 원인이 되는 생활습관을 버려야 합니다. 비만은 건강에 좋지 않으므로 적절한 운동과 올바른 식습관으로 건강을 지켜야 한다는 것에 중점을 두고 쓴 글입니다.

10. 정답은 ④번입니다. 요즘 청소년이 있는 가정에서는 스마트폰으로 인한 문제가 많습니다. 특히 스마트폰의 지나친 사용으로 인해서 가족 간의 유대관계가 무너지고 있다는 것입니다. 따라서 가족과의 시간을 늘리고 유대관계를 좋게 하기 위해서는 스마트폰의 사용을 줄여야 한다는 것에 중점을 두고 쓴 글입니다.

11. 정답은 ①번입니다. 요즘 대학 병원이나 종합 병원을 찾는 사람들은 점점 늘어나고 있는 반면에 동네 개인 병원을 찾는 사람들은 줄어들고 있습니다. 사람들이 개인 병원을 외면하지 않고 찾아오게 하기 위해서 다양한 대책을 시급히 마련해야 한다는 것에 중점을 두고 쓴 글입니다.

12. 정답은 ④번입니다. 가족력은 유전적인 원인에 의한 것으로 가족 중에 어떤 병에 걸린 경우가 있으면 다른 가족 중에 누군가가 그 병에 걸릴 확률이 높아진다는 것입니다. 하지만 가족력이 있다고 해서 모두 병에 걸리는 것은 아니므로 적당한 운동과 올바른 식습관을 생활화 하면 병에 걸릴 수 있는 확률을 낮출 수 있다는 것에 중점을 두고 쓴 글입니다.

13. 정답은 ②번입니다. 사람은 정신적으로, 신체적으로 몹시 피로하면 나타나는 현상이 있는데 그 중에 하나가 색을 구별하는 능력이 떨어진다는 것입니다. 실험에 의해서도 밝혀졌듯이 피로한 상태에서는 색 구분을 명확하지 하지 못했습니다. 따라서 늘 보던 색이 다르게 보인다거나 명확하게 구별이 안 된다면 내 몸이 너무 피로해서 휴식이 필요한 것은 아닌지에 대해서 생각해 봐야 한다는 것에 중점을 두고 쓴 글입니다.

14. 정답은 ②번입니다. 자기 주도 학습이 아이들 스스로 목표와 계획을 세우고 공부를 한다는 점에서는 매우 유익한 방법이지만 부모님이나 선생님의 지도가 반드시 필요합니다. 따라서 자기 주도 학습법으로 원하는 성과를 거두는 것은 어른들의 지도와 훈련을 통해서만이 가능하다는 것에 중점을 두고 쓴 글입니다.

15. 정답은 ②번입니다. 야생동물로 인한 사고가 빈번히 일어나면서 2차 사고의 위험까지 있어서 피해를 줄이기 위한 대책 마련이 시급합니다. 야생동물의 피해뿐만 아니라 인명 피해도 일어나는 것을 보면 정부에서 나서서 방안을 마련해야 한다는 것에 중점을 두고 쓴 글입니다.

03 유형 활용하기

■ 스스로 질문하고 답하기 예시 답안

① 먼저 전체의 글을 빨리 읽어 보세요

② 각 문단의 첫 번째 문장을 질문으로 바꿔 보세요.
내가 생각하는 진정한 행복은 내가 이루고자 하는 꿈을 이루고, 내가 가진 것에 만족하면서 사는 것이다.
→ 진정한 행복은 무엇일까? 진정한 행복을 위해 필요한 것은 어떤 것일까?

현대 사회에서는 물질적인 가치를 중요하게 여기다 보니 사람과 사람의 관계를 소홀하게 되고 공공의 이익과 발전보다는 개인과 특정집단의 이익을 앞세우기도 한다.
→ 현대 사회에서 사람과 사람의 관계를 소홀하게 생각하는 이유는 무엇입니까?
현대 사회의 문제점은 무엇입니까?
사람들이 불행한 이유는 무엇입니까?

행복한 삶을 살기 위해서는 두 가지가 필요하다고 생각한다.
→ 행복한 삶을 위해서는 무엇이 필요합니까?
행복한 삶을 위해서 몇 가지가 필요하다고 생각합니까?

③ 다시 한 번 제시된 글을 천천히 읽으면서 답을 찾아봅니다.

④ 질문에 스스로 답을 합니다. (②번에서 바꾼 질문에 대해 스스로 답을 찾습니다.)

첫 번째 질문에 대한 답: 내가 이루고자 하는 꿈을 이루거나 내가 가진 것에 진심으로 만족하면서 사는 것입니다.

두 번째 질문에 대한 답: 현대인이 물질적인 가치를 중요하게 생각하면서 다른 사람과의 관계도 멀어지게 되고, 이것이 행복하지 못한 이유가 되기도 합니다.

세 번째 질문에 대한 답: 행복한 삶을 위해서 여러 가지가 필요하겠지만 우선은 다른 사람과의 관계를 잘 유지하는 것이 필요하다고 생각합니다. (또는) 물질적인 가치를 추구하는 것보다 내가 진정으로 하고 싶은 일을 찾는 것이 행복을 위해 필요하다고 생각합니다.

⑤ 찾은 답이 정확한지 다시 한 번 글을 읽어 봅니다.

12 글 단위의 관계를 추론하여 주어진 문장을 적절한 곳에 넣기

02 유형 연습하기

2.2 실전 연습 정답

1 ③	2 ①	3 ②	4 ②	5 ④
6 ②	7 ④	8 ②	9 ①	10 ③
11 ④	12 ④	13 ③	14 ①	15 ②

문제풀이

1. 정답은 ③번입니다. 상자 안의 글에서 가장 먼저 찾아야 하는 것은 접속사 '그러나'입니다. '그러나'를 중심으로 앞의 내용과 뒤의 내용이 반대가 되기 때문에 그 주위 문장에서 중심 문장을 찾으면 됩니다. 다양한 상황이 있는 사람들이 창업을 많이 하고 있다. 그러나 창업을 해서 성공하는 사람은 많지 않다는 것이 주된 내용입니다. 창업을 해서 성공하는 사람들이 많지 않아서 점포 없이 창업을 하는 것이 인기가 있으며 이는 고정으로 들어가는 돈이 없기 때문이다는 내용으로 연결하면 됩니다.

2. 정답은 ①번입니다. 상자 안의 글에서 주의깊게 보아야 할 단어는 '이러한', '하지만'입니다. 〈보기〉안의 글은 법의 날에 진행된 행사에 대해 설명하고 있습니다. 이 문장이 들어갈 수 있는 곳은 법의 날에 대한 보충 설명을 하는 부분이므로 첫 번째 문장 다음에 오는 것이 자연스럽습니다.

3. 정답은 ②번입니다. 첫 번째 문장에서 전세에서 월세로 전환이 되고 있는 상황을 말하고 있습니다. 그러한 이유를 다음 문장에서 '―기 때문이다.'로 설명하고 있습니다. 〈보기〉 안의 글이 들어가기 적당한 자리를 찾을 때 '그러나' 접속사가 있기 때문에 앞의 내용과 반대되는 문장을 찾아야 합니다. 〈보기〉 글은 세입자의 힘든 상황을 말하

므로 집주인에 대한 상황이 나와 있는 두 번째 문장 다음에 오는 것이 자연스럽습니다.

4. 정답은 ②번입니다. 〈보기〉에서 '한 학부모'가 나왔으므로 상자 안의 글에서 '다른 학부모'로 시작되는 문장이 있는지 살펴봅니다. 보통 어떤 것을 설명할 때 나열하는 방법에서 자주 사용되는 표지는 '하나는~, 다른 하나는'입니다. 이런 표현은 쌍으로 이루어질 때 문장이 완성되었다고 볼 수 있으므로 글의 흐름이 자연스럽습니다.

5. 정답은 ④번입니다. 상자 안의 글은 토론대회의 진행방식, 그 다음은 우승자의 소감, 교장선생님의 당부로 구성되어 있습니다. 〈보기〉문장에서 주의깊게 봐야 할 것은 '바람도 전했다.'입니다. 따라서 이 내용은 교장 선생님의 당부 중 하나이며 앞에서도 다른 당부가 있었음을 알 수 있습니다. 따라서 〈보기〉는 ②의 위치에 와야 자연스럽습니다.

6. 정답은 ②번입니다. 〈보기〉는 수상스키의 종류에 대해 열거하고 있습니다. 괄호 다음의 문장이 무엇으로 시작하는지를 확인하면 〈보기〉 문장이 어디에 들어가야 할 지를 찾을 수 있습니다. 상자 안의 글 속에는 '그러나', '이렇듯', '또한', '하지만' 이 있습니다. '그러나와 하지만'은 앞 문장과 뒤 문장이 다른 내용을 달라짐을 나타내고 '또한'은 앞 문장에 연결하여 더 설명할 때 사용합니다. '이렇듯'은 '앞의 내용과 같이'라는 의미로 사용됩니다. 따라서 〈보기〉문장이 '이렇듯' 뒤에 오는 것이 자연스럽습니다.

7. 정답은 ④번입니다. 〈보기〉 문장의 처음 나오는 '그래서'는 앞의 문장에 대한 원인이나 근거, 조건 등을 나타내는 접속 부사입니다. 이 장소가 인기가 높아지는 이유의 문장은 '이곳에서~―기 때문이다'입니다. 따라서 마지막에 ②에 〈보기〉 문장이 들어가면 글이 자연스럽습니다.

8. 정답은 ②번입니다. 상자 안의 글은 멕시코에서 인기 있는 놀이에 대한 내용입니다. 〈보기〉 문장이 들어가기 자연스러운 곳을 찾기 위해서는 괄호 앞과 뒤에 어떤 문장이 놓여 있는지를 확인해야 합니다. 한국의 박 터트리기와 비슷한 놀이가 '피나타'라는 것을 문장 속에서 알게 되었으니 ㉡ 자리에 들어가면 자연스럽습니다. '달레 달레 달레'는 노래이고 '피나타'는 놀이라는 것을 혼동하면 안됩 니다.

9. 정답은 ①번입니다. 상자 안의 글은 시간 관리에 대한 정의를 내리고 시간을 관리하기 어렵게 만드는 요인들에 대한 설명을 하고 있습니다. 〈보기〉 문장은 그 요소들을 3가지로 나누고 있습니다. 글이 자연스럽게 되기 위해서는 이 세 가지 요소들이 무엇인지 설명하는 것입니다. 따라서 글의 앞 부분인 ㉠에 〈보기〉 문장이 들어가야 자연스럽습니다.

10. 정답은 ③번입니다. 〈보기〉문장에서 '즉'이라는 단어에 주의하면 문장의 위치를 찾을 수 있습니다. '즉'은 '다시 말하면'이라는 뜻입니다. 직책을 기준으로 예의를 갖춘다고 했으므로 앞에 나온 문장과 비슷한 내용을 고르면 됩니다. 따라서 '위계'라는 단어가 있는 문장 다음인 ㉢에 〈보기〉가 들어가면 됩니다.

11. 정답은 ④번입니다. 상자 안의 글은 지구상의 물이 어떻게 활용되고 있는지에 대한 내용과 물 사용에 대한 태도입니다. 〈보기〉 문장에서 주목할 것은 '무엇보다'입니다. '무엇보다'는 우선적으로 꼽히거나 중요한 것이 되는 것을 의미합니다. 앞의 내용이 모두 맞는 말이지만 그것보다도 제일 중요한 것은 바로 이것이다라고 표현할 때 '무엇보다'를 사용합니다. 따라서 〈보기〉 문장은 글이 마지막 부분인 ㉣에 들어가면 자연스럽습니다.

12. 정답은 ④번입니다. 〈보기〉문장에서 '그런 까닭에'를 주의 깊게 봐야합니다. '까닭'은 어떤 일

이나 현상에 대한 원인이나 조건을 말할 때 사용합니다. 오방색이 색에 따라, 방향에 따라 다른 의미를 가지고 있어서 사람들이 색을 고를 때 신중하게 생각했다고 유추할 수 있습니다. 그래서 오방색의 의미와 방위에 대한 설명이 끝난 문장 뒤인 ㉣에 〈보기〉문장에 오는 것이 자연스럽습니다.

13. 정답은 ③번입니다. 상자 안의 글은 여가의 가치에 대한 설명입니다. 여가의 가치는 정신적, 신체적, 사회적 가치로 나눌 수 있는데 〈보기〉 문장은 어느 가치에 해당하는지를 알면 문장을 넣을 위치를 찾을 수 있습니다. 다른 사람과 어울리며 생활하는 것은 사회적인 부분이라 어렵지 않게 찾을 수 있습니다. 따라서 〈보기〉가 들어갈 부분은 ㉢입니다.

14. 정답은 ①번입니다. 〈보기〉 문장에서 명사의 조언이라는 단어를 알게 되면 이 문장이 어느 위치에 가게 될 지 쉽게 찾을 수 있습니다. '명사'들은 세상에 널리 알려진 사람들이라는 뜻이며 '조언'은 어떤 사실을 알게 해주는 도움말이라는 뜻입니다. 명사들의 조언을 들어보자고 했으니 다음 문장에는 당연히 우리에게 많이 알려진 사람들의 가르침이 나올 것입니다.

15. 정답은 ②번입니다. 아마도 〈보기〉문장이 들어가야 곳을 선택할 때 ㉠과 ㉡ 중에서 어느 것을 골라야 할 지 망설였을 겁니다. 우선 〈보기〉 문장에서 '이 이론은'이 있어서 앞에 언급된 내용이 있어야 합니다. 그래서 ㉠ 자리는 될 수 없습니다. 게다가 ㉠자리에 〈보기〉를 넣었을 때 다음 문장 '1982년 ~ 이론이 있다.'가 되면 부자연스럽습니다. 그러므로 ㉡ 자리에 〈보기〉가 들어가야 자연스럽습니다.

 **유형 활용하기**

■ 질문을 먼저 보고 읽기 예시 답안

※ 다음의 질문을 먼저 보고 아래의 글을 읽어 보세요.

1. 어린이비만은 어떤 질병을 유발(생기게 하는 것)할 수 있습니까?
 →

2. 비타민D가 부족한 아이들은 일반 아이들에 비해 어떤 위험이 있습니까?
 →

3. 비타민D를 꾸준히 보충하기 위해서 필요한 일은 무엇입니까?
 →

4. 비만예방을 위해 운동은 하루에 몇 시간, 일주일에 몇 회가 적당합니까?

> 어린이비만은 ①성장호르몬 분비량 감소, 고지혈증, 고혈압 등 어린이 성장에 치명적인 질병들과 관계가 깊다. 또한 최근의 연구 결과에 따르면 ①비타민 결핍이 아이들의 비만과 고지혈증을 일으키는 원인이 될 수 있다는 발표도 나왔다. 한국대학병원 교수팀에서 최근 1000명의 아이들을 대상으로 조사한 결과 ②비타민D가 부족한 아이들이 일반 아이들에 비해 복부비만은 3배, 비만은 2.6배, 당뇨 1.1배 등 다양한 질병에 걸릴 위험도가 훨씬 높은 것으로 나타났다. 이렇게 다양한 질병이 3가지 이상이 있는 경우를 대사증후군이라고 하는데 이러한 질병은 각종 성인병의 원인이 될 수도 있다. 특히 복부비만은 지방이 몸에 쌓여 더 큰 질병으로 이어질 수 있다는 연구 결과도 있었다. 한국대학병원의 연구진은 청소년들에게 비타민D가 부족하면 나중에 어른이 되어서 더 심각한 질병이 발생할 수 있기 때문에 ③운동 등을 통해 꾸준히 몸을 관리하고, 실외활동

을 늘려 비타민D를 보충하는 것이 필요하다고 당부했다. 비만을 예방하기 위해서는 운동과 함께 올바른 식습관을 갖는 것이 중요하다. 무조건 조금 먹는 것보다는 골고루 알맞게 먹고, 식사 시간에 맞춰 먹는 것이 중요하다. ④운동은 1회 30분에서 1시간 정도 주 3회 이상 꾸준히 하는 것이 좋다.

CHAPTER 2 모의고사

1회 모의고사

1 ④	2 ①	3 ②	4 ④	5 ③
6 ④	7 ①	8 ③	9 ④	10 ③
11 ④	12 ④	13 ①	14 ①	15 ②
16 ④	17 ③	18 ①	19 ②	20 ④
21 ②	22 ②	23 ①	24 ④	25 ④
26 ①	27 ④	28 ②	29 ④	30 ③
31 ③	32 ③	33 ③	34 ③	35 ①
36 ④	37 ④	38 ③	39 ②	40 ③
41 ④	42 ①	43 ③	44 ③	45 ③
46 ③	47 ①	48 ②	49 ②	50 ②

문제풀이

1. 정답은 ④번입니다. '−이야말로'는 조사 '−이/가'를 강조할 때 쓸 수 있는 문법입니다. 수질 오염의 주범인 샴푸를 강조하는 문장입니다. ②번의 '만'은 샴푸 하나만 주범이라는 뜻이기 때문에 적절하지 않고 ③번의 '탓에'를 쓰기 위해서는 뒤 문장이 '수질이 오염되고 있다'로 고쳐야 합니다.

2. 정답은 ①번입니다. 한 달이 보통 30~31일인데 오늘이 27일이면 한 달이 거의 다 지나간 것과 마찬가지입니다. 앞 내용과 비슷하다고 느낄 때 사용하는 '−(으)ㄴ 셈이다'가 정답입니다.

3. 정답은 ②번입니다. 저녁 시간에 가게에 사람이 많을 것으로 예상하고 걱정하였기 때문에 예약을 한 것입니다.

4. 정답은 ④번입니다. 공부 중에 휴대전화가 계속 울려서 집중할 수 없다는 뜻입니다. 부정적인 결과에 대한 원인을 나타내는 '−는 바람에'가 '−는 통에'와 비슷합니다.

5. 정답은 ③번입니다. 신선한 과일을 집에서 맛볼 수 있으며 저장할 수 있는 장소가 있는 제품이기 때문에 ③번 냉장고가 답입니다.

6. 정답은 ④번입니다. '아름다운 선율'에서 음악과 관련되었다는 것을 알 수 있습니다.
★ 선율: 멜로디, 가락

7. 정답은 ①번입니다. '김한국 시인의 최신작'이라는 문구를 통해 새로 나온 작품의 소개라는 것을 알 수 있습니다. 또한 아래의 추천 문구에서 '시', '글들'이라는 말을 통해서도 ①번 도서 광고라는 것을 알 수 있습니다.

8. 정답은 ③번입니다. '−도록 조심하십시오', '사용을 자제하십시오'에서 조심해야 할 것, 즉 주의사항임을 알 수 있습니다.

9. 정답은 ④번입니다. 병원에 설치된 주차 안내문이다. ①평일과 달리 주말은 더 일찍 운영을 시작하여 더 늦게 끝납니다. ②표에서 주차 카드를 꼭 뽑아 가라고 말하고 있습니다. ③병문안을 온 방문객은 돈을 내야 합니다. 어머니가 입원하고 아들이 방문했기 때문에 무료로 주차할 수 없습니다. ④진료를 받는 환자는 접수증이 필요하다고 표시되어 있기 때문에 환자는 접수증을 받는 것이 맞습니다.

10. 정답은 ③번입니다. 한국 남성과 결혼한 일본 여성은 6.7%, 필리핀 여성은 9.2%로, 일본 여성과 결혼한 한국 남성이 필리핀 여성과 결혼한 한국 남성보다 적다는 ③번이 맞습니다.

11. 정답은 ④번입니다. ①일부 버스는 노선이 변경되었다고 말했기 때문의 대부분의 버스가 아닙니다. ②시민들이 불만을 가진 것은 많지만 입석 금지가 풀렸다는 말은 없습니다. ③출퇴근 시간에 버스가 별로 없다는 말은 본문에 없으며 앉아서 가는 사람이 많다면 사람들이 버스를 못 타서

지각하는 일도 없었을 것입니다. ④비합리적이라는 말은 이치나 도리에 맞지 않는다는 뜻으로 시민들이 출퇴근 시간에 입석 금지가 된 것은 출퇴근을 어렵게 만드는 것이라고 항의하고 있으므로 맞는 말입니다.

12. 정답은 ④번입니다. 세 번째 줄 이후부터 부모로부터 폭력을 당하지 않은 아이들은 부모의 장단점을 모두 이야기한다는 내용이 나와 있습니다.

13. 정답은 ①번입니다. 접속사가 없는 (나)와 (라) 중에서 무엇이 먼저인지는 알기 어렵습니다. (가)와 (다)는 각각 추석과 추석 과일 값에 대해서 말하고 있습니다. 그렇기 때문에 이 글이 추석에 오르는 과일 값에 대한 글이라는 것을 알 수 있습니다. 그러므로 가을 – 추석 – 과일 값의 순으로 글을 진행하는 것이 매끄럽습니다.

14. 정답은 ①번입니다. 사람들이 일반적으로 알고 있는, 또는 그렇게 생각하는 사실을 먼저 제시한 후, 그에 대한 반박과 근거를 말하는 내용입니다. 따라서 먼저 일반적인 진술에 해당하는 (나)가 나온 후 그에 대한 반박인 (가)와 그 근거가 되는 (다)가 이어진 후 결론에 해당하는 (라)가 나와야 합니다.

15. 정답은 ②번입니다. 지시어가 없는 (나), (다), (라)를 읽어보면 (나)와 (다)는 첫문장으로 쓰기에는 정보가 부족합니다. (라)를 읽어 보면 '저축의 장점'에 대하여 말하고 있습니다. 즉, 이 글은 먼저 반대 의견을 제시한 후에 자기 의견을 옹호하는 방법으로 쓰여 있습니다. (가)에서는 (라)의 의견에 반대하고 그 근거로 (나)와 (다)를 썼는데 두 문장은 연결된 문장으로 금방 전후 관계를 찾을 수 있습니다.

16. 정답은 ④번입니다. 세 번째 줄에 결로현상을 예방하는 방법으로 환기를 자주 시키는 것을 권하고 있습니다. 따라서 '환기'와 반대되는 내용의 '항상 창문을 닫고 사는 것'이 나오는 ④번이 정답입니다.

17. 정답은 ③번입니다. 곰팡이가 생기는 장소의 특징을 찾아야 합니다. 마지막 문장에서 곰팡이를 없애기 위해서 습기를 없애는 방법에 대해 이야기하고 있기 때문에 ③번이 답입니다.

18. 정답은 ①번입니다. ( ) 바로 앞에 '그러나'가 있으므로, 글 앞내용과 뒷내용이 달라야 합니다. 마지막 문장에서 '과거와 현대가 판이하게 다른 경우가 있다'고 했으므로 현대와 대조되는 뜻의 '전통'이라는 단어와 함께, '크고 쌍꺼풀이 있는 눈'과 대조되는 '가늘고 긴 눈'이 들어간 ①번이 정답이 됩니다.

19. 정답은 ②번입니다. 실업급여의 순기능에 대해서 설명한 후에 문제점에 대해 썼기 때문에 답은 ②번입니다.

20. 정답은 ④번입니다. ①이 글에서는 법을 지키지 않은 사람을 처벌하라는 내용은 없습니다. ②실업급여를 받는 사람의 수가 정해져 있다는 내용은 글에서 찾을 수 없습니다. ③불법으로 급여를 받는 사람들이 생겼기 때문에 정부에서 급여를 낮춘 것입니다. ④첫 번째, 두 번째 문장에 있는 실업급여의 순기능에 대해서 말하고 있습니다.

21. 정답은 ②번입니다. ①손발이 닳도록: 보통 '손발이 닳도록 빌다'로 많이 쓰며, 자신의 잘못에 대해 상대방에게 몹시 비는 모습을 나타내는 관용구입니다. ②손바닥 뒤집듯이: 태도를 갑자기 바꾸는 모습을 나타내는 말입니다. ③눈 깜짝할 사이: 아주 짧은 순간을 표현한 말입니다. ④눈코 뜰 새 없이: 정신이 없을 정도로 아주 바쁘다는 것을 표현한 말입니다.

22. 정답은 ②번입니다. 쉽게 말을 바꾸거나 태도가 변하는 것에 대해 비판하는 내용이므로 ②번

이 정답입니다.

23. 정답은 ①번입니다. 소심한 상대방에게 화를 냈는데 자신의 생각이 틀렸다는 것을 알았기 때문에 '실망하다'보다는 '당황하다'가 올바릅니다.

24. 정답은 ④번입니다. ①입사 동기란 함께 면접을 보고 함께 일을 시작한 사람을 말하는 것이므로 틀렸습니다. ②이 글을 쓴 사람은 A형과 성격이 맞지 않다고 말했습니다. ③김민수 씨의 실수에 대해서는 언급되지 않았습니다. ④이 글을 쓴 사람은 김민수 씨의 혈액형을 잘못 예상했습니다.

25. 정답은 ④번입니다. 보험 때문에 시민들의 불만(민원)이 많아졌고 그 문제를 해결할 수 있는 방법(대책)이 빨리 생겨야 한다(시급하다)는 내용이기 때문에 답은 ④번입니다.

26. 정답은 ①번입니다. '원인을 밝히다'는 원인을 알아내다는 뜻이므로 ①번이 정답입니다.

27. 정답은 ④번입니다. 태풍이 갑자기 와서 피해가 났는데 그 피해를 복구하는 데에(수습) 정부가 최선을 다하고 있다는 말을 '발 벗고 나섰다'라는 관용표현으로 표현하고 있습니다.

28. 정답은 ②번입니다. 글의 마지막 부분에서 제대로 관리하지 않은 손건조기의 바람은 세균 투성이나 마찬가지라는 내용이 나옵니다. 따라서 그런 손건조기로 손을 말리면 손에서 더 많은 세균이 나온다는 ②번이 정답입니다.

29. 정답은 ④번입니다. 준거집단에 대해서 설명하면서 준거집단 때문에 스트레스를 받는 현대인에 대해 설명하고 있습니다. 사람들이 준거집단의 수준을 자신의 실력보다 높게 생각하고 있다고 했기 때문에 ④번이 가장 적절합니다.

30. 정답은 ③번입니다. 사고의 원인에 대해 이야기하면서 누구나 원인이 될 수 있다는 주장을 펴는 글입니다. (   ) 뒤에 '작은 잘못'이라는 문구를 통해 답이 ③번이 답이라는 것을 알 수 있습니다.

31. 정답은 ③번입니다. 벽화마을이 조성된 이유를 이화마을이나 감천마을에서 설명하고 있습니다. 볼거리 제공과 함께 지역 경제를 살리는 데 도움을 준다는 것에서 답을 찾으면 됩니다.

32. 정답은 ③번입니다. 네 번째 문장에 빨간색과 녹색을 구분하지 못하는 색맹은 보통 남자들에게서 많이 나타난다는 내용이 있으므로 ③번이 정답입니다.

33. 정답은 ③번입니다. ①한국의 미세먼지가 줄어들 것이라는 말은 없습니다. ②사망률이 높아지는 것이 아니라 기형아가 태어날 확률이 높은 것입니다. ③미세먼지가 많은 날에는 창문을 닫고 공기청정기를 쓰라고 했으므로 올바릅니다. ④황사방지용 마스크는 세탁 후에는 황사를 예방할 수 없다고 나와 있습니다.

34. 정답은 ③번입니다. 세 번째 문장 후반부에 아이를 위한 좌석을 설치한 자동차가 나왔다는 말이 있습니다

35. 정답은 ①번입니다. 학교는 학생들이 다양한 직업 체험활동을 제공하여 적성을 찾게 도와야 한다는 내용의 글이므로 답은 ①번입니다. ②번도 올바른 문장이지만 주제가 되기에는 내용이 부족하며 ③번과 ④번은 본문에 나오지 않거나 틀린 내용입니다.

36. 정답은 ④번입니다. 마지막 문장에서 저출산 문제 해결을 위해 가정과 직장 등 사회적으로도 노력을 해야 한다는 내용이 있습니다.
★가부장: 가족 내에서 아버지가 가장 큰 권력을 가지고 가족을 다스린다는 의미로, 남성 중심의 관습을 설명할 때 보통 '가부장적 가족제도'라고

하며, 그러한 사회를 '가부장적 사회'라고 한다.

37. 정답은 ④번입니다. 커피는 발암물질이지만 최근 항암물질로 밝혀졌다는 내용의 글입니다. 글의 중간부터 커피로 암을 예방하려면 어떻게 마셔야 하는지 그 방법이 나와 있습니다. 그러므로 답은 ④번이 적절합니다.

38. 정답은 ③번입니다. 세 번째 문장 후반부에서 체형관리와 건강관리에 근력운동이 효과적이라는 내용이 나왔습니다.

39. 정답은 ②번입니다. 태교에 대해 설명한 후 임산부가 태교에 스트레스를 많이 받고 있지만 좋은 태교는 기쁜 마음을 가지는 것이라고 설명하고 있습니다. ⓒ이후에 태교 때문에 스트레스를 받을 필요가 없다고 말했기 때문에 임산부의 스트레스에 대한 내용은 ②번이 적절합니다.

40. 정답은 ③번입니다. 예전의 드라마 속 연상연하 커플 내용과 대조되는 요즘의 드라마 속 연상연하 커플에 대한 내용이 나와야 합니다. 따라서 과거의 드라마에 관한 내용 바로 앞인 ⓒ에 〈보기〉의 문장이 들어가는 것이 맞습니다.

41. 정답은 ④번입니다. 보기는 게임의 순기능에 대해 말하고 있기 때문에 ④번이 적절합니다.

42. 정답은 ①입니다. 부모님은 한국 식당에 들어가서 한국어로 주문을 해야 하는 부담감을 가지고 있기 때문에 식당에 들어가는 것을 말리고 있습니다.

43. 정답은 ③번입니다. ①번과 ②번의 내용은 없습니다. ③나는 다른 사람들과도 이야기를 잘 못하는 사람이었지만 당당하게 식당에 부모님을 모실 정도로 변했습니다. ④입맛도 까다롭고 성격도 소심하지만 유학생활을 잘하고 있습니다.

44. 정답은 ③번입니다. 마지막 문장에서 우울증을 예방하기 위해서는 부정적인 감정을 솔직하게 인정하고 적절하게 표현하는 것이 좋다고 했습니다.

45. 정답은 ③번입니다. 네 번째 문장에 겉으로는 전혀 우울해 보이지 않지만 다양한 신체 증상이 우울증을 말해 주는 경우가 있다는 내용이 나옵니다. 따라서 식욕 저하나 불면증과 같은 신체 증상이 반복될 경우 '티 나지 않는 우울증은 아닌지 의심해볼 필요가 있다'는 내용의 ③번이 적절합니다.

46. 정답은 ③번입니다. 치료 대상의 폭이 넓다는 말은 다양한 환자를 치료할 수 있다는 뜻이기 때문에 적절한 답은 ③번입니다.

47. 정답은 ①번입니다. ①진단과 동시에 치료가 가능하므로 일석이조라고 볼 수 있습니다. ②, ③, ④번은 본문에 없는 내용입니다.

48. 정답은 ②번입니다. 이 글에서 글쓴이는 유엔의 발표 내용에 찬성하고 있는데 그 내용은 실향민, 즉 고향을 잃어버린 사람들이 고향에 돌아갈 권리가 있다는 내용이었습니다. 동시에 이것은 법은 아니지만 존경하는 마음으로 이루어져야 한다고 했습니다. 그러므로 답은 ②번이 가장 적절합니다.

49. 정답은 ②번입니다. 국제법에 의거한 것이 아니라고 했기 때문에 ②번이 적절합니다.

50. 정답은 ②입니다. ①실향민과 자신이 같은 처지라는 내용은 없습니다. ②실향민들이 불쌍하다고 생각하고 있습니다. ③북한에서 남한으로 이동하는 시간에 대한 내용은 없습니다. ④상봉이 잦지 않은 것에 대해 불만을 가지고 있지 시간에 대해서는 명확하게 말한 바가 없습니다

2회 모의고사

1 ②	2 ④	3 ①	4 ①	5 ①
6 ③	7 ③	8 ③	9 ④	10 ④
11 ④	12 ②	13 ②	14 ④	15 ②
16 ①	17 ③	18 ①	19 ③	20 ④
21 ②	22 ③	23 ②	24 ④	25 ③
26 ③	27 ④	28 ②	29 ①	30 ②
31 ③	32 ④	33 ②	34 ③	35 ②
36 ④	37 ①	38 ①	39 ①	40 ④
41 ③	42 ③	43 ④	44 ②	45 ①
46 ①	47 ②	48 ②	49 ②	50 ①

문제풀이

1. 정답은 ②번입니다. 연인이라고 하면 일반적으로 서로에 대해서 잘 아는데, 두 사람은 연인이면서도 서로에 대해 잘 모르는 편이라는 뜻입니다. 따라서 '그 중에서는 예외적으로'라는 뜻이 있는 ②번 '치고는'이 정답입니다.

2. 정답은 ④번입니다. 여행이 취소되었기 때문에 중간에 취소하고 안 했다는 뜻의 문법 '다가'를 써야 적절합니다. 나머지 보기는 모두 여행을 간 것이 되기 때문에 답이 될 수 없습니다.

3. 정답은 ①번입니다. 도서관에 가면서 이 책도 좀 반납해 달라는 뜻이므로, '어디로 가거나 오는 기회에'라는 뜻을 나타내는 '−는 길에'와 바꾸어 쓸 수 있습니다.

4. 정답은 ①번입니다. 택시를 탔지만 소용이 없다는 뜻의 문장이기 때문에 앞 문장과 뒤 문장을 반대의 의미로 연결해 주는 '−더라도'가 적합합니다.

5. 정답은 ①번입니다. '시원한 여름을'이라는 말에서 여름에 주로 쓰는 물건임을 알 수 있고 '바람'이라는 말에서 선풍기 광고라는 것을 알 수 있습니다.

6. 정답은 ③번입니다. 감기와 관련되는 곳은 병원과 약국입니다. 그 중에서 가벼운 건강 상담을 받을 수 있는 곳은 약국입니다.

7. 정답은 ③번입니다. '특급 우편서비스'에서 편지나 소포를 보내는 곳임을 알 수 있습니다.

8. 정답은 ③번입니다. 작품을 감상할 때의 주의 사항과 입장 시간을 제시한 전시 안내문입니다.

9. 정답은 ④번입니다. 미취학 아동은 무료입장이라고 했기 때문에 ④유치원에 다니는 아이들은 요금을 내지 않아도 된다는 것이 맞습니다.
★미취학 아동: 학교에 입학하지 않은 아이

10. 정답은 ④번입니다. ①취미로 스포츠 경기를 즐기는 사람들이 많은지는 알 수 없으며 표에서 보기에 다른 활동을 즐기는 사람들이 더 많습니다. ②여가 시간에 컴퓨터를 이용하는 사람보다 TV를 시청하는 사람들이 더 많습니다. ③여가 시간에 밖에서 취미생활을 즐기는 사람보다 TV시청이나 컴퓨터 사용 등 안에서 취미생활을 즐기는 사람들이 더 많습니다. ④여가 시간에 여행을 가고 싶어 하는 사람들이 제일 많은 것을 표로 확인할 수 있습니다.

11. 정답은 ④번입니다. 세 번째 줄 이후부터 한국인들의 칭찬에 대한 외국인들의 생각이 나타나 있습니다.

12. 정답은 ②번입니다. ①본문의 내용은 결혼 적령기를 언제로 하는 것이 올바른지를 따지고 있기 때문에 적절하지 않은 내용입니다. ②결혼 적령기는 28~32살 정도이지만 사실 결혼에 가장 좋은 나이를 따지는 것은 어렵다고 말하면서 사람마다 다른 나이에 결혼한다고 했기 때문에 가장 적절한 답입니다. ③본문에서 결혼 적령기는 결혼을 하기에 가장 좋은 나이라고 설명하고 있습니다.

13. 정답은 ②번입니다. 사건사고에 대한 보도는 보통 언제, 어디에서 어떤 사건사고가 일어났는지 밝힌 후 그에 따른 결과를 말하고, 원인에 대해 설명 또는 추측하는 형식으로 이루어집니다. 따라서 사고 발생일시와 장소를 말한 (나)가 먼저 오고 그 다음에 그 사고에 따른 결과인 (가)와 (다)가 나온 후 사고 원인에 대한 내용으로 (라)가 마지막에 와야 합니다.

14. 정답은 ④번입니다. 지시어나 접속사가 없는 (라)가 가장 먼저 나와야 올바른 글입니다. 이 글은 먼저 주장을 제시한 다음에 근거를 제시하고 있습니다. (가)에서 주장을 제시한 후 (나)와 (가)에서 근거를 제시했는데 두 번째 근거인 (가)에서는 '또한'이라는 접속사로 앞에 다른 근거가 있다는 것을 암시하고 있습니다. (다)에서는 주장과 근거에 따른 다이어트 방법을 소개하고 있습니다.

15. 정답은 ②번입니다. '심지어', '따라서', '그만큼'은 앞 문장에 대한 보충이나 결론을 말할 때 쓰는 말이므로 제일 처음에 올 수 없습니다. 노약자석의 뜻을 설명한 (가)가 먼저 쓴 후, 일반인들이 노약자석에 잘 앉지 않는 이유를 한국인의 의식과 관련해서 설명하려면 (다)–(나)–(라)의 순서로 나열되어 있어야 합니다.

16. 정답은 ①번입니다. 반려 동물을 버리는 문제에 대한 글이므로 ①번이 정답이다.

17. 정답은 ③번입니다. 마지막 문장에서 청결에 지나치게 집착할 때 생기는 부작용을 설명하고 있습니다. 과도한 살균은 우리 몸에 이로운 세균들까지 모두 죽이기 때문에 면역력을 떨어뜨리고 그 결과 건강을 해칠 수도 있다는 내용의 ③번이 정답입니다.
★이롭다: 이익이 있다, 도움이 된다, 좋다

18. 정답은 ①번입니다. 최근 한국에서 시작된 SW(소프트웨어)교육에 대한 글입니다. 정부는 컴퓨터 전문가를 키우는 것이 목표가 아니라고 했으므로 다른 목표를 찾아야 합니다. 한편 글에서는 계속 창의력에 대해서 말하고 있으므로 답은 ①번입니다.

19. 정답은 ③번입니다. (　　) 앞에서는 디지털 쿼터족의 장점을 말했고 뒤에서는 단점을 말하고 있으므로 앞뒤 내용이 반대되는 '반면'이 답입니다.

20. 정답은 ④번입니다. 첫 번째 문장과 세 번째 문장에서 디지털 쿼터족이 필요한 정보를 즉시 찾아내서 업무를 빠르게 처리하는 사람들이라고 나와 있습니다. 이를 한 문장으로 표현한 ④번이 정답입니다.

21. 정답은 ②번입니다. SNS를 지나치게 사용하여 스트레스를 받거나 피해를 입은 사람들에 대해 말하고 있기 때문에 답은 ②번입니다.

22. 정답은 ③번입니다. ①번과 ④번은 맞는 말이지만 중심 생각으로 보기에는 부족합니다. 이 글은 SNS증후군에 대해 설명하고 있기 때문에 가장 중요한 내용은 치료법인 ③번입니다.

23. 정답은 ②번입니다. 심장이 덜컥 내려앉다는 몹시 놀라 걱정이 되는 심정을 표현한 말입니다.

24. 정답은 ④번입니다. 두 번째 문장에 집 주인으로부터 보증금의 일부는 수표로 돌려받았다는 내용이 있습니다.

25. 정답은 ③번입니다. 현재 3일인 배우자 출산 휴가를 30일로 늘리는 법을 만들려고 한다는 뜻이므로 ③번이 정답입니다.
★현행: 현재 그렇게 하고 있음
★추진: 어떤 목표를 향해 밀고 나감

26. 정답은 ③번입니다. 재해가 일어났을 때 피하는 방법(요령)을 모르는 공무원이 많고(태반이다)

많은 국민들은 안전에 대해서 중요하게 생각하고 있지 않다는 뜻으로 생각이 '바닥'에 있다고 표현하고 있습니다.

27. 정답은 ④번입니다. 아르바이트를 1,024 시간 동안 해야 대학 등록금으로 낼 수 있는 돈을 벌 수 있다는 뜻이므로 ④번이 정답입니다.

28. 정답은 ②번입니다. 이 글은 체감온도에 대해서 설명하면서 습도를 조절할 수 있다면 더위 때문에 불쾌하지 않을 것이라고 설명하고 있습니다. 따라서 ( )에는 ②번이 적절합니다.

29. 정답은 ①번입니다. 마지막 문장에서 모기가 싫어하는 향이 있거나 벌레를 잡아먹는 식물을 이용하여 벌레와 모기를 쫓아낸다는 내용이 있습니다.
★해충: 인간에게 해를 끼치는 벌레
★퇴치: 물리쳐서 없애 버림

30. 정답은 ②번입니다. 네 번째 문장에서 우리가 알고 있는 것과는 다른 신사임당의 모습에 대한 설명이 나와 있습니다. 마지막 문장에서 전통적인 여성상과 대조되는 신사임당의 독립적이고 주체적인 모습을 설명하고 있으므로 ( )에는 ②번이 들어가는 것이 맞습니다.

31. 정답은 ③번입니다. 세 번째 문장이 '그러나'로 시작하는 것으로 봐서, 이주민들의 한국생활 적응과 대조되는 한국인들의 이주민 이해에 대한 내용이 ( )에 들어가야 한다는 것을 추론할 수 있습니다. 또한 마지막 문장에 '한국인과 이주민의 상호 이해가 필수적'이라고 했으므로 ③번이 정답입니다.

32. 정답은 ④번입니다. 보릿고개에 대해 설명하고 있습니다. ①일이 많아서 힘든 것이 아니라 먹을 것이 없어서 힘든 시기였습니다. ②보신탕을 먹는 사람들이 줄어들고 있다고 했지 먹지 않게 될 것이라고는 말하지 않았습니다. ③개고기가 몸에 좋다는 것은 근거 없는 말이라고 했기 때문에 올바르지 않습니다. ④더 이상 4~5월에 먹을 것이 없지 않는 등 환경이 변했고 젊은 층이 개고기를 먹지 않게 되었다고 본문에서 말했기 때문에 정답입니다.

33. 정답은 ②번입니다. 첫 번째 문장에서 광고 모델들은 일반인들에게 늘 선망의 대상, 즉 부러움의 대상이 된다고 했으므로 ②번이 정답입니다.

34. 정답은 ③번입니다. ①가난한 사람과 천민은 다르기 때문에 틀립니다. ②갓은 천민은 쓸 수 없었습니다. ③갓이 체면을 위한 기능을 했다고 말했기 때문에 맞습니다. ④갓은 모자로서의 기능을 하지 않았다고 했으므로 틀립니다.

35. 정답은 ②번입니다. 두 번째 문장과 네 번째 문장에서 예의는 나이가 많고 적거나, 지위가 높거나 낮은 것에 상관없이 모든 사람에게 지켜야 한다는 내용을 찾을 수 있습니다. 따라서 ②번이 정답이 됩니다.

36. 정답은 ④번입니다. 싱크홀의 개념과 한국의 싱크홀에 대한 글입니다. 싱크홀은 무분별한 개발 때문에 생기며 작아도 피해를 낼 가능성이 있다고 말하고 있으므로 싱크홀을 막아야 한다는 ④번이 올바른 답입니다.

37. 정답은 ①번입니다. 세 번째 문장 끝에서 너무 많은 화장품을 사용하는 것은 오히려 피부에 독이 될 수 있다고 했으므로 ①번이 정답입니다.

38. 정답은 ①번입니다. 자기소개서를 쓰는 방법에 대해 말하고 있습니다. 전에는 장단점이나 부모의 직업을 썼지만 요즘에는 마음가짐을 설명하는 방식이 유행하고 있다고 했으므로 ①번이 답입니다.

39. 정답은 ①번입니다. 아름다워지기 화장을 해

도 반드시 매력적으로 보이지 않을 수 있다는 것을 실험 결과를 통해 설명하는 것입니다. 〈보기〉의 문장은 '그런데'로 시작하는데, 앞 문장의 내용과 반대되는 내용이 되어야 하므로 ㉠에 들어가야 합니다.

40. 정답은 ④번입니다. ㉠이후에 사람들이 자기 나이에 해야 하는 일을 찾고 있어 바쁘다고 말하면서 다른 사람들과 다른 방향으로 가거나 그 때에 할 일을 하지 않으면 실패했다고 생각합니다. ㉢의 '하지만'이 나오기 때문에 앞의 내용과 다른 사실이 와야 합니다. 〈보기〉의 글은 앞 내용과 반대가 되는 의미이므로 정답이 됩니다.

41. 정답은 ③번입니다. 모델 출신의 연기자들이 주목을 받는 이유를 글의 끝부분에서 방송 관계자의 말을 빌려 설명하였습니다. 모델 출신 연기자들의 개성 있는 외모와 연기 때문에 방송에서도 이들을 선호한다는 〈보기〉의 문장은 그런 방송 관계자의 말을 인용한 문장 바로 앞, 즉 ㉢에 들어가는 것이 가장 자연스럽습니다.

42. 정답은 ③번입니다. 왕자의 말을 들은 백성들은 성을 지키겠다는 임금의 말을 믿지 못했습니다. 직접 왕을 만나서 이야기를 들은 후에야 서서히 물러난 백성들의 태도는 '③안심하다'로 볼 수 있습니다.

43. 정답은 ④번입니다. 임금은 먼저 왕자를 통해 성을 지키겠다고 했지만 백성들이 직접 임금을 만나서 그 약속을 듣고 싶어 했기에 그 다음날 직접 백성들 앞에 나와 성을 지키겠다는 약속을 했습니다.

44. 정답은 ②번입니다. 마지막 문장에서 글쓴이는 젊은 사람들이 음악을 즐기는 방법을 의심하고 있습니다. 따라서 ②번이 정답입니다.

45. 정답은 ①번입니다. 보기는 모두 '-는데'로 연결되어 있기 때문에 앞 문장과 뒤 문장이 반대라는 것을 알 수 있습니다. 뒤 문장은 문화를 즐기는 행동이 전쟁을 치르는 것처럼 보인다고 설명하고 있고 팬들이 가수의 활동에 참여하고 있다고 말하고 있습니다. 그러므로 답은 ①번이 적절합니다.

46. 정답은 ①번입니다. 여자의 집에서 결혼식을 올린 후, 남자는 처가와 본가를 왔다 갔다 하며 지내는 동안 여자는 친정에서 아이를 낳아 키운 것이 조선 중기까지의 전통적인 사회상입니다. 아이들이 조금 큰 후에야 여자가 아이들을 데리고 시집에 들어가 살았다는 내용 바로 앞에 제시된 문장이 들어가야 하므로 ㉠이 정답입니다.

47. 정답은 ②번입니다. 결혼식 후 여자는 친정에 머물면서 아이를 낳고 키웠다는 내용에서 조선중기까지 아이들은 어머니의 친정, 즉 외가에서 태어나 자랐다는 것을 알 수 있습니다.

48. 정답은 ②번입니다. 이 글은 기업들이 사립대학의 재단을 인수한 후 대학의 구조조정에 직접적으로 영향력을 행사하면서 경제적으로 이득이 되는 학과 위주로 대학을 운영하는 것에 대해 비판하고 있습니다.

49. 정답은 ②번입니다. (   )가 들어간 문장 바로 앞에서 기업의 대학 운영 방침을 설명하였고, 바로 이어 '그러나'로 시작하여 '바람직하지 않다'라는 말로 끝난 문장이 나왔습니다. 앞에서 설명한 기업의 대학 운영 방침에 대해 비판하는 내용이 나와야 하므로 ②번이 정답이 됩니다.

50. 정답은 ②번입니다. 글의 중반부에서 기업의 대학 구조조정 관여가 왜 문제가 되는지를 설명하였습니다.
★ 다분하다: 그 비율이 어느 정도 많다

3회 모의고사

1 ③	2 ④	3 ②	4 ③	5 ②
6 ①	7 ②	8 ④	9 ②	10 ③
11 ②	12 ③	13 ①	14 ②	15 ①
16 ①	17 ④	18 ①	19 ④	20 ①
21 ④	22 ④	23 ②	24 ③	25 ④
26 ④	27 ①	28 ②	29 ②	30 ③
31 ④	32 ②	33 ④	34 ②	35 ③
36 ③	37 ④	38 ③	39 ②	40 ②
41 ①	42 ③	43 ③	44 ④	45 ④
46 ④	47 ④	48 ④	49 ③	50 ③

문제풀이

1. 정답은 ③번입니다. 이 문법은 앞 문장의 행동이 계속 되면 뒤 문장의 상황이 나타난다는 뜻입니다. 실력이 좋지 않은 사람도 계속 배우면 잘하게 된다는 뜻입니다.

2. 정답은 ④번입니다. '-느라고'는 이유를 나타내는 문법입니다. 그런데 그 이유의 결과는 부정적입니다. 친구가 새로운 일에 적응하려고 일을 하는데 일 때문에 매우 바쁘다고 하였으니 결과가 부정적입니다.

3. 정답은 ②번입니다. '(으)ㄹ까 보다'는 아직 확실한 것은 아니지만 그런 가능성이 있을 때, 걱정할 때 쓰이는 문법입니다. 가게에 사람이 많은 것은 확실하지 않지만 걱정이 되므로 '-(으)ㄹ까 보다'를 쓸 수 있습니다.

4. 정답은 ③번입니다. '-더라도'는 앞 문장의 내용은 인정하지만 뒤 문장에는 말하는 사람이 예상하거나 기대했던 일이 나타나지 않을 때 쓰는 문법입니다. 아버지의 키가 크므로 아들도 클 것이라고 기대했지만 그렇지 않은 경우 이므로 '-더라도'가 적절합니다.

5. 정답은 ②번입니다. '원목'이란 자른 후의 나무를 말합니다. 이 단어를 모르더라도 '평상'이나 '깊은 잠' 등에서 답을 추측할 수 있습니다. '평상'은 나무로 만든 침상의 하나로 밖에다 내어 앉거나 드러누워 쉴 수 있도록 만든 가구이다.

6. 정답은 ①번입니다. 이 문제에 있는 문구는 학원에서 광고할 때 자주 쓰이는 문구들입니다. 학습 방법을 찾아 준다는 점에서 공부를 하는 곳이라는 것을 알 수 있고 방학 동안 수업을 듣고 환불할 수도 있다는 말에서 공교육이 아닌 사교육 기관이라는 것을 알 수 있습니다.

7. 정답은 ②번입니다. '물을 돈처럼 씁시다'라는 말에서 물을 아껴 쓰자는 내용을 추측할 수 있습니다.

8. 정답은 ④번입니다. 이 건물에서 담배를 피울 수 없으며 담배를 피우면 벌금을 내야 한다는 말이므로 '주의 사항'이라고 보는 것이 좋습니다.

9. 정답은 ②번입니다. 김장 체험은 참가비가 10,000원입니다. ①문화제는 주말 하루 종일 열리며 ③이 문화제는 2회이므로 처음 열리는 문화제가 아닙니다. ④홈페이지에서 신청해야 하는 일은 김장 체험입니다. 만약에 ④번이 '직접 담근 김치를 먹으려면 홈페이지에서 신청해야 한다'라면 답이 될 수 있습니다.

10. 정답은 ③번입니다. 전화를 사용하는 사람은 69.7%이고 채팅을 하는 사람들은 81.2%이므로 채팅을 하는 사람들이 많습니다. ①문자를 자주 쓰는 사람들은 43.4%로 50%를 넘지 않습니다. ②검색을 하는 사람은 42.8%이고 게임을 하는 사람들은 31.3%이므로 검색을 하는 사람이 많습니다. ④전화를 하는 사람은 69.7%고 문자를 하는 사람은 43.4%이므로 전화를 하는 사람이 많습니다.

11. 정답은 ②번입니다. 별바다는 오후 6시에서 10시 사이에 볼 수 있습니다. ①별바다는 원래 일

찍 전시가 끝날 계획이었지만 인기가 많아서 전시하는 기간이 12월까지로 늘어났습니다. ③별바다는 아름답기 때문에 사람들이 소문을 내서 인기가 많아졌습니다. ④실외가 아니고 실내에서 보는 전시이며 별자리를 설명하는 전시라는 말은 문제에 없습니다.

12. 정답은 ③번입니다. 이 그림책은 직장인 여성들 사이에서 인기가 많습니다. ①그림책이 다양하다는 내용은 나와 있지 않습니다. ②출판사에서 의도한 광고가 아닙니다. ④어릴 때의 추억 때문이 아니고 집중력 향상과 스트레스 해소, 오락성 때문입니다.

13. 정답은 ①번입니다. '이, 그, 저' 등의 지시어가 없는 (나)가 가장 첫 문장입니다. (가)는 속담을 사용할 때, (다)는 속담에서 찾을 수 있는 교훈, (라)는 속담의 뜻을 말하고 있습니다. 보통의 글이라면 속담에 대해서 쓰고 그 뜻을 이야기하겠지만 (라)의 앞에 '하지만'이라는 말이 있기 때문에 (가)를 먼저 쓰는 것이 좋습니다. 그리고 뜻까지 알고 난 후에 (다)를 사용하는 것이 적절합니다.

14. 정답은 ②번입니다. '그러므로, 특히' 등 접속어가 없는 (가), (나)가 첫 문장입니다. 그런데 (가)는 '봄에 불이 나는 이유'이고 (나)는 '봄에 불이 자주 난다'라는 내용입니다. 갑자기 봄에 불이 나는 이유를 설명하는 것은 어색합니다. 먼저 (나)를 쓰고 그 다음에 (가)를 쓰는 것이 좋습니다. (라)는 불을 끄기 어렵다는 내용이고 (다)는 불조심을 하자는 내용이므로 불을 끄기 어렵다는 내용을 먼저 써야 불조심을 하자는 내용에 힘이 생깁니다.

15. 정답은 ①번입니다. '하지만, 이와는 반대로, 그런 이유로' 등 지시어나 접속어가 없는 (나)가 가장 첫 문장입니다. (나)는 한국인이 빗소리를 좋아한다는 내용입니다. 그 다음으로 (가)처럼 한국인과 비교할 수 있는 서양 사람들의 행동을 써야 글이 자연스럽습니다. (다)는 한국의 건축에 대해

서 말하고 있고 (라)는 서양의 건축에 대해 말하고 있습니다. 그런데 (다)에 '이와는 반대로'라는 말이 있으므로 서양의 건축에 대해서 먼저 설명하는 것이 어울립니다. 또한 (라)의 앞에 서양 사람들이 빗소리를 싫어한다는 내용의 (가)가 오므로 문장이 자연스럽다는 것을 다시 확인할 수 있습니다.

16. 정답은 ①번입니다. 눈과 귀를 다 이용해야 똑바로 서 있을 수 있는데 보는 것은 그대로고 몸은 흔들린다면 멀미가 난다고 했습니다. 그러므로 몸이 흔들리지 않으려면 앞좌석에 앉아야 합니다.

17. 정답은 ④번입니다. 한석봉의 어머니는 자녀와 부모가 멀리 있어야 한다고 생각했습니다. 그런데 요즘 부모는 아이들을 멀리 두지 않으려고 한다고 했습니다. 그러므로 부모가 자녀로부터 독립해야 한다는 말이 가장 적절합니다.

18. 정답은 ①번입니다. 전에는 대부분의 사람들이 고기를 잡으려고 바다에 들어갔지만 요즘에는 자연의 신비로움을 즐긴다고 하였으므로 수중 사냥에서 관찰과 체험으로 바뀌었다는 말이 적절합니다.

19. 정답은 ④번입니다. (   )의 앞에서는 빠지지 않는 '영구치'에 대해 설명하고 있고 뒤에서는 '젖니'의 역할에 대해 말하고 있습니다. 서로 다른 내용에 대해 말하고 있으므로 '하지만'을 사용하여 연결하는 것이 좋습니다.

20. 정답은 ①번입니다. 마지막 문장을 보면 '젖니는~ 잘 닦지 않고 썩게 두어서는 안 된다.' 라고 말하고 있습니다. 그러므로 '젖니도 꾸준히 관리해야'합니다. ②영구치가 아니고 젖니가 하는 일입니다. ③젖니가 빠지고 영구치가 나옵니다. ④글에 나오지 않은 내용입니다.

21. 정답은 ④번입니다. 비록 잘 아는 일이라도

세심한 주의를 기울여서 실수가 없도록 일을 처리하는 신중한 성격을 표현할 때 돌다리도 두들겨보고 건넌다고 합니다. 모든 것을 조심하고 실수가 없게 일을 처리할 때도 이 속담을 사용합니다.

22. 정답은 ④번입니다. 이 글은 성격을 바꾸기가 어려우므로 성격과 어울리는 일을 해야 한다는 내용을 담고 있습니다. ①번은 틀린 내용이고 ②번, ③번은 글에 나온 내용이기는 하지만 중심 문장이 아닙니다.

23. 정답은 ②번입니다. 지하철 안에 있던 사람들이 어려움에 처한 남자를 돕는 모습을 보고 흐뭇해서 미소를 지었다는 뜻입니다.

24. 정답은 ③번입니다. ①사람들은 끝까지 남자를 도와 동전을 주웠습니다. ②남자는 일부러 동전을 쏟은 것이 아니라 쇼핑백에 구멍이 났거나 다른 이유 때문에 갑자기 동전이 쏟아진 것입니다. ③사람들은 남자가 당황해 하는 것을 보고 스스로 남자를 도와 동전을 줍기 시작했으므로 정답입니다. ④남자는 내리려던 정류장에서 내리지 못하고 쏟아진 동전을 주웠습니다.

25. 정답은 ④번입니다. 계속 이어지는 주택가 화재 사고 때문에 주민들의 불안이 커지고 있다는 내용입니다.

26. 정답은 ④번입니다. 아이를 공부 잘하는 '우등생'으로 만들기 위해 시키는 선행학습이 오히려 아이의 창의력을 떨어뜨린다는 내용입니다.

27. 정답은 ①번입니다. '팔을 걷어붙인다'는 것은 어떤 일에 적극적으로 나서서 노력을 한다는 뜻으로, 정부에서 많은 노력을 하지만 경제성장률이 오르지 않고 있다는 내용입니다.

28. 정답은 ②번입니다. 보복운전의 폐단에 대해 말하고 있으므로 보복운전을 강하게 처벌할 필요

가 있음을 말하는 ②번이 정답입니다.

29. 정답은 ②번입니다. 충치 균이 심장병의 원인이 될 수도 있다는 내용이므로 ②번이 정답입니다.

30. 정답은 ③번입니다. 사고가 났으니 소방관들의 빠른 대처로 다행스럽게도 사람들은 다치지 않았다는 내용의 ③번이 정답입니다.

31. 정답은 ④번입니다. 샤워를 너무 자주 하면 피부 건강에 오히려 안 좋은 영향을 끼친다는 내용이 앞에 나왔고, 이어 피부과 의사의 말을 통해 샤워를 자주 하는 것보다 옷을 자주 갈아 입는 것이 좋다는 내용이 나왔습니다. 그 이유로 먼지와 노폐물이 피부보다는 옷에 더 많이 붙어 있다는 내용의 ④번이 정답입니다.

32. 정답은 ②번입니다. ①길고양이들은 배가 고파서 쓰레기봉지를 뜯는 것입니다. ③도시에 사는 길고양이들은 먹이 찾기가 아주 힘들기 때문에 쓰레기봉지를 뜯습니다. ④사람들이 길고양이들에게 먹이를 준다는 말은 본문에 없습니다.

33. 정답은 ④번입니다. ①다른 사람이 추위에 떠는 것을 보면 그 고통에 공감하기 때문에 추위를 느낀다는 말은 있지만, 타인의 고통에 공감하기 때문에 추위를 느낀다는 것은 지나친 일반화의 오류입니다. ②인간의 공감 능력은 신체와 감정 모두 변화를 가져온다고 나와 있습니다. ③다른 사람이 추위에 떠는 것을 보면 자신도 추위를 느낀다고 나왔으므로 틀린 내용입니다.

34. 정답은 ②번입니다. ①부부가 출산의 고통을 나누어야 한다는 말은 본문에 없습니다. ③여성들이 출산 시 배우자가 옆에 있는 것과 없는 것 중 어느 쪽을 선호하는지에 대한 말은 본문에 없습니다. ④육체적인 통증은 배우자가 함께 있을 때 줄어드는 것이 아니라 오히려 증가한다고 나와 있습니다.

35. 정답은 ③번입니다. ①번과 ④번은 맞는 내용이나 주제가 아닙니다. ②녹차와 핫초코에도 커피처럼 카페인이 들어 있다고 했으므로 틀린 내용입니다. '각성효과'는 깨어있는 상태, 즉 정신을 차리게 하는 효과입니다.

36. 정답은 ③번입니다. ①번과 ②번은 맞는 내용이나 주제가 아닙니다. ④번은 본문에 없는 내용입니다.

37. 정답은 ④번입니다. ①번과 ②번은 맞는 내용이나 주제가 아닙니다. ③스마트폰을 이용하여 누구나 간편하게 사진이나 동영상을 찍고 인터넷에 올릴 수 있다는 말은 본문에 있으나 사람들끼리 주고받을 수 있다는 말은 없습니다.

38. 정답은 ③번입니다. ①번은 본문의 내용과 다릅니다. 본문에서는 외부세계의 영향을 받는 수동성이 경험의 진정한 의미가 된다고 했습니다. ②번과 ④번은 맞는 내용이나 주제가 아닙니다.

39. 정답은 ②번입니다. 뒤에 문장에 '잎이 자라는 것을 볼 수 있다'는 문장이 있습니다. 그러므로 앞에는 싹이 난 감자나 고구마 이야기가 와야 합니다. 요약하면 이렇게 싹이 난 감자나 고구마를 물 컵에 담아 두면 건조함도 해결되고 봄의 기운도 느낄 수 있어서 정서에도 도움이 된다는 내용으로 '싹'과 '잎'이라는 단어의 순서를 맞추면 어렵지 않게 풀 수 있는 문제입니다.

40. 정답은 ②번입니다. 인과관계로 이어진 문장입니다. ②번 앞에 건강에 소홀해지기 쉽다는 내용이 있습니다. 그러므로 뒤에는 스스로 건강을 지켜야 한다는 내용과 그렇지 않으면 병에 걸린다는 내용이 오게 됩니다.

41. 정답은 ①번입니다. 앞에 설명한 문장에 대해 부연 설명한 것을 맞추는 문제입니다. 앞에 경영 철학에 대한 이야기를 하고 내용을 다시 한 번 설명함으로써 점차 주제를 이끌어내는 문장 구조를 눈여겨보면 쉽게 답을 찾을 수 있는 문제입니다.

42. 정답은 ③번입니다. 아직 직장 생활에 익숙하지 않은 주인공을 무시해서 더 이상 이야기를 들어주려 하지 않기 때문에 주인공은 자신의 이야기를 들어 줄 사람이 없다고 한탄하고 있습니다.

43. 정답은 ③번입니다. 성공이냐 실패냐가 아니라 아예 도전도 못 해 보고 퇴사해야 할 것 같은 느낌마저 들었다는 문장을 통해서 주인공은 새로운 일이 생기면 늘 도전하려고 하는 의지가 있다는 것을 알 수 있습니다.

44. 정답은 ④번입니다. '감동을 쉽게 다시 떠올릴 수 있다'거나 '체계적으로 정리할 수 있다'는 내용을 통해 여러 가지로 좋은 점이 많다는 주제를 이끌어 낼 수 있습니다.

45. 정답은 ④번입니다. 지문을 꼼꼼히 읽지 않고 문제를 풀면 정답을 ③번으로 잘 못 고르기 쉬운데 본문에 '이해하는 것과 표현하는 것은 다르다'는 내용은 없습니다. 반면 표현하는 능력이 늘었다는 문장이 힌트로 나와 있습니다. 그러므로 ④번이 답이 될 수 있을 것입니다.

46. 정답은 ④번입니다. 신변이 드러나는 배경을 인터넷에 올리면 범죄에 이용되는 경우도 있다는 결과가 먼저 나오고 원인인 문장이 이어지는 문장 구조입니다.

47. 정답은 ④번입니다. 마지막에 이렇게 몇 가지 점에만 주의를 한다면 개인의 정보 노출에 대한 걱정도 줄이고 또한 즐겁게 인터넷을 이용할 수 있을 것이다. 라는 문장을 통해 알 수 있습니다.

48. 정답은 ④번입니다. 이 글은 먼저 생소한 개념인 사물인터넷의 뜻을 설명하고 문장 중간에 '찬반양론도 뜨겁다'는 내용을 통해 장단점을 설

명하고 있습니다. 그리고 마지막 문장에 대비책을 이야기하고 있습니다. 그러므로 이글을 쓴 목적은 이제 막 알려지기 시작한 사물 인터넷의 장단점과 주의할 점을 알리는 것이라고 할 수 있습니다.

49. 정답은 ③번입니다. 할아버지 할머니께서 넘어지시면 신고 있던 신발의 위치가 평소와 다르게 되므로 자동으로 병원에 신호를 전달할 수 있다는 내용입니다.

50. 정답은 ③번입니다. 이 글은 편리해진 사물 인터넷에 대해 설명하고 있습니다. 그러나 사물에 붙어있는 인터넷에 회사에 전달하는 정보가 악용될 수 있다는 점에 대해서는 미리 대비해야 한다고 결론을 맺고 있습니다.

	모의1	영역	모의2	영역	모의3	영역
1	–(이)야말로		치고는		–다 보면	
2	–셈이다		–려다가		–느라고	
3	–을까봐		–는 길에		–을까봐	
4	–는 바람에		–더라도		–더라도	
5	냉장고	일상	선풍기	일상	침대	일상
6	음악회	연예오학	약국	의료	학원	일상
7	도서 광고	일상	우체국	일상	지원 절약	일상
8	주의사항	일상	전시안내	문화	주의 사항	일상
9	병원주차안내	일상	안동탈춤축제	문화	김장 문화제	문화
10	여성결혼이민자 출신국	사회	여가활동	여가 생활	스마트폰 사용	사회
11	입석버스금지	사회	한국인 칭찬	문화	별바다 축제	연예 오락
12	아동학대	사회	적령기	사회	그림책과 취미	문화
13	추석과 과일	문화	터널사건	사회	속담	문화
14	교육방법	사회	밝기와 수면	과학	봄철 화재	일상
15	저축과 경제	사회	노약자석	사회	서양·동양 차이	문화
16	결로현상	과학	반려동물	일상	귀 위치 감각	과학
17	곰팡이문제	과학	청결집착	일상	한석봉어머니	역사 문화
18	이상적인 외모	사회	창의적사고와 컴퓨터	과학	스쿠버다이빙	연예오락
19	그러나		반면		또한	
20	실업급여	사회	디지털쿼터족	사회	젖니영구치	의료
21	신뢰	일상	과유불급	사회	신중	문화
22	말과 행동	일상	피로증후군	의료	직업과 성격	일상
23	당황스러움	일상	놀라움과 다급함		흐뭇함	일상
24	혈액형	일상	집 보증금	일상	지하철 사건	사회
25	보험	일상	출산 휴가	사회	선행 학습	사회
26	항공기 추락	사회	재해 대피	사회	경제 성장	경제

27	태풍	사회	대학 등록금	일상	보복 운전	사회
28	손 건조기	일상	체감온도	과학	치아청결과 심장병	의료
29	준거집단	문화	천연살충제	과학	담배꽁초 화재	일상
30	사소한 잘못	일상	신사임당	역사 문화	잦은 샤워	일상
31	벽화 마을	문화	다문화 사회	문화	길고양이	일상
32	색맹	과학	보신탕문화	문화	공감능력	과학
33	미세먼지	과학	모델 체형	일상	출산과 남편	일상
34	여성운전자	사회	갓	문화	카페인	과학
35	직업적성교육	교육	예의	일상	정신노동과 육체노동	사회
36	한국출산율	사회	싱크홀	과학	개인정보유출	사회
37	항암물질	의료	피부 관리	일상	경험과 능동성	사회
38	근력운동과 여성	스포츠	자기소개서	사회	건조 방지책	일상
39	태교	문화	화장과 매력	사회	건조방지책	
40	연상녀 연하남	사회	적령기불안	사회	불규칙 생활	일상
41	게임 중독	사회	모델출신 연기자	일상	경영철학	사회
42	불안	일상	안심	일상	무시	일상
43	유학생활	일상	옛날이야기	문화	회사생활	사회
44	한국인의 감정	문화	후광효과	사회	책의 장점	일상
45	한국인의 감정		후광효과		책의 장점	
46	미술치료	심리, 의료	결혼문화	문화	정보 유출	사회
47	미술치료		결혼문화		정보 유출	
48	실향민	사회	기업과 대학	사회	사물인터넷	과학
49	실향민		기업과 대학		사물인터넷	
50	실향민		기업과 대학		사물인터넷	

제35회 한국어능력시험
TOPIK II
2 교시 (읽기)

성 명 (Name)	한 국 어 (Korean)	
	영 어 (English)	

수 험 번 호

				8						

※ 결 시 확인란 — 결시자의 영어 성명 및 수험번호 기재 후 표기

※ 답안지 표기 방법(Marking examples)

바른 방법(Correct)	바르지 못한 방법(Incorrect)
●	☑ ⊙ ◑ ⊗ ✖

※ 위 사항을 지키지 않아 발생하는 불이익은 응시자에게 있습니다.

※ 감독관 확인 — 본인 및 수험번호 표기가 정확한지 확인   (인)

번호	답 란				번호	답 란				번호	답 란			
1	①	②	③	④	21	①	②	③	④	41	①	②	③	④
2	①	②	③	④	22	①	②	③	④	42	①	②	③	④
3	①	②	③	④	23	①	②	③	④	43	①	②	③	④
4	①	②	③	④	24	①	②	③	④	44	①	②	③	④
5	①	②	③	④	25	①	②	③	④	45	①	②	③	④
6	①	②	③	④	26	①	②	③	④	46	①	②	③	④
7	①	②	③	④	27	①	②	③	④	47	①	②	③	④
8	①	②	③	④	28	①	②	③	④	48	①	②	③	④
9	①	②	③	④	29	①	②	③	④	49	①	②	③	④
10	①	②	③	④	30	①	②	③	④	50	①	②	③	④
11	①	②	③	④	31	①	②	③	④					
12	①	②	③	④	32	①	②	③	④					
13	①	②	③	④	33	①	②	③	④					
14	①	②	③	④	34	①	②	③	④					
15	①	②	③	④	35	①	②	③	④					
16	①	②	③	④	36	①	②	③	④					
17	①	②	③	④	37	①	②	③	④					
18	①	②	③	④	38	①	②	③	④					
19	①	②	③	④	39	①	②	③	④					
20	①	②	③	④	40	①	②	③	④					

제35회 한국어능력시험
TOPIK II
2 교시 (읽기)

성 명 (Name)	한 국 어 (Korean)	
	영 어 (English)	

수 험 번 호

8

※결 시 확인란	결시자의 영어 성명 및 수험번호 기재 후 표기	○

※답안지 표기 방법(Marking examples)

바른 방법(Correct)	바르지 못한 방법(Incorrect)
●	☑ ⊙ ◐ ⊗ ✗

※ 위 사항을 지키지 않아 발생하는 불이익은 응시자에게 있습니다.

※감독관 확 인	본인 및 수험번호 표기가 정확한지 확인	(인)

번호	답 란
1	① ② ③ ④
2	① ② ③ ④
3	① ② ③ ④
4	① ② ③ ④
5	① ② ③ ④
6	① ② ③ ④
7	① ② ③ ④
8	① ② ③ ④
9	① ② ③ ④
10	① ② ③ ④
11	① ② ③ ④
12	① ② ③ ④
13	① ② ③ ④
14	① ② ③ ④
15	① ② ③ ④
16	① ② ③ ④
17	① ② ③ ④
18	① ② ③ ④
19	① ② ③ ④
20	① ② ③ ④

번호	답 란
21	① ② ③ ④
22	① ② ③ ④
23	① ② ③ ④
24	① ② ③ ④
25	① ② ③ ④
26	① ② ③ ④
27	① ② ③ ④
28	① ② ③ ④
29	① ② ③ ④
30	① ② ③ ④
31	① ② ③ ④
32	① ② ③ ④
33	① ② ③ ④
34	① ② ③ ④
35	① ② ③ ④
36	① ② ③ ④
37	① ② ③ ④
38	① ② ③ ④
39	① ② ③ ④
40	① ② ③ ④

번호	답 란
41	① ② ③ ④
42	① ② ③ ④
43	① ② ③ ④
44	① ② ③ ④
45	① ② ③ ④
46	① ② ③ ④
47	① ② ③ ④
48	① ② ③ ④
49	① ② ③ ④
50	① ② ③ ④

제35회 한국어능력시험
TOPIK II
2 교시 (읽기)

성 명 (Name)
한 국 어 (Korean)
영 어 (English)

수 험 번 호

※결 시 확인란 — 결시자의 영어 성명 및 수험번호 기재 후 표기

※답안지 표기 방법(Marking examples)
바른 방법(Correct) ●
바르지 못한 방법(Incorrect)

※ 위 사항을 지키지 않아 발생하는 불이익은 응시자에게 있습니다.

※감독관 확인 — 본인 및 수험번호 표기가 정확한지 확인 (인)

번호	답란				번호	답란				번호	답란			
1	①	②	③	④	21	①	②	③	④	41	①	②	③	④
2	①	②	③	④	22	①	②	③	④	42	①	②	③	④
3	①	②	③	④	23	①	②	③	④	43	①	②	③	④
4	①	②	③	④	24	①	②	③	④	44	①	②	③	④
5	①	②	③	④	25	①	②	③	④	45	①	②	③	④
6	①	②	③	④	26	①	②	③	④	46	①	②	③	④
7	①	②	③	④	27	①	②	③	④	47	①	②	③	④
8	①	②	③	④	28	①	②	③	④	48	①	②	③	④
9	①	②	③	④	29	①	②	③	④	49	①	②	③	④
10	①	②	③	④	30	①	②	③	④	50	①	②	③	④
11	①	②	③	④	31	①	②	③	④					
12	①	②	③	④	32	①	②	③	④					
13	①	②	③	④	33	①	②	③	④					
14	①	②	③	④	34	①	②	③	④					
15	①	②	③	④	35	①	②	③	④					
16	①	②	③	④	36	①	②	③	④					
17	①	②	③	④	37	①	②	③	④					
18	①	②	③	④	38	①	②	③	④					
19	①	②	③	④	39	①	②	③	④					
20	①	②	③	④	40	①	②	③	④